D1753649

Robert Bouchal
Johannes Sachslehner

Wiener Villen

und ihre Geheimnisse

Styria
VERLAG

Inhalt

Mehr als Architektur — 4
Starke Häuser erzählen Geschichte

Villa Schapira, Max-Emanuel-Straße 17 — 14
The Rosen House

Villa Gutmann, Colloredogasse 24 — 32
Der Familiensitz des Kohlenkönigs

Villa Forster, Adolfstorgasse 21 — 50
Das Haus mit der Sternwarte

Villa Ferstel, Himmelstraße 45 — 64
Vom Ring nach Grinzing

Villa Blaimschein, Lainzer Straße 28 — 76
Wo die Zweite Republik begann

Villa Wassermann, Paul-Ehrlich-Gasse 4 — 88
Das Haus, das kein Glück brachte

Villa Dollarprinzessin, Lainzer Straße 127 — 104
Dornröschenbau in Hietzing

Villa Blum, Angermayergasse 1 ———————————————— 120
Alles streng geheim!

Villa Alois Brunner, Gustav-Tschermak-Gasse 14 ——————— 132
Die SS im »Knusperhaus«

Villa Beer, Wenzgasse 12 ———————————————————— 142
Wegmarke der Moderne

Villa Bujatti, Bujattigasse 19 ——————————————————— 158
Verwandlung am Halterbach

Villa Angerer, Colloredogasse 30 —————————————————— 172
Im Zeichen der Blutbuche

Villa Schirach, Hohe Warte 52 ——————————————————— 188
Herrn von Schirachs Wiener Heim

Villa Otto Wagner I, Hüttelbergstraße 26 ———————————— 206
Ein Traum vom Süden im Wienerwald

Danksagung ————————————————————————————— 222
Bildnachweis ——————————————————————————————— 223

WIENER VILLEN

Mehr als Architektur
Starke Häuser erzählen Geschichte

*Euer heim wird mit euch
und ihr werdet mit eurem heime.*
Adolf Loos

»Starke, wirkliche Individuen« (Alfred Kubin): Ein jede Villa hat ihre besondere Geschichte und ihr unverwechselbares Gesicht. Cottage-Panorama. Ansichtskarte nach einem Foto von Carl Ledermann jun., um 1900. Wien Museum.

EINLEITUNG

Eine markante »Hauspersönlichkeit«: Villa Gutmann vor dem Umbau durch Max von Ferstel. Im Garten die Zwillingsschwestern Elsa und Leonore von Gutmann und ihr Bruder Ernst. Aquarell von Raimund Stillfried, 1900. Privatbesitz.

Im Häusermeer Wiens sind die Villen festumrissene Entitäten. Sie bilden ein kulturelles Gedächtnis aus Stein, das faszinierende Geschichten versammelt. Über die Generationen hinweg erzählen Villen von Macht und Erfolg, von Reichtum und Einfluss, aber auch von Unglück und Niedergang. Sie bergen große und kleine Geheimnisse. Verweht sind die Stimmen ihrer Erbauer, vergangen alle Hoffnungen, alle Träume, die sie und ihre Familien auf die neuen Domizile setzten. Versunken sind Lust und Verzweiflung, Glück und Leid, vergessen vielfach auch das Schicksal der ehemaligen Bewohner. Geblieben sind Mauern und Räume, stumme Zeugen, die doch Einblick in so manches Intime und Persönliche geben.

Villen tragen nicht nur nüchterne Hausnummern, sondern besitzen auch Namen, in denen sich entscheidende Aspekte der jeweiligen »Hauspersönlichkeit« spiegeln: Villa Blaimschein, Villa Dollarprinzessin, Villa Forster, Villa Wassermann, Villa Rittershausen. Jede Villa hat ihr unverwechselbares »Gesicht«. Es gilt, was Alfred Kubin in seiner Romanfantasie *Die andere Seite* über die Häuser der düsteren Traumstadt Perle schrieb: »Diese Häuser, das waren die starken, wirklichen Individuen. Stumm und doch wieder vielsagend standen sie da. Ein jedes hatte so seine bestimmte Geschichte, man musste nur warten können und sie stückweise den alten Bauten abtrotzen.« In der Traumvision Kubins verwandeln sich diese Häuser, unter ihnen auch »hübsche Gartenvillen«, die in ganz Europa zusammengekauft wurden und von denen jedes Schauplatz eines Verbrechens gewesen ist, in böse Wesen, die eine »unverständliche, dunkle Häusersprache« sprechen und sich in einem apokalyptischen Furioso gegen ihre Bewohner wenden – von der Traumstadt Perle, die deutliche Züge Wiens trägt, bleibt nichts als ein riesiges Trümmerfeld.

Kubin, der in seinem 1909 erschienenen Roman auch so manch satirischen Seitenhieb auf die zeitgenössische Wiener Wohnkultur anbrachte – »In jedem fünften Haus ein Antiquitätenladen; hier lebt man vom Trödel« – entwarf mit seiner monströsen Traumstadt den dunklen Gegenpol zur großen Hoffnung jener Zeit: dass es möglich wäre, sich mit den eigenen vier Wänden eine Rückzugsmöglichkeit aus dem als krisenhaft empfundenen Jetzt zu schaffen. Die scheinbar so »guten« Häuser, die ihren Bewohnern das große Glück verheißen, würden, so Kubin, ein launenhaftes Eigenleben entwickeln, er verglich sie mit »vergrämten alten Tanten« und »garstigen Brummbären«, ja, manchmal schiene es ihm so, »als ob die Menschen nur ihretwegen da wären und nicht umgekehrt«. Das geschaffene »Objekt« der Architekten und Bauherren wird zum beseelten Subjekt.

Die andere Seite geriet in Vergessenheit. Kubins manchmal durchaus bissiges und beklemmendes literarisches Untergangsszenario und Anti-Haus-Manifest hatte nicht die Kraft, dem florierenden Baugewerbe die Stimmung zu vermiesen. Das Geschäft mit den Villen blühte vor dem Ersten Weltkrieg nach wie vor, die Auftragsbücher der Baumeister waren voll, Architekten wie Otto Wagner, Josef Hoffmann oder Adolf Loos entwickelten faszinierende individuelle Formensprachen, mehr denn je waren neue spektakuläre Lösungen gesucht.

Ich will euer wohnungslehrer sein

Gleich blieb allerdings die »Philosophie« hinter dem Bauboom – auch wenn sie sich wie bei Adolf Loos sehr modernistisch gab: »Euer heim wird mit euch und ihr werdet mit eurem heime«, verkündete er 1903 in *Das Andere,* seinem ehrgeizig konzipierten »Blatt zur Einführung abendländischer Kultur in Österreich«. Mit Sätzen wie diesen, vorgetragen im biblisch-prophetischen Ton, wollte Adolf Loos seinem bürgerlichen Publikum die Angst vor dem Bauen nehmen. Die Errichtung eines Hauses, so schwebt hier mit, habe etwas mit Selbstverwirklichung zu tun, mit Emanzipation, mit dem Abstreifen von Fesseln. Das eigene Haus als Weg zur letzten Freiheit des Individuums. Als steinernes Manifest des Ichs. Als Spielwiese und Bühne der individuellen Kreativität, auch wenn dabei Fehler begangen würden. Loos sagt zwar: »Für eure wohnung habt *ihr* immer recht. Niemand anderer«, vergisst dann aber nicht auf das eigene Geschäft: »Ich will euer wohnungslehrer sein. Eure wohnung ist voller Fehler. Ihr wollt manches darin ändern. Man frage mich, und ich will auskunft geben. In diesem blatte sollen alle anfragen, die euer heim betreffen, beantwortet werden.« Sein Argument für die Vermeidung bzw. Berichtigung individueller Fehler: »Das haus hat allen zu gefallen. Zum unterschiede vom kunstwerk, das niemand zu gefallen hat. Das kunstwerk ist eine privatangelegenheit des künstlers. Das haus ist es nicht«, dekretierte er 1910 in seinem berühmten Vortrag *Architektur.*

Romantische Gemäuer, Sehnsucht und Flucht

Das Haus blieb aber auch ein Lieblingsmotiv der konservativen und antimodernen Heimatliteratur. Das eigene Heim kristallisierte zur Heimat. So verklärte der aus einer Wiener Seidenweberfamilie stammende Erzähler Emil Ertl (1860–1935) mit seinem erfolgreichen Roman *Die Leute vom Blauen Guguckshaus* (Leipzig 1906) das Haus »Zum Blauen Guguck«, den Stammsitz seiner fiktiven Familie in der Seidengasse, zum romantischen Erinnerungsort. Es hat die magische Fähigkeit, Vergangenes als Gegenwärtiges erscheinen zu lassen: »Alte Familiengeschichten« schlagen »versonnen ihre Augen auf«, die »Alten und die Toten waren wieder jung und lebten und liebten und sorgten und hofften und sehnten sich und hatten ihre schweren Zeiten und ihre liebe Not und blieben doch aufrecht und tüchtig«. In mythischer Überhöhung wird das Haus zur festen Konstante, zum geistigen Kraftfeld, das Zuversicht und Halt gibt. Ertl traf damit genau

EINLEITUNG

Villen auf der Hohen Warte. Holzschnitt von Carl Moll, um 1900. Wien Museum. Im Bild das Haus Koloman Moser, Steinfeldgasse 6, erbaut von Josef Hoffmann, das Teil der von Carl Moll, Koloman Moser und den Fotografen Hugo Henneberg und Viktor Spitzer geplanten Künstlerkolonie auf der Hohen Warte war.

die Wünsche eines breiten Publikums: das Haus als Refugium der Familie, nicht für den Augenblick geschaffen, sondern die Zeiten überdauernd. Nicht die Architektur, nicht der Baustil waren entscheidend, sondern die emotionale Bindung, die zum eigenen Haus aufgebaut wurde.

Was die »musealen« Interieurs betraf, so wurde die Kritik von Kubin und Loos in den 1920er-Jahren auch von Egon Friedell aufgegriffen, der sich in seiner *Kulturgeschichte der Neuzeit* über die »höchst lästige Überstopfung, Überladung, Vollräumung, Übermöblierung« der Wohnungen der Gründerzeit mokierte. Friedells scharfsinnige Beobachtung – »Diese angeblich so realistische Zeit hat nichts mehr geflohen als ihre eigene Gegenwart« – trifft in gewissem Maße auch auf den Villenbau zu. Die von Friedell konstatierte »Lust am Unechten«, der »Hang zu Kleinkram und Ornament« und der »Mangel an Maß und Einfachheit, Rhythmus und Harmonie« sind unübersehbar. Erst mit den Häusern und Villen von Adolf Loos, Oskar Strnad oder Josef Frank wurde dieser Fluchtbewegung eine endgültige Absage erteilt.

Das Haus ist der Ort, an dem man glücklich ist

Ein Verfechter der spezifischen emotionalen Wärme, die das Haus bieten müsse, war der umtriebige Schriftsteller und Kulturkritiker Joseph August Lux. Bereits »von den Stirnen dieser Wohnstätten«, forderte er in seiner Schrift *Das moderne Landhaus,* sollte man »alle häuslichen Glücksmöglichkeiten« ablesen können. Lux, der sich entschieden gegen jeden »Akademismus« in der Baukunst verwehrte und das angeblich »stillose« Bauernhaus als Vorbild anmahnte, prangerte die »protzenhaften Cottages mit der erlogenen, gefälschten Renaissance- oder Barockarchitektur« an, das »Ragout von Erkerchen, Türmchen, Giebelchen, von denen in der Regel kein Mensch weiß, warum sie da sind«. Er hatte eine klare Forderung: Das Haus müsse »alles enthalten, was zu einem möglichst vollkommenen Dasein gehört«. Das Haus als der Ort, an dem man glücklich ist, wurde immer wieder neu definiert, bereits die Fassade erzählte vom Traum der Bewohner. Folgerichtig, so Lux, müsse gelten: »Denn wenn jedes Haus seinen Stil aus dem Leben empfängt, das es beherbergt, so bekommt jedes Haus seine eigene Physiognomie. Alle mögen ähnlich sein, den allgemeinen Forderungen der Natur und des

Menschendaseins entsprechen, aber keines gleicht dem anderen.« Nach »langer Entfremdung und Verirrung« müsse man nun zurückfinden zu den »Quellen der Kraft«.

Auf einen speziellen Aspekt, der bislang kaum beachtet worden war, machte Georg Simmel aufmerksam. Das Haus, so formulierte der Soziologe und Philosoph in seinem Essay *Weibliche Kultur* (Erstdruck 1911), »ist ein Teil des Lebens und zugleich eine besondere Art, das ganze Leben zusammenzubringen, abzuspiegeln und zu formen«, in seiner »ruhigen Geschlossenheit«, in dem Bestreben, »alle Linien des kulturellen Kosmos irgendwie in sich zusammenzuführen«, stehe es in »einer realen und symbolischen Beziehung zum Wesen der Frau«. Das Haus, so folgerte Simmel, sei daher die »große Kulturtat« der Frau.

Das erlebte Haus ist keine leblose Schachtel
Der französische Philosoph Gaston Bachelard näherte sich dem Haus über die Poesie. Das Haus, so sagte er in seiner *Poetik des Raums,* ist »zunächst einmal ein Objekt für die Geometrie. Man ist versucht, es rational zu analysieren.« Das ist die Perspektive des *Dehio* und der Architekturführer. Sie beschreibt, um in der Diktion Bachelards zu bleiben, die »erste Wirklichkeit« eines Gebäudes: seine Höhe und Breite, die Linienführung der Fassade, zum Einsatz gebrachte Stilelemente, die Anordnung und Ausstattung der Innenräume, Baumaterialien und ihre Verarbeitung.

Doch neben dieser äußerlichen Darstellung gebe es eine zweite Wirklichkeit, die sich durch dichterische Bilder beschreiben lasse, die »den menschlichen Körper, die menschliche Seele aufnehmen«. Das Haus ist auch für Bachelard grundsätzlich ein glücklicher Raum, es biete Zuflucht vor dem »rauhen, kargen, kalten Kosmos«, es sei ein Ort des Widerstands gegen das drohende Chaos draußen, ein »Raum des Trostes und der Intimität«. Zu diesem »ursprünglichen Schutzwert« kämen noch »imaginierte Werte« dazu. Bachelards Resümee: »Es ist ein Werkzeug, dem Kosmos die Stirn zu bieten«. Gleichzeitig ist es aber auch Ausgangspunkt zur Eroberung der Welt: »Aus der Mitte des Drinnen begannen die Menschen, das Draußen zu kolonisieren und zu ordnen«, konstatiert Thomas H. Macho.

Wir sind Stadtwanderer, die sich auf die Spur dieser zweiten Wirklichkeit setzen, und das durchaus mit guten Chancen. Denn im Haus lebt die »Intimität der Vergangenheit«, »in seinen tausend Honigwaben speichert der Raum verdichtete Zeit«. Bachelard prägte das Wort von den »Fossilien der Dauer«. Die Villen, wie wir sie sehen, sind daher mehr als architektonisch interessante Relikte: Sie sind von Geschichten erfüllte »Erinnerungsspeicher«, die es richtig zu lesen gilt.

»Das erlebte Haus ist keine leblose Schachtel«, stellt Gaston Bachelard in seinem Essay fest, es gebe vielmehr eine »dynamische Gemeinsamkeit von Mensch und Haus«, und er kommt zum Schluss: Häuser verwandeln Menschen. Sie sind nicht nur Objekte, die man nach allen Regeln von Kunst und Architektur beschreiben kann – das würde unserer Meinung nach zu kurz greifen. »Ein solches geometrisches Objekt«, so schreibt Bachelard, »sollte eigentlich den Metaphern widerstreben, die den menschlichen Körper, die menschliche Seele aufnehmen. Aber die Umsetzung ins Menschliche vollzieht sich

EINLEITUNG

unverzüglich, sobald man das Haus als einen Raum des Trostes und der Intimität nimmt, als einen Raum, der die Innerlichkeit verdichten und verteidigen soll.« Als Beispiel und Inbegriff des »erlebten Hauses« nennt Bachelard das Elternhaus. Unauslöschlich zeichne es sich in die Erinnerung ein. »Das Elternhaus ist nicht nur ein Wohngebäude, es ist auch ein Traumgebäude.« Und: »Wenn man vom Elternhaus träumt, in der tiefsten Tiefe der Träumerei, dann hat man an dieser ersten Wärme teil, an dieser wohltemperierten Materie des materiellen Paradieses.«

Zwischen schlichtem Landhaus und feudalem Palast

In der Villa fand das klassische Landhaus seine spektakuläre repräsentative Ausformung. Andrea Palladio, der legendäre Baukünstler der Renaissance, hatte in der Villa die gelungene Verbindung zweier Welten gesehen: jener des Landmanns mit jener des Edelmanns – eine Charakterisierung, die vielfach auch auf die Prunkvillen des Wiener Großbürgertums zutrifft: Aus dem einfachen Landhaus von ehedem wurden verkappte kleine Schlösser, Erfolg und Reichtum spiegelten sich in opulenten stilistischen Zitaten aus dem Repertoire der klassischen Schlossarchitektur, die Ästhetik der Bauten zielte auf Repräsentation, die Versatzstücke des Ländlichen blieben meist auf den ebenso kunstvoll gestalteten Garten beschränkt. Der Palast stand nun im Grünen, nicht in der dicht verbauten Stadt. Ein herausragendes Beispiel für diese Entwicklung, die von Karl König ab 1894 für Theodor Ritter von Taussig, den Generaldirektor der Bodencreditanstalt, am Fuße des Küniglbergs erbaute »Villa Taussig«, existiert leider nicht

Aus dem einfachen Landhaus wurden kleine Schlösser: die Villa Rittershausen, Hohe Warte 19, erbaut 1879 bis 1881 für den Eisenbahnmagnaten Hermann Ritter von Rittershausen und dessen Frau Dorothea. Stiegenhaus mit reichem Stuckzierat in französischem Renaissancestil (oben), Salon im Erdgeschoss mit Deckenmalerei und Kamin (unten). Fotos von Josef Löwy, um 1885. Wien Museum.

Ab dem Frühjahr 1873 wurde im Cottage-Viertel in Währing und Döbling heftig gebaut – das Ziel waren »gesunde und billige Wohnhäuser mit Gärten« nach englischem Vorbild. Foto, um 1880. Wien Museum.

mehr – das schlossartige Gebäude wurde 1931 abgerissen. Außergewöhnlich prachtvoll war auch die »mit fürstlichem Luxus ausgestattete« Villa des Holzindustriellen Fritz Regenstreif in der Pötzleinsdorfer Straße 36–40, ein Bau des Architekten Friedrich Ohmann – sie wurde, von den Nazis und später von den Amerikanern, die hier ein Offizierskasino einrichteten, gründlich devastiert, 1965 abgetragen. Geblieben sind nur das Pförtnerhaus, einige Mauern und Skulpturen sowie das Eingangstor an der Pötzleinsdorfer Straße mit dem Monogramm von Fritz und Johanna Regenstreif.

Doch zu den monumentalen Villenanlagen gab es auch eine Gegenbewegung: Heinrich von Ferstel, der Erbauer der Wiener Universität, initiierte mit der Gründung des Wiener Cottage das erste Beispiel für eine Wohnsiedlung aus frei stehenden Einfamilienhäusern, die ganzjährig bewohnt wurden und einen Garten aufwiesen. »Sorge zuerst für ein Haus« – diesen Satz Hesiods aus dem Lehrgedicht *Werke und Tage* setzten Ferstel und Rudolf von Eitelberger 1860 als Motto über ihre wegweisende Schrift *Das bürgerliche Wohnhaus und das Wiener Zinshaus,* mit der sie eine neue Ära im Wiener Wohnbau einläuten wollten. Die »erste und heiligste Schöpfung des bürgerlichen Lebens«, so ihre Argumentation, sei die Familie, es gehe nicht an, dass »das Haus, in dem sie lebt, und die Luft, die sie athmet, nicht die ihrige ist, sondern eine fremde, gleichgiltig ihren Herzen, gleichgiltig ihren Sinnen«. Fehle der »heimatliche Boden des Wohnhauses«, sei auch die »sittliche und geistige Kraft des Familienlebens geknickt«, letztlich ziehe das sogar den »Verderb der Architektur und der Bauhandwerke« nach sich. Das »Familienhaus«, wie Ferstel und Eitelberger es nannten, sei daher ein »Gegenstand unvertilgbarer Sehnsucht«, es müsse alles getan werden, um diese auch befriedigen zu können. Die Gelegenheit wäre nun günstig wie nie zuvor, denn mit der Stadterweiterung sei auch der notwendige Raum zum Bauen vorhanden.

Frische Luft, Licht und Sonne waren das Ziel, die Häuser sollten »bequem, wohnlich und billig« sein, »Zweckmäßigkeit in der Einheit« und »Solidität in der Ausführung« seien die wichtigsten ästhetischen Faktoren. Das Moment der Repräsentation trat nun – zumindest theoretisch – zurück, doch auch im Cottage entstanden allmählich Villen, die mit luxuriöser Ausstattung nicht sparten und dem Gast die Bedeutung des Gastgebers signalisierten.

Zeugen der Vergangenheit

Die Villen, die wir besichtigten, haben zwangsläufig etwas Anachronistisches. Sie sind Zeugen vergangener Epochen und geben Einblick in die Wohnkultur vergangener Tage, ihre Architektur – wir denken etwa an die engen Wendeltreppen – wirkt daher wie aus der Zeit gefallen. Heinrich von Ferstels große Vision, dass die Villa über einen längeren Zeitraum zum »heimatlichen Boden« einer Familie wird, hat sich dabei kaum oder nur teilweise erfüllt. Nur wenige Villen blieben bis heute im Besitz der Gründerfamilie, in vielen Fällen erfolgte schon nach wenigen Jahren ein erster Wechsel in den Besitzverhältnissen. Zu einem dramatischen Einschnitt für die Wiener Villenkultur wurde der »völlige Kahlschlag« (Marie-Theres Arnbom) in der Zeit der Naziherrschaft – die Villen jüdischer Eigentümer wurden beschlagnahmt und »arisiert«, ihre Bewohner, sofern sie nicht flüchten konnten, Opfer des Holocaust.

»Das haus sei nach außen verschwiegen, im inneren offenbare es seinen ganzen reichtum« – dieser Maxime von Adolf Loos folgend, haben wir versucht, die Villen auch tatsächlich zu besichtigen. Nicht immer ein leichtes Unterfangen, mussten wir doch feststellen, dass sich über manch bedeutende Villa Wiens ein eiserner Vorhang gesenkt hat. Villen, die zum kulturellen Erbe der Stadt zählen, Meilensteine der Architekturgeschichte, sind praktisch unzugänglich geworden. Dazu zählen etwa das Haus Moller von Adolf Loos, heute Residenz des israelischen Botschafters, oder die Villa Kratzer von Theophil von Hansen, heute im Besitz der Volksrepublik China, die sich auf der Hohen Warte ein kleines, streng abgeschirmtes Reich eingerichtet hat. Wiederholte Anfragen hatten nur bedeutsames Schweigen zur Folge – Villenkultur hin, Villenkultur her, es zählen offenbar nur die eigenen Interessen. Das gilt auch für die Botschaft von Bosnien-Herzegowina und ihr pittoreskes Terramare-Schlössl am Heuberg, das man offenbar stillschweigend dem Verfall überlässt und alle – der Bezirk, die Stadt Wien, der Bund – schauen hilflos zu. Man kann für dieses Vorgehen – sanierungsbedürftige Villen werden an ausländische Staaten verkauft, die hier ihre diplomatischen Vertretungen einrichten – durchaus Verständnis aufbringen. Was stört, ist jedoch das damit verbundene völlige Entschwinden dieser Villen aus dem lebendigen kulturellen Kosmos der Stadt.

Das geht so weit, dass das Haus Moller ohne Genehmigung des israelischen Botschafters auch von außen nicht mehr fotografiert werden darf. Dieser absurden Entwicklung sollte unserer Meinung nach ein Riegel vorgeschoben werden – etwa mit entsprechenden Klauseln in den Verkaufsverträgen, die den jeweiligen ausländischen Staat dazu verpflichten, eine gewisse Zugänglichkeit für interessierte Besucher zu gewährleisten. Eine Besuchsgenehmigung für eine architekturhistorisch bedeutende Villa darf keine Haupt- und Staatsaktion sein, und es geht nicht an, dass wir z. B. über das Haus Moller nur noch anhand alter Loos-Literatur arbeiten können.

In diesem Zusammenhang darf die Frage gestellt werden, wie es die Stadt Wien und die Republik mit der Villenkultur generell halten. In Zusammenarbeit mit dem Bundesdenkmalamt sollten sie es als ihre Aufgabe sehen, dieses spezifische kulturelle Erbe für die Zukunft zu sichern. Das geschieht, so haben wir den Eindruck, nicht immer mit dem Engagement, das man erwarten könnte. Als Beispiel dafür wollen wir die Schratt-Villa in der Gloriettegasse 9 erwähnen, die nun im Schoß einer Immobilienfirma einer mehr als ungewissen Zukunft entgegendämmert. »Die Eigentümerin möchte nicht gestört werden«, hieß es kryptisch auf unsere Anfrage. Auch wenn die Villen letztlich Privateigentum sind – mehr Sensibilität für die Bedeutung dieses kulturellen Erbes wäre wünschenswert.

Mittlerweile mehren sich die Zeichen, dass hier ein Umdenken stattgefunden hat. Einige bedeutende Villen werden eben generalsaniert, so die von Josef Hoffmann erbaute Villa Alma Mahler-Werfel in der Steinfeld-

Das Haus Moller, Starkfriedgasse 19, wurde 1927/28 von Adolf Loos für den Textilunternehmer Hans Moller und dessen Frau Anny errichtet. Das Gebäude öffnet sich mit vorgebauter Terrasse nach Süden (linke Seite oben), Im Inneren dominiert das Spiel mit unterschiedlichen Niveaus: Blick vom Musikzimmer in das Speisezimmer (linke Seite unten) und Detail der Halle. Fotos, um 1930.

gasse 2, die Villa Bernatzik in der Springsiedelgasse 28, auch sie eine Villa von Josef Hoffmann, die Villa Beer von Josef Frank und Oskar Wlach in der Wenzgasse 12 oder auch die Villa Rezek in der Wilbrandtgasse 37, errichtet nach Plänen des jüdischen Architekten Hans Glas, der 1938 Österreich verlassen musste und später in Kalkutta das berühmte Hindustan Building erbaute.

Kaum mehr vorstellbar ist heute, dass es in den 1960er-Jahren tatsächlich Pläne gab, die Villa Otto Wagner I in der Hüttelbergstraße 26 abzureißen und sie durch »gesichtslose« Wohnbauten zu ersetzen. Es war

EINLEITUNG

das große Verdienst von Ernst Fuchs, dieses Architekturjuwel zu retten – trotz der Borniertheit der Verantwortlichen im Wiener Rathaus. Tatsächlich spielten ideologisch-politisch motivierte Ressentiments im Umgang mit der Villenkultur eine nicht zu unterschätzende Rolle: Die ehemalige Heimstatt eines »jüdischen Kapitalisten« war dem gelernten Kommunalpolitiker nicht unbedingt ein Anliegen, der neue Gemeindebau aber schon. Mit der Abrissbirne war man dann schnell zur Stelle. Wir können nur hoffen, dass diese Geisteshaltung endgültig in der Mottenkiste gelandet ist. Wer eine Stadt mit »Gesicht« und historischem Flair will, muss seine Aufmerksamkeit auch dem einzigartigen Erbe der Wiener Villen zuwenden.

Literatur

Marie-Theres Arnbom, Die Villen von Pötzleinsdorf. Wenn Häuser Geschichten erzählen. Wien 2020

Gaston Bachelard, Poetik des Raumes. Frankfurt am Main 1987

Rudolf von Eitelberger und Heinrich Ferstel, Das bürgerliche Wohnhaus und das Wiener Zinshaus. Wien 1860

Egon Friedell, Kulturgeschichte der Neuzeit. Band 2. München 1976

Alfred Kubin, Die andere Seite. Ein phantastischer Roman. München und Leipzig 1909

Adolf Loos, Sämtliche Schriften. Wien und München 1962

Joseph August Lux, Das moderne Landhaus. Ein Beitrag zur neuen Baukunst. Wien 1903

Thomas H. Macho, Kosmos und Chaos. Reflexionen zum Aufstieg des Privaten und zur Entsymbolisierung der Stadt. In: Interieurs. Wiener Künstlerwohnungen 1830–1930. Wien 1991 (= Katalog zur 138. Sonderausstellung des Historischen Museums der Stadt Wien), 9–14

Georg Simmel, Weibliche Kultur. In: Philosophische Kultur. Frankfurt am Main 2008, 221–250

WIENER VILLEN

Ihre Vergangenheit ist von Geheimnissen umgeben, ihre Zukunft ungeklärt: die Villa Schapira in der **Max-Emanuel-Straße 17**.

Villa Schapira
Carl Korn Baugesellschaft 1922

The Rosen House

Viele kennen sie nur vom Vorbeifahren: Direkt am Türkenschanzpark, »nicht monumentalistisch, eher wie ein Blickpunkt in einer Parklandschaft konzipiert« (Friedrich Achleitner), bietet die Villa Schapira einen pittoresken Anblick. Umgeben vom satten Grün eines großen Gartens, besticht die Fassade zur Max-Emanuel-Straße 17 hin durch die weite Terrasse und die vielen großen Fenster. Schlanke Säulen mit toskanischen Kapitellen stützen den Dachüberstand ab, eine ausladende Steintreppe führt zur zweiflügeligen Eingangstür – wer hätte da nicht Lust, einzutreten und die Geheimnisse dieses Hauses zu ergründen?

Seine Geschichte beginnt im Dezember 1921. Für die »Realitätenbesitzer« Wilhelm und Severin Schreiber, Maria Pokorny, Josefine Hinterstoisser sowie Paula Stenner bahnt sich ein gutes Geschäft an: Endlich hat sich ein Käufer für ihr Luxusgrundstück gefunden, das ihnen zu je einem Fünftel gehört. Der rumänische Großindustrielle Mihai (auch: Michael oder Mihail) Schapira ist bereit, pro Quadratmeter 440 Kronen zu bezahlen, bei 2946 Quadratmetern Gesamtfläche ergibt das den stolzen Kaufpreis von 1,296.240 Millionen Kronen. Am 14. Dezember 1921 ist alles perfekt, Mihai Schapira, der im Hotel Imperial residiert, unterschreibt den Kaufvertrag für die als »Baustellen« gewidmeten Parzellen. Nur wenige Monate später, am 26. April 1922, verkauft der elegante Herr aus Bukarest, der sich »Generaldirektor« nennt und die Allüren eines orientalischen Paschas zur Schau stellt, die Liegenschaft »zu gleichem Preise und unter den nämlichen Bedingungen« weiter an seine Frau Marianne Schapira.

Der aus einer jüdischen Familie stammende »Eisenbahnbaron« Mihai Schapira, geboren 1887 in Galaţi (Galatz) an der unteren Donau, in den 1930er-Jahren Finanzberater von König Karl II., war durch seine Geschäfte – er ist u. a. Chef der SC Astra Vagoane Calatori SA, des bedeutenden ehemals österreichisch-ungarischen Schienenfahrzeugherstellers in Arad – und durch seine Gattin, geboren 1888 im kroatischen Warasdin (Varaždin), mit Wien eng verbunden. 1910 wurde hier Tochter Evi (Eve) geboren, die zweite Tochter Ileana (Elianne) kam 1914 in Bukarest zur Welt. Sie sollte später, in zweiter Ehe mit dem aus Polen

WIENER VILLEN

Verwunschenes Gebäude am Rande des Türkenschanzparks: Von der verlassenen Villa Schapira führen die Spuren der ehemaligen Bewohner in alle Welt …

VILLA SCHAPIRA

WIENER VILLEN

↑　Großzügige Ausblicke im Erdgeschoß: bodentiefe Rundbogenfenster mit horizontalen und vertikalen Sprossen und eingearbeiteter »Brüstung«.

←　Imposanter Ausgang an der Nordwesteite des Gebäudes: Ein großes vierflügeliges Portal mit Korbbogen führt auf eine Terrasse, von der man über eine Treppe in den Garten gelangt.

VILLA SCHAPIRA

→ Blick auf den Haupteingang der Villa: Die neobarocke Formensprache von Gartentor und Zaun korrespondiert perfekt mit den Stilelementen des Hauses.

19

Familientreffen in Wien 1933 aus Anlass von Eve Schapiras Hochzeit mit dem Fotografen Egon George Lempart: Mihai Schapira (Zweiter von links) mit seinen sieben Geschwistern. Foto aus dem Privatarchiv von Dominique Martin Rovet, Paris.

stammenden Privatgelehrten Michael Sonnabend verheiratet, als »Ileana Sonnabend« zur bedeutenden Kunsthändlerin werden.

Die Transaktion des Ehepaars Schapira war offenbar schon länger geplant, denn bereits im Mai 1922 erhielt Marianne Schapira die Baubewilligung für eine mehrgeschoßige Villa. Die Ausarbeitung der Pläne für das Haus hatte sie der Carl Korn Baugesellschaft, gegründet vom deutschen Architekten und Bauunternehmer Carl Korn (1852–1906), in der Mariahilfer Straße 50 anvertraut. Unmittelbar danach begannen die Bauarbeiten, bereits am 27. Juni 1923 erging von der Baupolizei der Fertigstellungsbescheid. Die Parzellen in der Umgebung waren noch unbebaut, das prachtvolle neue Gebäude, ausgeführt aus massivem Ziegelmauerwerk, wurde daher sofort zum Blickfang.

Die Schapiras wohnten nicht in der Villa Schapira

Die originalen Einreichpläne aus dem Jahr 1922 haben sich erhalten und geben einen guten Blick auf das »Innenleben«, das von einer Villa wie dieser erwartet wurde: Der *Dehio* spricht von »barockisierendem Heimatstil«, doch hinter den »barocken« Elementen verbarg sich eher ein nach englischem Vorbild im Cottage-Stil gestaltetes Landhaus. Dieses war für eine Familie konzipiert. Sein Zentrum bildete die große Halle, um die sich die Wohnräume gruppierten, eine vierflügelige Tür führte in das großzügig dimensionierte Speisezimmer, Herrenzimmer, Salon sowie Wohnzimmer, Küche und Speisekammer und ein Wohnraum, der als »Wintergarten« bezeichnet wurde, schlossen sich an.

Im ersten Obergeschoß befanden sich die beiden Kinderzimmer, gedacht für Evi und Ileana, und zwei Schlafzimmer sowie das Bad, das von allen angrenzenden Räumen direkt betreten werden konnte. Die Wohn- und Nebenräume für das Personal, die Waschküche und eine »Plättstube« hatte man im Dachgeschoß untergebracht, hier gab es auch noch ein Fremdenzimmer bzw. ein Kabinett. Im Souterrain hatte man noch eine Küche und ein Zimmer für die Angestellten vorgesehen, weiters befanden sich hier der Heizraum, der Holzkohlenkeller sowie ein Lagerraum.

Das Mansardwalmdach wurde mit roten Biberschwanzziegeln eingedeckt, die Steinbalustrade des Balkons barock ausgeführt und das Haus in klassischem Schönbrunnergelb gestrichen. Trotz dieser schon etwas anachronistischen Stilmischung präsentierte sich der stattliche Bau in perfektem Glanz.

Marianne Schapira, eine elegante, gebildete und sehr kultivierte Frau, lebte mit ihren Töchtern offenbar nie wirklich selbst in der Villa, es gibt jedenfalls keine entsprechenden Meldeunterlagen, möglicherweise stellte sie das Haus auch Familienangehörigen zur Verfügung. Ihr Lebensmittelpunkt verschob sich wieder Richtung Bukarest, wo Mihai Schapira in der Strada Victor Emmanuel 8 ebenfalls eine repräsentative Villa besaß. Die Familie entschloss sich daher spätestens 1927, das Haus an wohlhabende Interessenten zu

Mondäner Lebensstil: Marianne und Mihai Schapira in Cannes, 1930er-Jahre. Foto aus dem Privatarchiv von Dominique Martin Rovet, Paris.

Am Vorabend des Zweiten Weltkriegs: die Familie in Villefranche-sur-Mer an der Côte d'Azur 1939. Links Marianne Schapira, rechts außen Tochter Ileana, damals verheiratete Castelli, links neben ihr Mihai Schapira und Schwester Eve (mit dem Rücken zum Betrachter). Foto aus dem Privatarchiv von Dominique Martin Rovet, Paris.

vermieten. Um die Attraktivität der Liegenschaft zu erhöhen, ließ man an der Westseite des Grundstücks noch eine Garage errichten. Mit der angesehenen Familie Rosen rund um den erfolgreichen Industriellen Louis Rosen fand man, wie man glaubte, eine gute Regelung, vermutlich kannten sich die Familien Schapira und Rosen auch schon länger.

Die Schapiras feierten im Februar 1933 noch die Hochzeit ihrer Tochter Evi in Wien, man wohnte standesgemäß im Hotel Imperial. Mit der Zunahme antisemitischer Strömungen in Rumänien, vor allem aber auch in Österreich, bot das Haus in Wien für Mihai Schapira und seine Familie keine Perspektive mehr, er wird dann nach Frankreich und schließlich in die Vereinigten Staaten gehen. Nach der Abdankung von König Karl II. 1940 wechselte er mit seiner Familie an die Côte d'Azur, wo er in Cannes eine Villa erworben hatte. 1941 übersiedelte man nach New York, auch hier hatte er zuvor schon ein Haus gekauft. Das Ehepaar änderte seinen Namen auf Marianne und Michael Strate, lebte aber nur mehr kurz zusammen. Marianne ließ sich scheiden und heiratete den aus Kiew stammenden Maler John D. Graham (1886–1961). Sie starb 1955, ihr Ex-Mann 1959. Ihre Enkelin Mariève Rugo und die Urenkelinnen leben heute in den USA. Evi starb nach drei Ehen als Eve Watts 1981 in Rom, Ileana Sonnabend 2007 in Manhattan, New York.

Da Marianne Schapira rumänische Staatsangehörige war, blieb ihr Haus nach dem »Anschluss« unangetastet. Wie ein Vermerk des 124. Polizeireviers in der Herbeckstraße vom 28. Dezember 1943 zeigt, zog man jedoch Erkundigungen über sie ein, wobei eine Frau Löffelmann, wohnhaft in der Anas-

Marianne Schapira während eines Aufenthalts in Venedig in den 1930er-Jahren. Foto aus dem Nachlass ihres zweiten Mannes John D. Graham, Smithsonian Institution.

Die Villa der Schwägerin von Marianne Schapira, Sabine Schapira, verheiratete Weiss, in der Nedergasse 34. Während ihrer Aufenthalte in Wien dürfte Marianne Schapira hier oft gewohnt haben. Foto von Dominique Martin Rovet, der Großnichte von Sabine Schapira.

tasius-Grün-Gasse 25, aussagte, dass Marianne Schapira bei ihren Wien-Aufenthalten »hauptsächlich in Hotels oder bei Verwandten (?) in der Max-Emanuel-Straße 17« gewohnt hätte. Laut den Meldeunterlagen des Stadt- und Landesarchivs war sie im Sommer 1936 ein letztes Mal in Wien und verbrachte hier einige Wochen im Cottage-Sanatorium und im Sanatorium Auersperg, dann wechselte sie zur Erholung ins Hotel Sacher in Baden. Verwaltet wurde das Haus, das 1939 im ersten Obergeschoß noch einmal umgebaut wurde, nach dem »Anschluss« vom Rechtsanwalt Dr. Oskar Müller. Mit Kaufvertrag vom 11. Mai 1955 wurde Frau Gabriele Schedlbauer die neue Eigentümerin der Liegenschaft, 1994 ging sie in den Besitz der Bundesimmobiliengesellschaft (BIG) über.

Ein Zuhause für drei Generationen
The Rosen House nennen die Nachfahren der Familie Rosen (ursprünglich: Rosenblüth) heute die Villa Schapira, und das mit gutem Grund: Gleich drei Generationen der Rosens zogen Ende 1927 hier ein: die Großeltern Eduard Rosen (1858–1928) und Johanna Rosen (1868–1942), die drei Söhne Louis, Robert und Bernhard sowie Schwiegertochter Jenny, die Frau Roberts, und die siebenjährige Enkelin Marietta. Eduard Rosen, dem Familienoberhaupt, waren nur mehr wenige Monate beschieden, er starb am 27. Oktober 1928. Im Mittelpunkt des gesellschaftlichen Interesses stand jedoch Louis (auch: Ludwig) Rosen, der Mann, »dessen Name einen österreichischen Roman beinhaltet«. Louis wurde 1885 in Osijek geboren und kam mit seinen Eltern und seinen zwei Brüdern nach Wien. Rasch gelang es der Familie, sich in der Metropole der schwarz-gelben Monarchie zu etablieren: Vater Eduard arbeitete in der Drach Holzindustrie A.-G., dem Unternehmen des Holzgroßhändlers Moriz Drach (1863–1927), der es in kurzer Zeit zu beeindruckendem Reichtum gebracht hatte. 1910 versteuerte Drach, der in Slawonien riesige Waldungen aufgekauft hatte und diese geschickt zu »fruktifizieren« wusste, 428.440 Kronen und war damit laut Roman Sandgruber die Nummer 94 auf der Liste der reichsten Wienerinnen und Wiener. Die enge Geschäftsverbindung zu Moriz Drach war wohl auch der Anlass für die Übersiedlung der Rosens nach Wien.

Louis Rosen zeigte schon in jungen Jahren sein kaufmännisches Talent und wurde Gesellschafter der Firma Emanuel Polak und Sohn, die sich durch erfolgreiche Großhandels- und Finanzgeschäfte bald einen Namen machte. So wurde er 1922 in den Verwaltungsrat der Internationalen Spiritus-Compagnie A. G. gewählt und ebenfalls 1922 in den Verwaltungsrat der Internationalen Handels- und Industrie-Aktiengesellschaft »Tellus«. Louis Rosen zählte wie Sigmund Bosel oder Camillo Castiglioni zu jenen Männern, die in der turbulenten Umbruchzeit nach dem Ersten Weltkrieg geschickt ihr finanzielles Glück zu schmieden wussten.

Eine Mesalliance und ihre dramatischen Folgen
Die Idee lag deshalb nahe, die beiden Familien Drach und Rosen auch durch familiäre Bande zu verknüpfen: Moriz Drach und seine Frau Irma hatten eine bildhübsche Tochter – Käthe Drach war schon als 17-Jährige eine der glänzendsten Erscheinungen der Wiener Gesellschaft. Prompt »verliebte« sich der um 15 Jahre ältere Louis in sie und hielt um ihre

Nr. 13. — 30. März 1919.   **Wiener Salonblatt.**   4

Er wurde am 30. Sept. 1848 geboren, im Jahre 1871 ordiniert und am 19. April 1903 konsekriert.

TODESFÄLLE.

In Landshut verstarb kürzlich Augusta Gräfin v. Freyen-Seyboltstorff geb. Freiin v. Reibeld (geb. Speyer 7. Sept. 1845), die Witwe nach dem Herrn auf Seyboldsdorf in NBayern, bayer. Km. und ER. des souv. MaltRrO. Grafen Karl, sowie die Mutter der Freifrau Mathilde (Richard) Malsen; des bayer. Oberstlts. Grafen August und des mit Elisabeth Freiin Lilgenau verh. bayer. Majors a. D. Grafen Ludwig Freyen-Seyboltstorff.

Am 14. d. M. verblich in Stuttgart der langjährige GenAdjutant des Königs von Württemberg G. d. I. z. D. Hermann Freiherr v. Bilfinger, Mitgl. der ehem. württemb. Ersten Kammer a. L. Am 1. März 1843 zu Friolzheim, OAmt Leonberg, geboren, hatte er sich am 27. Febr. 1872 zu Ludwigsburg mit Henriette Ruoff vermählt und war der Vater der Gräfin Elsa (Maximilian) Degenfeld-Schonburg, des Freiherrn Willy und des württemb. Hptm. Freiherrn Hans Bilfinger.

Am 20. d. M. verschied hier Hedwig Freifrau v. Klaps verw. Planker geb. Pfersmann v. Eichthal (geb. Göding 24. Sept. 1830), Witwe nach dem MinRate a. D., Greffier des Leopold-O. und VPräs. vom Weißen Kreuze Freiherrn Anton Klaps. An ihrer Bahre trauern ihre beiden Töchter, Sophie und Adelheid v. Planker-Klaps, sowie ihre Schwiegertochter Irene v. Planker-Klaps.

Wir veröffentlichen wieder, wie in den letzten Ausgabe, Ehrentafeln von im Weltkriege 1914/18 für das Vaterland gefallenen Mitgliedern adeliger Häuser Deutschlands, u. zw. diejenigen der Familien v. Bülow, v. Busse, der Freiherren und Herren v. Reibnitz und v. Wedel.

Schmerzliche Verluste (31) hatte, wie Fürst Bernhard v. Bülow für den Familienverband bekanntgibt, das Geschlecht Bülow. Von seinen Mitgliedern fanden den Heldentod (ein kurzer Bericht erschien hierüber bereits in Nr. 9 vom 1. März): Curt, Lt. und BatAdj. im GrenR. 1, am 12. Dez. 1914 bei Lowicz; Karl Ulrich, GM. und Führer der 9. KavDiv., am 7. Aug. 1914 bei St. Croix; Friedrich Franz, Lt. im DR. 17, bei einem IR., am 26. März 1918 bei Andechy; Karl Werner, Hptm. und KompFührer im Garde-FüsR., am 12. Juni 1915 bei Zarogozno; Max, Kptlt. und 1. Offz. S. M. S. »Nürnberg«, am 8. Dez. 1914 in der Seeschlacht bei den Falklandinseln; Friedrich, Hptm. im IR. 172, KompFührer in einem ErsIR., am 8. Juli 1915 bei Beau le Sapt; Hans, Herr auf Kaltenmoor u. Wilschenbrook, Mecklenb.-Schwer., Amtsassessor, Lt. d. R. im DR. 18, am 28. Sept. 1914 auf Erkundungsritt südlich Arras; Berthold, Amtsrichter in Werder a. d. H., Oblt. d. Res. des 1. Garde-FeldartR., bei einer Munitionskolonne, nach schwerer Verwundung am 28. Dez. 1915 im Lazarett bei Noyon, sämtlich v. Bülow; Carl Otto v. Bülow-Stolle, Lt. im DR. 18, Ord.-Offz. beim IR. 92, am 15. Sept. 1915 bei Cambrai; Henning, Oblt. im Kür.-R. 7, nach schwerer Verwundung am 25. Jän. 1918 im Lazarett Saarburg; Friedrich (Vicco), Lt. im IR. 51, am 15. Sept. 1914 bei Cernay; Wilhelm, Major und BatFührer im ResIR. 216, am 27. April 1915 bei Houthoulst; Curd, Major im GrenR. 10 und BatFührer im ResIR. 11, nach schwerer Verwundung am Invincourt am 20. Sept. 1914 im Lazarett Diedenhofen; Busso, Oblt. im 2. Garde-R. z. F., bei einer Fliegerabt., am 20. Mai 1915 im Luftkampf südlich Soissons; Robert, Bootsmannsmaat auf dem türkischen Kreuzer »Midilli« (S.M.S. »Breslau«), am 20. Jän. 1918 im Mittelmeer; Wolfgang, Lt. und BatAdj. im GrenR. 89, am 23. März 1918 bei Vrancourt; Gottlieb Friedenreich, Hptm. im FusR. 90, KompFührer bei einem anderen IR., am 20. Sept. 1916 in Frankreich, sämtlich v. Bülow; Bernd v. Bülow-Trummer, Lt. im GrenR. 89, am 31. Dez. 1915 bei Tahure; Friedrich, Fkherr auf Gudow, Erblmarschall in Lauenburg, Rittm. d. Res. HR. 16 und Adj. des LdwIR. 76, am 20. Febr. 1915 bei Bialazew; Friedrich, Fkherr auf Bothkamp, Lt. im R. der Gardes du Corps, beim Garde-ResUR., am 19. Aug. 1914 auf Erkundungsritt bei Seille a. d. Maas; Walter, nach dem Heldentod seines Bruders Friedrich Fkherr auf Bothkamp, Lt. im HR. 17, Führer einer Jagdstaffel, am 6. Jän. 1918 im Luftkampf bei Ypern; Conrad, nach dem Heldentod seiner Brüder Friedrich und Walter Fkherr auf Bothkamp, Lt. im HR. 17, Führer einer Jagdstaffel und der Finnischen Fliegerschule, am 11. Aug. 1918 durch Absturz bei Abö, sämtlich v. Bülow; Bodo Freiherr v. Bülow, Hptm. und Abteil.-Führer im 3. Garde-FeldartR., am 3. Dez. 1914 bei Bucquoi; Carl Gottfried Graf Bülow v. Dennewitz, Oblt. im GrenR. 7 und KompFührer im FüsR. 33, am 5. Okt. 1914 bei Turowka (Suwalki); Hans, Oblt. und Adj. des IR. Graf Bülow v. Dennewitz, am 12. Sept. 1916 bei Peronne; Johannes, Hptm. im Garde GrenR. 5, vermißt seit 13. Sept. 1914 im Nachtgefecht bei Nouvron, beide v. Bülow.

An Krankheiten starben im Dienste: Friedrich Freiherr v. Bülow, Kpt. z. See und Kmdt. S. M. S. »Berlin«, am 8. Aug. 1916 in Wilhelmshaven; Gottfried

Frl. Käthe Drach und Herr Louis Rosen.
Atelier des Frl. d'Ora, Wien, I., Wipplingerstraße 24—26
Text S. 3.

Hand an. Am 22. Jänner 1919 wurde die Verlobung bekannt gegeben, am 23. April 1919 feierten Louis Rosen und Käthe Drach ihre Vermählung und am 30. September 1920 kam die gemeinsame Tochter Marietta zur Welt. Wenig später wurde die Ehe einvernehmlich geschieden, angeblich hatte sich Käthe schon in einen anderen verliebt. Die Mutter Irma Drach soll gesagt haben: »Wenn ich gewusst hätte, dass wir so reich sind, hätte ich mich mit der Verheiratung meiner Tochter nicht beeilt.«

Louis Rosen tröstete sich mit der gefeierten Tänzerin und »Soubrette von Rasse und Temperament« Louise Kartousch (1886–1964), die »durch ihren persönlichen Humor und ihre unnachahmliche Verve« die Wiener Gesellschaft begeisterte. (*Der Tag*, 7. November 1934) Die geborene Linzerin Kartousch, die u. a. mit Hauptrollen in den Operetten Leo Falls brillierte, sang 1923 an der Wiener Staatsoper den Orlowsky in der Fledermaus und befand sich am Höhepunkt ihrer Karriere.

Doch dann plötzlich ein Schock. Das *Wiener Salonblatt* meldete am 12. Mai 1923: »Am 28. April 1923 starb in Bad Ischl nach kurzer Krankheit die in der Wiener Gesellschaft ungemein beliebt und wegen ihrer Schönheit und Liebenswürdigkeit bestbekannt gewesene Frau Käthe Rosen-Drach.« Das »Internationale Gesellschaftsorgan« übte sich wie immer in nobler Diskretion und sprach nicht aus, was alle schon wussten – tatsächlich verbarg sich hinter diesem Tod ein bewegendes Drama.

Käthe Drach-Rosen hatte sich nach ihrer Scheidung, wie das *Neue Wiener Tagblatt* vom 1. Mai 1923 schrieb, »viel in Kreisen der österreichischen und reichsdeutschen Aristokratie« bewegt. Wiederholt seien »Namen von Herren des Hochadels« genannt worden, die sich um ihre Hand beworben hätten. Die Situation hätte sich nun jedoch zugespitzt: »Seit geraumer Zeit war an Frau Rosen eine schwere Gemütsdepression wahrzunehmen, sie tat wiederholt Äußerungen, die auf Lebensüberdruß hindeuteten, und man erzählte, daß sie Pulver mit betäubenden Mitteln bei sich getragen habe. (...) Die Gemütsdepression der Frau Rosen hatte in den letzten Tagen solche Formen angenommen, daß sie ununterbrochen überwacht wurde. Trotzdem gelang es ihr, die Dosis Veronal, die ihren Tod herbeiführen sollte, zu sich zu nehmen. Die junge Dame wurde sofort in das Ischler Sanatorium gebracht, wo sich die Ärzte vergeblich bemühten, die Unglückliche zu retten. Die Leiche der Verstorbenen wird nach Wien überführt werden.«

Die Nachricht vom Suizid Käthe Drach-Rosens schockierte die Wiener Gesellschaft und wurde in den Zeitungen vielfach kommentiert, ihr »erschütterndes Schicksal« rief »allenthaben tiefstes Mitgefühl wach«. (*Neues Wiener Tagblatt*, 30. April 1923) *Die Stunde* und andere Blätter glaubten auch den Grund für den Selbstmord der ungewöhnlich schönen und eleganten jungen Frau zu kennen: Sie hatte ihr Herz an den jungen Prinz Chlodwig Hohenlohe, den Neffen des einstigen deutschen Reichskanzlers Hohenlohe, verloren, dieser aber verweigerte nach den Regeln seiner Familie eine nicht standesgemäße Heirat. Das *Prager Tagblatt* versuchte die Tragödie der Käthe Drach-Rosen in ihrem Kommentar vom 1. Mai 1923 in einen größeren Zusammenhang zu stellen: »Als Kind des neuen Reichtums besaß sie nicht jene Hemmungen, die sich der alte Reichtum auferlegt, sie übertrieb alle Extravaganzen und war in ihrer Unsicherheit doch viel unfreier als die Menschen der alten Gesellschaft, die sich ihre Gesetze selber gaben. So geriet sie in jenes Grenzterrain, wo das Abenteurertum sich mit der ›guten‹ Gesellschaft begegnet.« (*Prager Tagblatt*, 1. Mai 1923)

Der Streit um ein »Milliardenerbe«

Die Eltern Moriz und Irma Drach starben nur wenige Jahre später, Moriz im Februar 1927, seine Frau im Juli 1928, erst 54 Jahre alt. In seinem Testament hatte Moriz Drach seinen Sohn Artur als Haupterben eingesetzt, die rechtmäßige Enkelin Marietta Rosen jedoch völlig übergangen. Da das Testament auch formal nicht den gesetzlichen Erfordernissen entsprach – es war nicht eigenhändig geschrieben und von keinem Zeugen gefertigt –, wurde es von Louis Rosen im Namen seiner Tochter angefochten. Es folgte ein jahrelanger erbitterter Rechtsstreit um das »Milliardenerbe« des Holzkönigs, den schließlich die Familie Rosen für sich entscheiden konnte. 1935 konnte man dazu im »Wiener Montagblatt« *Der Morgen* lesen: »Und während heute Louis Rosen, der große Financier und Industrielle der Vor- und Nachkriegszeit, versuchen muß, seine Bahn durch die wirtschaftlichen Wirrnisse der Gegenwart zu brechen, ist seine Tochter, Schülerin der fünften Klasse einer Mittelschule, die Erbin eines Vermögens von mehreren Millionen Schilling geworden ...«

Wie der offenbar gut informierte Reporter des *Morgens* andeutet, habe Rosen seine Industriebeteiligungen bereits verloren und würde sich nun ganz auf den Ausbau der Kuranstalt Edlach konzentrieren, deren Mitbesitzer er gewesen war und die »Eigentum seines Kindes« geworden sei. Er hoffe, »in diesem Unternehmen einen Ersatz für seine bisher vornehmlich industrielle Beschäftigung gefunden zu haben«.

Zu diesem Zeitpunkt hatte die Familie Rosen oder zumindest Teile von ihr die Villa Schapira bereits verlassen – am 3. November 1933 waren Louis und seine Tochter laut Meldezettel ins Hotel Bristol übersiedelt. Marietta, die »Erbin des Riesenvermögens Drach«, verbrachte die schulfreien Tage in Edlach, der *Morgen* zeichnete ein kitschigsüßes Bild: »Unendlich zärtlich hängt das junge Mädchen am Arm des Vaters. Louis Rosen ist in diesem Augenblick nicht der

Mit drei Jahren Halbwaise, mit zwölf Jahren Erbin eines Millionenvermögens: Marietta Rosen mit ihrem Onkel Robert Rosen. Ihre Kinderjahre verbrachte Marietta Rosen, verheiratete Poras, in der Villa Schapira.

VILLA SCHAPIRA

1932, mit zwölf Jahren, wurde Marietta Rosen Eigentümerin der von dem Arzt Albert Konried gegründeten Kuranstalt Edlach. Vorbesitzer war die Wiener Weingroßhandlung Pollak & Sohn, an der Louis Rosen beteiligt war. 1948 erhielt Marietta Rosen, nunmehr verheiratete Poras, den Besitz zurück. Im Bild unten die Auffahrt der Gäste am Wochenende. Fotos, um 1925.

große Finanzier, er ist – Papa.« Die Kuranstalt Edlach wird für Marietta Rosen zum Schicksalsort werden: Hier lernt sie den Arzt Dr. Hermann Poras (1901–1977) kennen und verliebt sich in ihn. Gemeinsam mit Vater Louis und Onkel Bernhard gelingt dem Paar, das sich inzwischen verlobt hat, im April 1938 die Flucht in die Schweiz. Letzte Zwischenstation auf dem Weg von Edlach nach Zürich ist das Hotel Excelsior (später Hotel Habsburg) in Wien in der Rotenturmstraße 24. Am 7. April 1938 meldet sich hier Louis Rosen mit dem Ziel »unbekannt« ab. Während Vater und Onkel in der Schweiz bleiben, suchen Marietta und Hermann Poras Zuflucht in den USA, wo sie sich eine neue Existenz aufbauen und zu einem erfüllten Leben finden. Marietta Jean Poras, wie sie sich nun nennt, stirbt am 19. Dezember 2014 in Lancaster/Wayland, Massachusetts.

Nachdem die Rosens ausgezogen waren, ließ Marianne Schapira die Villa 1934 im Inneren umbauen. In dem Haus, das so großzügig für eine Familie geplant worden war, wurden nun drei Mietwohnungen installiert. Dazu errichtete man an der Westseite einen Nebeneingang und ein neues Stiegenhaus, das es erlaubte, jedes Geschoß einzeln zu betreten. Ein längerer Wien-Aufenthalt Marianne Schapiras im März und April 1934 diente wohl der Organisation und Überwachung dieser Umbauarbeiten, die zur Folge hatten, dass die große Halle im Erdgeschoß stark verkleinert wurde. Nur elf Jahre nach Fertigstellung war das ursprüngliche Raumkonzept Geschichte.

Das Rätsel um Maria Jeritza
Im Zusammenhang mit der Villa Schapira taucht immer wieder auch die Behauptung auf, dass sie »im Besitz« der Opernlegende Maria Jeritza (1887–1982) gewesen sei – das stimmt jedoch laut Grundbuch sicher nicht. Die gefeierte Primadonna hatte gemeinsam mit ihrem Gatten Leopold Popper-Podhragy eine feste Wohnung in der Stallburggasse 2 in der Innenstadt. Möglicherweise mietete sie sich für einige Zeit in der Villa ein, ein Anhaltspunkt dafür konnte nicht gefunden werden. Infrage kommen würde dafür ein Wien-Aufenthalt nach der Scheidung von Leopold Popper-Podhragy und kurz nach der Hochzeit mit dem Filmproduzenten Winfield R. Sheehan in Santa Barbara, also der Oktober 1935. Am 2. Oktober 1935 sang sie, begeistert umjubelt vom Publikum, in der Wiener Staatsoper die Tosca, möglicherweise wollte sie mit einer Unterkunft in Währing auch Distanz zu ihrer alten Wohnung in der Stallburggasse halten.

Die Tragödie von Robert und Johanna Rosen
Die beiden Brüder von Louis Rosen, Robert Rosen (1888–1942) und Bernhard Rosen (1886–1972), führten in Wien gemeinsam ein Groß- und Einzelhandelsunternehmen. Das Geschäft lief gut, doch dann hatte Robert, der mit Jenny, geborene Christensen (1897–1989), einer Dänin, verheiratet war, einen Nervenzusammenbruch und ging in ein privates Sanatorium für Geisteskranke. Zusammen mit seiner Frau Jenny zog er nach seiner Genesung im März 1928 ebenfalls in die Villa am Türkenschanzpark, gemeinsam mit »Tante Jenny« kümmerte er sich um Marietta, wenn Vater Louis geschäftlich unterwegs war.

Von 1934 bis 1938 wohnten Robert und Jenny Rosen in der Belvederegasse 5 im vierten Bezirk, nach dem »Anschluss« kam es offenbar zu einer dramatischen Entwicklung:

Jenny, die »Arierin«, ließ sich von Robert scheiden, der im Juli 1938 die gemeinsame Wohnung verließ und in die Belvederegasse 6 übersiedelte. Am 29. August 1938 meldete er sich nach Belgrad ab, es gelang ihm, ein Visum nach Belgien zu bekommen, wo er noch zwei Jahre lebte. 1940 wurde er jedoch verhaftet und in das Internierungslager Saint-Cyprien bei Perpignan gebracht und von dort über das Lager Drancy nach Auschwitz deportiert, wo er am 14. August 1942 ermordet wurde. Jenny zog nach Kopenhagen, heiratete wiederum und bekam noch zwei Kinder.

Mehr Glück hatte Robert Rosens Bruder Bernhard, von seinen Großneffen in den USA später kurz »Berchie« genannt. Er ging Anfang der Dreißigerjahre nach Edlach und arbeitete in der Kuranstalt für seinen Bruder Louis als Agent. Zusammen mit Louis gelang ihm, wie erwähnt, 1938 die Flucht in die Schweiz. Nach Kriegsende kehrte Bernhard Rosen nach Wien zurück und lebte hier zusammen mit seiner Freundin, die auf ihn gewartet hatte.

Johanna, die Mutter der drei Rosen-Brüder, ging in die alte Heimat nach Osijek zurück, entkam aber auch hier nicht dem mörderischen Rassenwahn der Nazis – sie starb am 31. August 1942 im kroatischen KZ Jasenovac. Hermann und Marietta Poras schwiegen über ihre Vergangenheit, ihre Söhne Joseph und Peter wussten lange Zeit kaum etwas über die Zeit ihrer Urgroßeltern, Großeltern und Eltern in Österreich.

Im Gedenken an Johanna und Robert Rosen wurden im Oktober 2022 zwei »Stolpersteine« auf dem Gehsteig vorm Gartentor enthüllt. Seine Mutter Marietta sei 17 gewesen, als sie Österreich verlassen

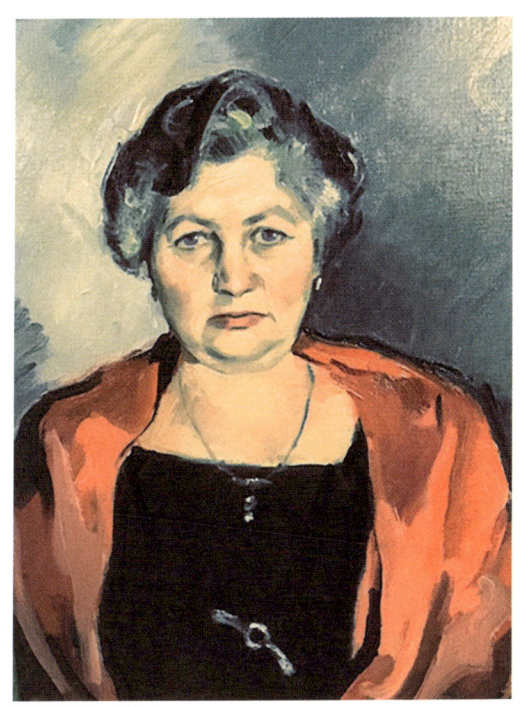

Johanna Rosen und ihr erfolgreicher Sohn Louis Rosen. Porträts von unbekannter Hand. Die aus Osijek stammende Familie trug ursprünglich den Namen »Rosenblüth« und änderte ihn nach der Ankunft in Wien auf »Rosen«.

musste, erzählen ihre Söhne Joseph »Joe« und Peter Poras in einer kurzen Rede. Gekommen sind sie gemeinsam mit einer großen Gruppe von Nachfahren aus den USA und Kanada. Es sei sehr bewegend, den Ort zu sehen, wo ihre Mutter mit ihrer Familie aufgewachsen ist. Auch angesichts des schon etwas »heruntergekommenen Zustands« des Hauses sei es nicht schwer, sich vorzustellen, welch magischer Platz dieses Heim für die Familie Rosen einst gewesen sein muss.

Verwunschene Schönheit ohne Zukunft?

Nach einigem Hin und Her haben wir endlich einen Termin für die Besichtigung der denkmalgeschützten Villa bekommen, die weiter der BIG gehört und von der ARE Austrian Real Estate GmbH verwaltet und betreut wird. Während wir noch am Gartentor mit dem schönen alten Nummernschild auf unseren Guide warten und die beiden Stolpersteine davor studieren, erhalten wir einen Eindruck von dem einen großen Problem, das dieses wunderbare Villengebäude hat: dem Verkehrslärm. Die Max-Emanuel-Straße, benannt nach Max Emanuel II., Kurfürst von Bayern, der 1683 in den Reihen der Kaiserlichen gegen die Türken kämpfte, ist leider zu einer viel befahrenen Durchzugsstraße geworden, eine Nutzung der Villa als Wohnung durch Private können wir uns unter diesen Umständen nicht vorstellen.

Dann ist auch schon unser Führer da, das Gartentor öffnet sich und wir können die eindrucksvolle Fassade des Hauses jetzt auch aus der Nähe studieren. Der Verputz bröckelt an einigen Stellen, die grünen Fensterläden sind verwittert, auch das Eingangs-

Der »Stolperstein« auf dem Gehsteig vorm Gartentor zum Gedenken an Johanna und Robert Rosen.

tor hätte dringend eine Renovierung nötig. Über eine Seitentür gelangen wir in das Innere und schnell erkennen wir: Der Charme von einst, der sich von außen noch zu erkennen gibt, ist hier leider völlig verschwunden. Wir haben die Einreichpläne von 1922 im Kopf und sehen, dass davon wenig geblieben ist. Den großen Zentralraum in der Beletage, die einst so klare Struktur, gibt es nicht mehr. Mauern wurden eingezogen, alles wirkt kleinteilig und verwinkelt – hier könnte nur ein Rückbau zum Originalzustand helfen. Wir genießen jedoch die verborgenen Schönheiten: die kleine Terrasse im Dachgeschoß, die über eine Tür in der Gaupe erreichbar ist, sowie die eleganten Fenster im Stiegenhaus.

Nachdem die Villa in das Eigentum der BIG übergegangen war, wurde sie an die nahe gelegene Universität für Bodenkultur (BOKU) vermietet, die hier das Institut für Hydrobiologie einrichtete. Nach dem Auszug des Instituts 2017 stand das Gebäude einige Zeit leer, vom März 2019 bis Ende 2020 wurde es von der KünstlerInnen-Genossenschaft USUS genutzt, man richtete Ateliers ein und veranstaltete Ausstellungen. Anschließend belegte auch die Akademie der bildenden Künste die Räumlichkeiten. All dies, so haben wir den Eindruck, passte nicht wirklich zu dem historischen Gebäude.

Wir fragen unseren Guide, ob es denn schon konkrete Pläne für eine Nachnutzung gebe. Er sei in dieses Haus verliebt, sagt er, aber noch gebe es keine Entscheidung, es würden alle Optionen geprüft. Anna Mariko Päßler hat in ihrer Diplomarbeit über die Villa Schapira vorgeschlagen, sie in eine »Villa Kinderbunt« zu verwandeln und als Kinderbetreuungsstelle zu nützen – ein sinnvoller Vorschlag, zu dem sie zahlreiche konkrete Ideen präsentierte. Sicher ist, dass die Investition keine kleine sein wird. Wir wünschen der verwunschenen Schönheit beim Türkenschanzpark jedenfalls die bestmögliche Zukunft! Es wäre schade, wenn dieses einzigartige Gebäude verloren ginge!

Literatur

Friedrich Achleitner, Österreichische Architektur im 20. Jahrhundert. Band III/2. Wien 1995

Antje Senarclens de Grancy, »Moderner Stil« und »Heimisches Bauen«. Wien 2001

Anna Mariko Päßler, Die Villa Schapira in Wien, Geschichte und Ausblick auf eine neue Nutzung. Dipl.-Arb. Technische Universität Wien 2021

Roman Sandgruber, Reich sein. Das mondäne Wien um 1910. Wien – Graz 2022

A. S., Roman um Louis Rosen. In: Der Morgen, Wiener Montagblatt, 6. Mai 1935, 8

Wiener Stadt- und Landesarchiv: Grundbuch Währing, EZ 2331, Tagebuchzahlen 1597/1921, 635/1922

Historische Meldeunterlagen zu den Familien Schapira und Rosen

Ein Ort zum Wohlfühlen: Vom kleinen Erkerzimmer, das an die Küche angrenzt, bietet sich ein wunderbarer Blick in den Garten der Villa Gutmann in der **Colloredogasse 24.**

Villa Gutmann
Carl von Borkowski 1886, Max von Ferstel 1896 und 1907

Der Familiensitz des Kohlenkönigs

Die Bezeichnung »Villa« scheint uns untertrieben, auch »Haus« trifft es nicht: Das Gebäude an der Ecke Colloredo-/Cottagegasse ist ein monumentaler Prachtbau, ein imposantes Spiegelbild wirtschaftlicher Potenz und großbürgerlichen Erfolgs. Augenfällig ist der Reichtum, der diese »Supervilla« ermöglicht hat. Hier schuf sich die Familie Gutmann, eine der erfolgreichsten Familien der Habsburgermonarchie, ihre luxuriöse Heimstatt, ein »Herrschaftshaus« im wahrsten Sinne des Wortes. Auch wenn die Villa im Laufe der Zeiten so manche Veränderung erfahren hat – der Geist dieser versunkenen Welt ist noch immer gegenwärtig.

Während wir auf den Hausherrn Michael Zillner warten, dem heute ein Großteil der Villa gehört, bewundern wir das Gesamtbild der Anlage. In der Cottagegasse ist noch das große Tor vorhanden, das sich öffnete, wenn die Herrschaft mit der eigenen Kutsche ausfuhr. Einst muss es hier also auch einen Pferdestall gegeben haben und Bedienstete, die sich um die Tiere kümmerten. Wir rätseln, wann die Ära der Pferde zu Ende ging – um 1910 knatterten von hier aus wohl auch erste Automobile, ein fast unverzichtbares Statussymbol der Superreichen, in die Stadt.

Dann ist es so weit: Michael Zillner, der sich für unseren Besuch extra Zeit genommen hat, empfängt uns mit großer Herzlichkeit. Unkompliziert, locker, wir spüren gleich: Hier »brennt« jemand mit Leib und Seele für dieses Gebäude, das Geschichte atmet, dessen Erhaltung aber eine gewaltige finanzielle Herausforderung ist. Die Familie Zillner, so haben wir den Eindruck, stellt sich dieser mit Leidenschaft und Liebe, auch wenn es ihr, wie Michael Zillner an einigen schlagenden Beispielen schildert, nicht immer leicht gemacht wird.

Wir treten durch die Eingangstür, stehen in der Empfangshalle und fühlen uns versetzt in eine andere Welt. Der erste Eindruck: die atemberaubende Höhe der Räume. Fünf Meter hoch sind sie und schaffen ein Raumgefühl, das wir sonst nur aus

WIENER VILLEN

↑ Alles steht genau auf seinem Platz, dennoch fehlt es nicht an Intimität und Gemütlichkeit: das Wohn- und Fernsehzimmer. Die Stuckapplikationen an der Decke wurden fachmännisch restauriert.

↗ Sorgfältig ausgewählte Designermöbel und moderne Kunstwerke fügen sich in der spektakulären Beletage zu einem inspirierenden Wohnerlebnis.

→ Noch original erhalten: die zauberhafte Tiffany-Verglasung im Erkerzimmer.

VILLA GUTMANN

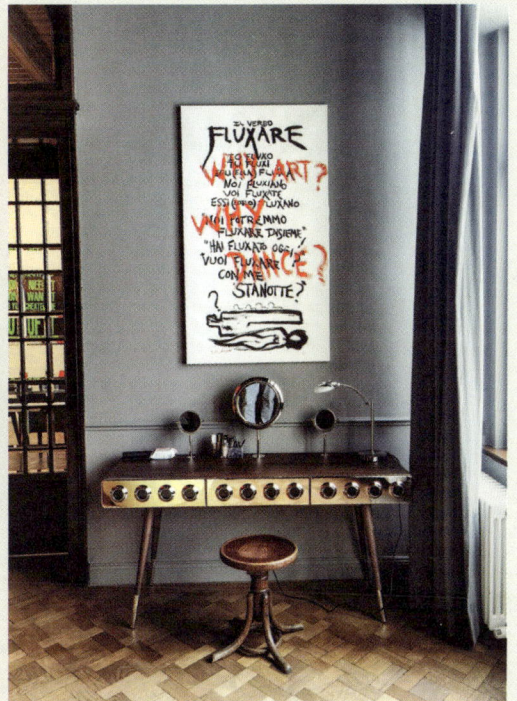

35

WIENER VILLEN

↑ Ein Raum zum Arbeiten, Lesen, Plaudern und Entspannen: das Arbeitszimmer mit der bis zur Decke reichenden Bücherwand hinter dem Schreibtisch.

VILLA GUTMANN

↑ Der Ausgang zum ursprünglich doppelt so großen Garten. Deutlich zu erkennen ist, dass die »Supervilla« durch Anbauten in mehreren Etappen zur heutigen Größe heranwuchs.

Schlössern kennen. 60 Quadratmeter groß ist die Halle und beeindruckt durch ihre großartige Eichendecke und die außergewöhnlich hohen Türen – feudaler Luxus empfängt den Besucher.

Im Salon, der 100 Quadratmeter umfasst, bestaunen wir das originale Intarsienparkett und den riesigen, 7,5 Meter langen Tisch, ein imposanter Luster sorgt für die notwendige Beleuchtung. Wir gehen weiter in die spektakuläre Küche, die bereits vom Vorbesitzer der Beletage mit viel Fingerspitzengefühl modern umgestaltet wurde. Original erhalten ist dagegen die zauberhafte Tiffany-Verglasung im angrenzenden kleinen Erkerzimmer, das auch als Frühstücks- und Essraum dient. Es ist ein Ort, an dem man sich so richtig wohlfühlen kann, eine Art Wintergarten, von dem aus sich ein wunderbarer Blick in den Garten bietet. Gemütlich präsentiert sich das große Arbeitszimmer mit Schreibtisch, Polstermöbeln, Klavier und hoher Bücherwand – gegenüber wacht ein monumentales, in die Wand gefrästes Richard-Wagner-Porträt. Auch die weiteren Räume stehen für uns offen: Wir durchqueren das Schlafzimmer mit seinem exquisiten Bett, werfen einen Blick in die Zimmer der Kinder sowie in die großzügig konzipierte, begehbare zweigeschoßige Garderobe. Das ganze Erdgeschoß, die Beletage, ist überwältigende 475 Quadratmeter groß.

Moderne Kunst aus den 1960er- und 1970er-Jahren an den Wänden, sorgfältig ausgesuchte und inszenierte Designermöbel – alles steht genau auf seinem Platz, wie uns Michael Zillner versichert. Verantwortlich dafür zeichnet der russische Designer Alexander Golovin, der mit seiner estnischen Firma UAB Lonila die »neue Ordnung« der

Trotz des hohen Altersunterschieds von beinahe 20 Jahren wurde es ein glückliche Ehe: 1896 heiratete Maximilian Ritter von Gutmann Emilie Hartmann.

Beletage-Räume schuf. Sorgsam überwacht wird diese von Michael Zillners Frau Valeria, die Ärztin ist und im Souterrain des Hauses eine Ordination führt. Wir haben Gelegenheit, auch sie kennenzulernen, und sind beeindruckt vom Engagement, mit dem sie jedes Detail dieser Inszenierung immer wieder auf seine Sinnhaftigkeit und Richtigkeit überprüft. Tradition und Moderne haben zu einer aufregenden Symbiose gefunden.

Vor allem aber imponiert uns, dass Valeria und Michael Zillner die Ursprünge der Villa nicht vergessen haben und sich mit ihrer Geschichte intensiv auseinandersetzen. So veranstalten sie, wie sie uns erzählen, mit

VILLA GUTMANN

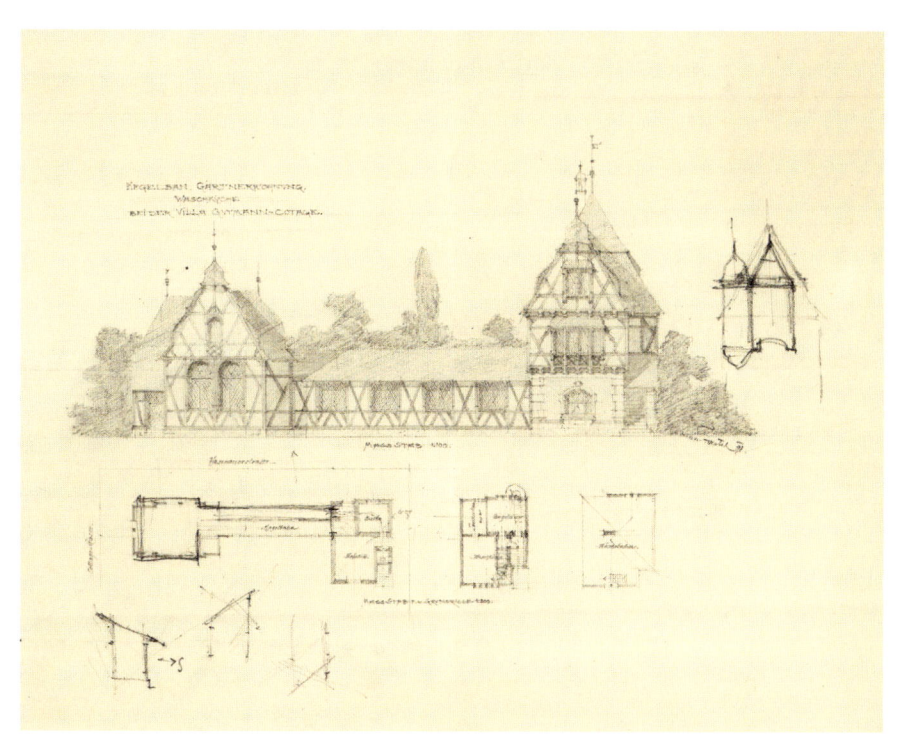

In seinem Entwurf für die Kegelbahn aus 1898 kombinierte Max von Ferstel diese mit einer Gärtnerwohnung und einer Waschküche. Charakteristisch: der altdeutsche Fachwerkstil.

Blick auf die Altwiener Tradition der musikalischen Salons im Arbeitszimmer musikalische Abende. Wo einst noch Johannes Brahms kurz vor seinem Tod 1897 in die Tasten griff, musizieren jetzt junge aufstrebende Künstler …

Vom »Wolfsheim« zur Villa Gutmann

Die Pläne für den ersten Bau an der Adresse Colloredogasse 24, damals noch Stephaniegasse 18, wurden 1886 vom Cottage-Architekten Carl von Borkowski entworfen, Bauherrin war die Fabrikantengattin Eugenie Wolff. Nach diesen Plänen errichtete Baumeister Johann Gschwandner ein einstöckiges Gebäude mit zwei Giebeln im neogotischen Stil. Frau Wolff hatte Sinn für Humor und ließ, wie Heidi Brunnbauer berichtet, über dem Hauseingang die Inschrift »Wolfsheim« anbringen. Darunter platzierte man ein Zierfeld mit der Darstellung einer Wolfsfamilie.

Ein Jahrzehnt später stand das »Wolfsheim« zum Verkauf und rasch hatte sich ein finanzstarker Interessent gefunden: das Ehepaar Max und Emilie von Gutmann. Der Mann, der der Villa ihren neuen Namen geben sollte, Bergrat Maximilian »Max« Ritter von Gutmann (1857–1930), war kein einfacher Kohlenhändler, sondern ein wissenschaftlich

Am 23. März 1897 unterschrieb Emilie von Gutmann als Hauseigentümerin den Meldezettel für ihren Mann, den »Berg und Hütten Ingenieur« und »Gesellschafter der Fa. Gebrüder Gutmann« Max von Gutmann.

ausgebildeter Montanist. Ein Fachmann, der die technische Leitung der Kohlenbetriebe der Firma Gebrüder Gutmann innehatte. Der älteste Sohn Wilhelm von Gutmann hatte an der Technischen Hochschule Wien und an der Bergakademie in Leoben studiert und sich in privaten Studien weitergebildet, 1883 trat er in das Unternehmen ein, 1888 wurde er Teilhaber. Als hervorragender Montanist und Präsident des Zentralvereines der Bergwerksbesitzer genoss er großes internationales Ansehen. »Ungeteilte Hochachtung und Verehrung«, so die *Neue Freie Presse* vom 1. September 1902 rühmend, brachten ihm aber auch die Arbeiter und Beamten der Firma entgegen. Max von Gutmann galt so wie sein Vater Wilhelm als Philanthrop, allgemein wurde ihm eine sympathische Persönlichkeit bescheinigt und sein bescheidenes Auftreten gewürdigt.

Anno 1896, inzwischen war er schon 39 Jahre alt, heiratete Max von Gutmann die um 20 Jahre jüngere Emilie Hartmann (1877–1953), Tochter des Hofschauspieler-Ehepaars Ernst und Helene Hartmann, geborene Schneeberger. Emilie war im Haus ihrer Eltern in der Sternwartestraße 55, einem der ersten Einfamilienhäuser im Cottage, aufgewachsen. Als es nun darum ging, eine repräsentative Heimstatt für die neue Familie

Emilie von Gutmann mit ihrem jüngsten Kind, dem 1906 geborenen Sohn Wolfgang. Er wurde später von seinem Vater testamentarisch als Universalerbe eingesetzt.

zu finden, war es vermutlich sie, die für den Ankauf der Liegenschaft Colloredogasse 24 plädierte.

Das Geld für den Kauf kam wohl von Max von Gutmann, das Eigentumsrecht wurde jedoch im Grundbuch zugunsten seiner jungen Gattin einverleibt. Emilie machte sich auch gleich mit großer Energie an die notwendigen Adaptierungen, mit denen sie Max von Ferstel, den Sohn von Heinrich von Ferstel, betraute. Zur Familie Ferstel unterhielt man enge Beziehungen – Carl von Ferstel (1865–1926), ein jüngerer Bruder von Max von Ferstel, war mit Amelie Hartmann, einer Schwester Emilies, verheiratet und wurde Direktor der Maschinenfabrik Andritz, die Max von Gutmann im Jahr 1900 übernahm.

Die Villa wuchs durch Anbauten über der Terrasse und im ersten Stock in Richtung Garten, 1898 folgten drei neue Dienerzimmer im Souterrain sowie eine Gartenterrasse. 1907, inzwischen hatten Max und Emilie von Gutmann fünf Kinder, entwarf Max von Ferstel einen neuerlichen Zubau auf der Gartenseite von immerhin zehn Metern Länge und acht Metern Breite, dazu kam eine unterkellerte Terrasse. Weitere Umbauten folgten 1912 und 1926 durch den Cottage-Architekten Hermann Müller. Sieben Angehörigen der Familie Max von Gutmann und elf Bediensteten bot die Villa nun bequem Platz, auch für Gäste standen ausreichend Zimmer parat.

Die Gestaltung des Gartens, der ursprünglich doppelt so groß wie heute war, übertrug Emilie von Gutmann dem bekannten Gartenarchitekten Albert Esch (1883–1954), der ab 1919 in der Längenfeldgasse 29 in Meidling ein »Atelier für moderne Gartenkunst« führte. Esch arbeitete u. a. mit Josef Frank und anderen Architekten zusammen, seine Vision, mit der er dem deutschen Gartentheoretiker Hermann Muthesius folgte, war der »Wohngarten«: der Garten als harmonische Weiterführung des Hauses. Ein bis zu zwei Meter hoher Steingarten, errichtet auf einer Fläche von 15 mal 15 Metern an der nordwestseitigen Hausmauer, ist nicht mehr erhalten, nur eine eindrucksvolle Pyramideneiche hat die Zeiten überdauert.

Die Kohle war das Fundament

Der Aufstieg der Familie Gutmann zählt zu den großen Erfolgsgeschichten im Zeitalter Franz Josephs. 1850 kamen die beiden Brüder Wilhelm Gutmann (1826–1895) und David Gutmann (1834–1912) aus Leipnik nach Wien, um hier ihr Glück zu schmieden. Und sie taten dies mit Erfolg: Gemeinsam gründeten sie die Kohlengroßhandelsfirma Gebrüder Gutmann, die innerhalb weniger Jahrzehnte zum führenden Unternehmen in jener Branche wurde. Die Kohle hatte Konjunktur: Der Ausbau der Eisenbahnen, die zunehmende Industrialisierung und die Einführung der Kohleheizung in Privathaushalten steigerten die Nachfrage nach Kohle enorm, und mit ihr wuchs das Vermögen der Gebrüder Gutmann. Allein in Wien verdoppelte sich der Kohleverbrauch zwischen 1850 und 1890 in jedem Jahrzehnt. Die Familie Rothschild wurde zum wichtigsten Geschäftspartner: 1871 gründete man gemeinsam mit Rothschild die österreichisch-ungarische Hochofen-Gesellschaft, später war man am Ausbau der Rothschild'schen Eisenwerke in Witkowitz beteiligt. Auch der Gegner im Ring der Mächtigen war klar: Karl Wittgenstein, der »Allgewaltige der österreichischen Eisenindustrie«, und seine Freunde.

Der Service der Gebrüder Gutmann war perfekt: Jede Bestellung wurde innerhalb von 24 Stunden in plombierten 50-Kilo-Säcken in Wien und Umgebung »abgetragen«, auf die Qualität der Kohle konnten sich die Kunden unbedingt verlassen. Das »Central-Bestellungs-Bureau für Haushaltungen« befand sich im ersten Stock des Hauses Bauernmarkt 11, zahlreiche weitere »Bestellungs-Bureaux« wurden in den Vorstädten und Vororten eingerichtet. Ähnlich effizient organisierte man den »Kohlen-Verschleiß« in Budapest und Brünn, sodass die Firma Gebrüder Gutmann in ihren Zeitungsinseraten zu Recht behaupten konnte, dass es in ganz Europa keine einzige Stadt gebe, in der für die »Deckung des Kohlenbedarfs für Haushaltungen in so ausgiebiger, rationeller und solider Weise« gesorgt werde wie in diesen drei Städten. Dazu kam, dass die Gebrüder Gutmann einen unschlagbar günstigen Preis anbieten konnten, lag doch auch die Kohleförderung in ihren Händen. 1865 verpachtete Anselm von Rothschild die Orlauer und Dombrauer Kohlenwerke auf 25 Jahre an die Gebrüder Gutmann, die in der Folge weitere Kohlegruben aufkaufen und ihr Geschäft auf andere Branchen ausdehnen: Aus dem Kohlehandel wurde ein Industrieimperium, das Zucker- und Textilfabriken ebenso umfasste wie eine Waggonfabrik in Nesselsdorf (Kopřivnice) und eine Mineralölfabrik in Floridsdorf. Zur Verfrachtung der Kohle unterhielt man auf der unteren Donau eine eigene Schiffsflotte.

Der spektakuläre wirtschaftliche Erfolg zog die gesellschaftliche Anerkennung nach sich: 1878 wurden Wilhelm und David Gutmann in den österreichischen Ritterstand erhoben. Ein Blick auf die zehn höchsten Jahreseinkommen des Jahres 1910 spiegelt den Erfolg der Familie wider: Gleich fünf Gutmanns belegen im Ranking von Roman Sandgruber (*Reich sein*) Plätze in den Top Ten: Max von Gutmann (Platz 3 mit einem versteuerten Einkommen von 4,452 Millionen Kronen), David von Gutmann (Platz 5), Rudolf von Gutmann (6), Wilhelm Hermann von Gutmann (8) und Hans Emil Gutmann (9). Dazu kam gigantischer Grundbesitz: Max von Gutmann kaufte zwischen 1892 und 1916 im Strechental bei Rottenmann insgesamt 12.000 Hektar Grund und ließ sich hier in den Jahren 1900 bis 1902 vom Architekten Alexander Wielemans von

Das Kegelspiel bot auch jungen Frauen die Möglichkeit zu gemeinsamem Amüsement: »Der Kegelclub«, Zeitungslithografie nach einem Aquarell von Wilhelm Gause, 1897. Archiv Astrid Göttche.

Monteforte ein Jagdhaus errichten. Zu Beginn des Ersten Weltkriegs besaß die Familie Gutmann – zählt man den Besitz von Max' Halbbruder Rudolf von Gutmann bei Kalwang in der Steiermark dazu – um die 50.000 Hektar an Grund und Boden.

1922 entschloss sich die Familie zu einem weiteren Schritt: Um die zahlreichen Industriebeteiligungen und den internationalen Kohlehandel besser steuern und verwalten zu können, gründete man 1922 die Bank Gutmann, die 1957 an den Unternehmer Karl Kahane verkauft wurde.

Das Kegelspiel

Das dröhnende Poltern der Kugeln auf den hölzernen Kegelbahnen ist längst verklungen. Wer heute durch die Gassen des Cottaviertels wandert, kann sich kaum vorstellen, wie lebhaft es in den Gärten der Villen einst zugegangen sein muss. Das Kegelspiel war ein sportliches Vergnügen, bei dem alle mitmachen konnten, Gastgeber und Gäste, Herren und Damen, Jung und Alt. Auch Max und Emilie von Gutmann wurden von der Leidenschaft für dieses Spiel angesteckt, als begeisterte »Kegelhazardisten« ließen sie sich 1899 durch Max von Ferstel im Garten eine Kegelbahn samt Gärtnerwohnung und Waschküche im Fachwerkstil errichten.

Bereits in der Familie von Schwiegervater Ernst Hartmann war das Kegeln lieb gewordene Tradition, wie ein Bericht am 6. Juni 1886 in der *Morgen-Post* eindrucksvoll beweist. Unter der Schlagzeile »Wie sich das Burgtheater amusirt« las man da über eines dieser ausgelassenen Kegelfeste, bei dem der Hofschauspieler auch einige Kollegen wie Adolf von Sonnenthal – auch er wohnte im Cottage, und zwar in der Anastasius-Grün-Gasse 54 – und Karl Wilhelm Meixner begrüßen konnte: »Herr Hartmann hat (…) seine Mitkünstler vor einigen Tagen zu sich hinaus ins ›Cottage‹ geladen, wo es ein lustig und collegiales Gartenfest gab. Eigentlich war es ein Bestschießen auf der Kegelbahn, und jedes Mitglied konnte sich ein ›Best‹ herausschießen. Die betreffenden Preise waren in zwei großen Behältern untergebracht, welche durch die zweckmäßigen Aufschriften: ›Für Herren‹ und ›Für Damen‹ die Wählenden orientierten. Die Lustigkeit nahm im Laufe der Unterhaltung solche Dimensionen an, daß die Bewohner der umliegenden Ortschaften sich bei dem Lärmen erstaunt fragten, ob denn die Sommermanöver, welche jährlich in jenen Waldschluchten stattzufinden pflegen, schon begonnen hätten.«

Nach dem Ersten Weltkrieg verlor das gemeinsame Kegelspiel als gesellschaftliches Event an Bedeutung, andere sportliche Betätigungen traten in den Vordergrund. Heute ist die Kegelbahn spurlos verschwunden, auch die Waschküche und das Gärtnerhaus gibt es nicht mehr.

Hier spielte Bronisław Huberman

Der »Wundergeiger in Kindsgestalt« war die Sensation der Wiener Musikszene. Kaum jemand hätte es für möglich gehalten, schrieb der Musikkritiker Eduard Hanslick am 17. März 1895 in der *Neuen Freien Presse*, »daß in unserer concertüberflutheten Saison ein junger Violoinspieler fünf Concerte nach einander geben könne und jedesmal bei ausverkauftem Hause« – der »fünfzehnjährige« Bronisław Huberman hätte dieses »Wunder« jedoch bewerkstelligt. Hanslick,

»Meiner jungen Freundin Elsa, in und zur Erinnerung an schöne gemeinsam verbrachte Tage u. in der Hoffnung auf kommende«: Foto von Bronisław Huberman mit persönlicher Widmung für seine damals 16-jährige Schülerin Elsa von Gutmann, 10. Dezember 1913.

ansonsten ein strenger Kritiker, fand nur Worte des Lobes zum Auftritt des jungen Virtuosen im Großen Musikvereinssaal, irrte aber bei seinem Alter: Huberman (in der zeitgenössischen Presse meist: *Hubermann*) war im März 1895 erst zwölf Jahre alt. Ein Jahr später, in der Konzertsaison 1896, setzte der Junge, der erstmals 1892 im Rahmen der Theater- und Musikausstellung in der Rotunde in Wien aufgetreten war, noch eins drauf und spielte zehn ausverkaufte Konzerte. Legendär wurde sein Auftritt am 3. Februar 1896, bei dem er in Anwesenheit von Johannes Brahms das Violinkonzert des Komponisten interpretierte. »Es war geradezu unheimlich, wie sich der Knabe mit den Schwierigkeiten der Technik und der Auffassung spielend abfand«, schwärmte der Berichterstatter der *Wiener Allgemeinen Zeitung*. Brahms soll vor Freude über das geniale Spiel Hubermans geweint, ihn umarmt, geküsst und ihm ein handsigniertes Porträt überreicht haben.

So wie über das Alter des »Wunderknaben« herrschte auch über seine Herkunft Unklarheit. Bronisław Huberman stammte nicht, wie öfter kolportiert, aus Warschau und auch nicht aus einem kleinen galizischen Schtetl, sondern war am 19. Dezember 1882 im polnischen Tschenstochau (Częstochowa), damals zum Russischen Kaiserreich gehörend, geboren. Als Neunjähriger spielte er am 18. August 1892 zu Kaisers Geburtstag in Ischl mit »staunenswerter Virtuosität und Technik« (*Ischler Wochenblatt,* 28. August 1892), die Legende erzählt, dass ihm Franz Joseph daraufhin eine wertvolle Geige geschenkt hätte. Tatsächlich spielte sich die Geschichte mit der geschenkten Geige etwas anders ab: Von Ischl begaben sich die Eltern Hubermans mit ihrem genialen Sohn im September 1892 nach Wien, wo er wie erwähnt in der Rotunde auftrat. Das »kleine, putzige Kerlchen« mit seinen »von dichten, langen Locken umrahmten Gesicht« begeisterte auch Hofschauspieler Ernst Hartmann und seine Frau Helene – sie luden die Hubermans kurzerhand in ihre Villa in der Sternwartestraße 55 ein und organisierten aus diesem Anlass eine kleine »Künstlergesellschaft«, vor der das Violin-Wunderkind ein Privatkonzert geben musste. Unter den illustren Gästen befand sich auch der Maler Heinrich von Angeli, Porträtist der Kaiser und Könige, der »von dem wundervollen Spiele und dem gewinnenden Wesen des kleinen Künstlers so entzückt« war, dass »er den lebhaften Wunsch aussprach, auch seinerseits etwas zum größeren Ruhme des kleinen Hubermann beizutragen. Alle glaubten nun, der Fürstenmaler werde sofort das Bildniß des kleinen Geigenprinzen skizziren, allein Angeli gab sich weit praktischer und fragte den Knaben, ob er wohl die kunstlose Kindergeige, auf welcher er zu concertiren pflegt, gegen ein edleres Instrument vertauschen möchte, was dieser natürlich mit freudigem Erröthen bejahte. Angeli als Kunstmäcen hat nun dem kleinen Hubermann eine kostbare Geige zum Geschenke gemacht, mit welcher sich Bronislaw Hubermann in seinem nächsten öffentlichen Concerte produciren wird.« (*Neue Freie Presse,* 27. September 1892)

Möglicherweise befand sich unter den Gästen jenes denkwürdigen Abends in der Villa Hartmann auch der musikbegeisterte Max von Gutmann, vielleicht traf er bei dieser Gelegenheit erstmals auch Emilie, seine spätere Frau. Jedenfalls, so die Überlieferung, beteiligte sich Max von Gutmann an der Finanzierung der weiteren Ausbildung Hubermans. Der enge Kontakt zu den Familien Hartmann und Gutmann blieb erhalten, der später weltberühmte Geiger, der von 1926 bis 1936 im Schloss Hetzendorf in Meidling lebte, war häufig zu Gast in der Villa in der Colloredogasse und unterrichtete Tochter Elsa von Gutmann im Geigenspiel. Seit 2022 erinnert eine Gedenktafel im Ehrenhof von Schloss Hetzendorf an Bronisław Huberman, der zum glühenden Europäer avancierte und durch seinen Einsatz zahlreiche jüdische Musiker und Musikerinnen vor dem Holocaust retten konnte.

Das Attentat

Man schrieb den 30. August 1902. Um sieben Uhr morgens verlässt Max von Gutmann, der vor wenigen Wochen von einer ausgedehnten Nordlandreise zurückgekehrt ist, in Begleitung seines Leibjägers Franz Forstner die Villa in der Colloredogasse, um am Westbahnhof den Schnellzug Nr. 903 nach Selzthal, Abfahrt acht Uhr, zu erreichen. Das Haus steht leer, Gattin Emilie und die vier Kinder sowie die Bediensteten befinden sich bereits zum Sommeraufenthalt im Jagdhaus der Gutmanns in der Strechen. Nur der Gärtner ist anwesend und kümmert sich bis zur Rückkehr der Herrschaften um die Liegenschaft. Der Zug fährt um 2 Uhr 45 im Bahnhof Selzthal ein, hier wartet eine Kutsche mit dem Oberförster Sobotka aus Rottenmann, um den Großindustriellen zu seinem Anwesen zu bringen.

Sobotka holt seinen Chef vom Bahnsteig ab, gemeinsam gehen sie über den Bahnhofsvorplatz, als sich ihnen, schon in der Nähe der wartenden Equipage, plötzlich eine Person nähert. Der Unbekannte hantiert nervös mit einem Gegenstand, will diesen offenbar auf die beiden Männer vor ihm werfen, doch er zögert einen Augenblick zu lange: Die Bombe explodiert zu früh und reißt ihn in den Tod, Max von Gutmann wird von einem Bombensplitter nur leicht im Nacken verwundet, der Oberförster, Vater von vier Kindern, erliegt jedoch einen Tag später seinen schweren Verletzungen. Der Kutscher hat Glück, ihm werden durch die Detonation nur die Haare versengt.

Wie sich bei den Ermittlungen herausstellte, handelte es sich beim Attentäter um einen Ingenieur Hugo Scholz aus der Gegend von Mährisch-Ostrau, der sich in einem nahen Hotel einquartiert und seit Tagen auf die Ankunft Gutmanns gelauert hatte. Scholz war einst Betriebsleiter des Sophienschachts der Firma Gebrüder Gutmann in Poremba gewesen und nach wiederholten Ermahnungen wegen Bestechlichkeit entlassen worden. Dennoch hatte er eine jährliche Pension von 1500 Kronen bezogen, auch die vorgesehene Abfertigung von 20.000 Kronen aus der Bruderlade war ihm in voller Höhe gewährt worden. Max von Gutmann ließ sich durch das Attentat, das großes Aufsehen erregte, nicht beirren – er fuhr nach kurzer ärztlicher Versorgung zu seiner Familie in die Strechen und ging wie gewohnt auf die Jagd.

Ein Faschist in der Familie Gutmann
Tragisch war das Schicksal Ernst von Gutmanns, des ältesten Sohnes Max von Gutmanns und seiner Frau Emilie. Ernst, geboren 1898, avancierte schon früh zum »Mitchef« der Firma Gebrüder Gutmann und heiratete 1921 Vera (auch: Wjera) Rothballer, die einzige Tochter des ehemaligen Wittgenstein-Gefolgsmanns und Generaldirektors der Alpine Montangesellschaft Oskar Rothballer. 1924 erkrankte er an Leukämie und starb im Oktober 1925, erst 27 Jahre alt.

Auf der Ersten Internationalen Jagd-Ausstellung 1910 im Wiener Prater imponierte Max von Gutmann, der ein leidenschaftlicher Jäger war, mit einem eigenen Pavillon, errichtet nach Plänen des Architekten Alexander Wielemans. Als Wahrzeichen über dem Bau aus dem Holz der Zirbelkiefer thronte der Kopf eines »stattlichen Zehnenders«. Fotos von Viktor Angerer aus »Sport & Salon«, 2. Juli 1910.

Ein Schnappschuss auf der Gartenterrasse der Villa: Helene (»Leni«) von Gutmann und ihr Bräutigam Baron Leopold (»Leo«) Haupt-Stummer von Tavarnok und Buchenrode mit einem »Blumenkind«. 2. Juni 1928.

Angeblich hätten die Gutmanns ihre schöne Schwiegertochter Vera gerne in der Familie behalten, sie heiratete jedoch 1927 den Nürnberger Geschäftsmann Hans Martin Fechheimer. Zu den zahlreichen Verehrern Veras, die mit Margarete Csonka von Trautenegg, bekannt als homosexuelle Freud-Patientin »Sidonie Csillag«, befreundet war, zählte auch Bronisław Huberman, der sie bei den Gutmanns kennenlernte.

Wolfgang von Gutmann (1906–1964), das jüngste Kind, übernahm nach dem Tod seines Vaters am 2. April 1930 das Gut Jaidhof bei Gföhl, Wolfgangs Frau Rosa, geborene Selhofer (1912–2003), stammte aus Prein an der Rax. Nach dem »Anschluss« wurde Jaidhof für die »Reichsforste« beschlagnahmt, 1947 das Gut an die Familie Gutmann zurückgegeben.

Von den drei Töchtern des Ehepaars blieb Elsa (1897–1964) unvermählt, Helene, kurz »Leni« (1900–1988), die jüngste, heiratete den Großgrundbesitzer Baron Leopold (»Leo«) Haupt-Stummer von Tavarnok und Buchenrode (1887–1973), dessen Güter sich im slowakischen Tovarníky in der Region Nitra befanden. Gegen Ende des Zweiten Weltkriegs floh die Familie nach Kammer am Attersee, Lenis Sohn Ernst (von) Haupt-Stummer, geboren 1933, studierte ab 1950 in Wien an der Akademie für bildende Künste und machte später als Chef einer Werbeagentur und vielseitiger Künstler und Musiker Karriere.

Die wohl spektakulärste Verbindung ging wohl Eleonora oder kurz auch Leonore, die Zwillingsschwester Elsas, ein: Sie heiratete Enrico Paolo Salem D'Angeri (1884–1948), einen schwerreichen jüdischen Banker und Industriellen aus Triest. *Un fascista imperfetto* nannte ihn die Triestiner Historikerin Silva Bon, die ein Buch unter diesem Titel über ihn schrieb. Die Familie des Vaters Vittorio Salem stammte ursprünglich aus den Niederlanden, Mutter des glühenden italienischen Patrioten war die Wiener Opernsängerin Anna Angermayer von Redenburg (1853–1907), die Italien zu ihrer neuen Heimat erkor und ihren Namen auf »Anna D'Angeri« änderte. Ihr Sohn Enrico Paolo, der im Ersten Weltkrieg aufseiten Italiens kämpfte und 1921 Mitglied der faschistischen Partei Mussolinis wurde, war in der Wiener Gesellschaft nicht unbekannt und wohl auch in der Villa Gutmann des Öfteren zu Gast. Während des »Ständestaats« hielt sich der Triestiner Faschist immer wieder in Österreich auf und durfte bei großen gesellschaftlichen Anlässen wie den Jagdveranstaltungen des Adels nicht fehlen.

Nach der Hochzeit mit Leonore hatten die Gutmanns versucht, seine Position zu stärken und 1921 seine Wahl in den Verwaltungsrat der Maschinenfabrik Andritz unterstützt. Enrico Paolo Salem, der auch im Verwaltungsrat der Banca Commerciale Triestina saß, amtierte von 1933 bis zum August 1938 als *podestà* (Bürgermeister) von Triest. In seiner Ägide erfuhr die Altstadt von Triest tiefgreifende Veränderungen – ein gewaltiges Investitionsprogramm, das er in Rom durchsetzte, sorgte für die Errichtung zahlreicher neuer Bauten. Die »Verschönerung« der Stadt wurde allerdings mit umfangreichen Zerstörungen bezahlt. Zum Verhängnis wurden Salem schließlich Mussolinis Rassengesetze, die Juden vom öffentlichen Dienst ausschlossen. Er sah sich im August 1938 gezwungen, von seinem Amt zurückzutreten, führte aber in der Folge einen hartnäckigen Kampf um seine Anerkennung als »Nichtjude«. Nach der Okkupation Triests durch die Nazis wurde sein Besitz beschlagnahmt, die Familie entging jedoch der Verhaftung und Deportation und überlebte. Enrico Paolo Salem, nach dem heute eine Straße in Triest benannt ist, starb 1948, seine Frau Leonore 1968.

Eine spektakuläre Verbindung: die Hochzeit von Leonore (»Lorle«) von Gutmann mit dem Triestiner Geschäftsmann und Mussolini-Anhänger Enrico Paolo Salem D'Angeri. Ganz links Leonores Schwester Helene, kurz »Leni«. Dritte von links: Leonores Zwillingsschwester Elsa von Gutmann, die unvermählt blieb.

Die SS im Haus

Nach dem »Anschluss« 1938 machte sich wie in anderen Cottage-Villen auch die SS im Haus breit und richtete hier eine ihrer Dienststellen ein. Die Villa wurde beschlagnahmt, der ehemalige Wein- und Sektkeller zu einem Luftschutzraum für Himmlers schwarze »Helden« umfunktioniert. Nach der Befreiung Wiens durch die Rote Armee hielten sich für kurze Zeit die Sowjets in der Villa auf, die in der Folge zu einem Kurzzeit-Refugium für Wohnungssuchende wurde. All dies trug dazu bei, dass sich der allgemeine Zustand des Hauses langsam verschlechterte.

Vier Jahre vor ihrem Tod, 1949, verkaufte Emilie Gutmann die Villa an die Kammer für gewerbliche Wirtschaft für Wien, Sektion Verkehr, Fachgruppe Lastenfuhrwerksgewerbe. Das Wohnungsamt Wien knüpfte daran allerdings die Bedingung, dass sechs Wohneinheiten Privaten zur Verfügung gestellt werden müssen. Die Folge waren bauliche Adaptierungen, die wie so oft nicht mit ausreichend Rücksicht auf die historische Bausubstanz vorgenommen wurden. So blieb von der ursprünglichen Grandezza wenig übrig – die kostbaren Decken wurden etwa mit Rigipsplatten abgehängt. Dass man so ein großartiges kulturelles Erbe verunstaltete, interessierte niemanden.

2003 erwarb die IVV Immobilien Verwaltung und Verwertung GmbH die Liegenschaft und verkaufte die einzelnen Wohnungen an Private weiter. Mittlerweile hat sich dank der Familie Zillner das Blatt endgültig zum Guten gewendet: Das Haus hat seine Seele zurückgewonnen …

Literatur

Marie-Theres Arnbom, Friedmann, Gutmann, Lieben, Mandl und Strakosch. Fünf Familienporträts aus Wien vor 1918. Wien – Köln – Weimar 2002

Silva Bon, Un fascista imperfetto. Enrico Paolo Salem, podestà »ebreo« di Trieste. Gradisca – Gorizia 2009

Heidi Brunnbauer, Im Cottage von Währing/Döbling. Interessante Häuser – interessante Menschen II. Gösing 2006

Astrid Göttche, »Alle Neune!« vom Wirtshaus bis zum Villengarten. Wien Museum Magazin, April 2022: https://magazin.wienmuseum.at/kegeln-in-wien

Paul Kupelwieser, Aus den Erinnerungen eines alten Österreichers. Wien 1918

Roman Sandgruber, Reich sein. Das mondäne Wien um 1910. Wien – Graz 2022

WIENER VILLEN

Der Turm mit der »Sternwarte« wurde zum Wahrzeichen der zauberhaften Villa Forster in der **Adolfstorgasse 21** in Ober-St.-Veit.

Villa Forster
Fellner & Helmer 1898/99

Das Haus mit der Sternwarte

Wir haben die Villa in der Adolfstorgasse 21 in den grünen Hügeln von Ober-St.-Veit rasch ins Herz geschlossen. Ihr markanter Turm, die malerischen neugotischen Stilelemente, die wunderbare Lage – wer könnte da einfach unbeteiligt vorbeigehen? Unsere Begeisterung wächst, als wir Näheres über ihre Geschichte recherchieren und sie schließlich auch besichtigen können. Hinter der pittoresken Fassade verbergen sich spektakuläre Lebensgeschichten und Schicksale, die uns geradezu exemplarisch über die Wechselfälle österreichischer Geschichte erzählen. Eine Entdeckungsreise, die uns in Atem hält ...

Ein nahes Tor in der Mauer des Lainzer Tiergartens, das Adolfstor, gab der Adolfstorgasse, die zuvor schlicht »Bergstraße« hieß, ihren Namen. Wer früher von der Endstation des 158er in Ober-St.-Veit zum Adolfstor und weiter in den Lainzer Tiergarten, etwa zum aussichtsreichen Kaltbründlberg, wanderte, kam durch die Adolfstorgasse. Seit 2010 ist das Adolfstor geschlossen und in der Gasse ist es noch etwas stiller geworden – ein willkommenes Geschenk für die Anrainer.

Wir läuten auf gut Glück beim Gartentor an und sind überrascht: Christoph und Sieglinde Massiczek öffnen ohne große Umstände mit großer Herzlichkeit ihr Haus für uns. Bei einer Tasse Kaffee erzählen sie uns von der Geschichte des Anwesens, das nun ihr Lebensmittelpunkt ist. Wir spüren: Sie sind ihrem Refugium mit Liebe verbunden, ja, sind mit ihm zutiefst verwachsen. Und wir erfahren interessante Details aus der Familiengeschichte: Ihre Mutter Hildburg, geboren im Kriegsjahr 1918, war eine Tochter von Eleonore und Alfred Berger. Seit dem Tod des Erbauers Karl (Carl) Forster 1906 befand sich das Haus im Eigentum ihrer Eltern.

Vor allem aber gebe es ein wichtiges Detail: Eleonore Berger, genannt »Nora«, geboren 1882, war eine Cousine von General Kurt von Schleicher, ermordet 1934 von Hitlers Schergen in der »Nacht der langen Messer«. Ihre Mutter Marie von Schleicher war die Schwester von Kurt von Schleichers Vater.

WIENER VILLEN

VILLA FORSTER

↑ Die Drohnenaufnahme zeigt es deutlich: Die Villa Forster wurde konzipiert als kompakte gotisierende »Wohnburg« in perfekter Grün- und Ruhelage.

53

WIENER VILLEN

↑ Ein prachtvoller Garten umgibt das malerische Gebäude. Gut aus dieser Perspektive zu sehen: der neogotische Stufengiebel.

VILLA FORSTER

↑ Der Eckturm ersetzt das klassische Stiegenhaus: Über die Wendeltreppe gelangt man in die einzelnen Geschoße.

← Von Alfred Berger selbst erdacht und konstruiert: Die drehbare Kuppel der »Sternwarte« konnte aufgeschoben werden und gab so den Blick auf den nächtlichen Himmel frei.

55

Nora Berger, geborene Voigtel, war in erster Ehe mit dem Chemiker und Firmenchef Karl Forster (1847–1906) verheiratet, dessen vielseitige Persönlichkeit das Erscheinungsbild des Hauses entscheidend prägte. Forster war zwar von seiner Ausbildung her Naturwissenschaftler, spielte aber begeistert die Geige, malte Aquarelle und sammelte Kunst. Die Villa, die das Architektenduo Ferdinand Fellner & Hermann Helmer 1898/99 für ihn im neugotischen Stil erbaute, wurde zur romantischen Gegenwelt seines beruflichen Alltags als Chef von Lenoir & Forster.

Wissen ist Macht – Erinnerungen an Lenoir & Forster

Der Name »Villa Forster« erinnert daher an ein Unternehmen des alten Österreich. Die Firma wurde 1853 als »chemisch-physikalisches Institut« in Wien gegründet und hatte seit 1888 ihren Sitz in der Waaggasse 5 im vierten Bezirk, eine Filiale wurde später in der Garnisongasse 7 eingerichtet. 1875 nahm der aus Kassel stammende Gründer George André Lenoir (1825–1909) den Chemiker Dr. Karl Forster als Gesellschafter auf, seitdem wurde die Firma unter dem Namen »Lenoir & Forster« geführt. Sie erwarb sich im Bereich naturwissenschaftlicher Lehrmittel rasch einen ausgezeichneten Ruf und stieg zu einer der führenden Lehrmittelanstalten der österreichisch-ungarischen Monarchie auf. Die Palette war weit gefächert: In einer Annonce von 1898 empfahl man sich »zur Beschaffung sämmtlicher Unterrichtsmittel aus dem Gesammtgebiete der Naturwissenschaften, speciell Chemie, Physik und Naturgeschichte, sowie zur Einrichtung von chemischen Fabriks- und Hütten-Laboratorien. Plastische Nachbildungen aus Zoologie und Botanik; natürliche Trocken- und Spirituspräparate, Skelette, Insecten, Herbarien, Excursionsgeräthe etc. etc.« Das Foto eines Messestands aus dem Jahr 1905 gibt einen Eindruck von der Breite des Angebots. Der zugkräftige Werbeslogan lautete: »Wissen ist Macht.« In umfangreichen illustrierten Katalogen, die u. a. regelmäßig an die Schulen der Monarchie verschickt wurden, präsentierte man das Sortiment.

Lieferant der detailgetreuen »plastischen Nachbildungen« war etwa der bekannte Schweizer Anatom und Zoologe Heinrich Frey, die Mikroskope kamen von den J. D. Möller Optischen Werken in Wedel. 1888 verkaufte Lenoir seine Firmenanteile an seine jüngeren Partner Karl Forster und Max Hlawaczek, investierte das Kapital in diverse Immobilien und zog sich aus Wien zurück. Die Handelsgesellschaft wurde danach von Forster und Hlawaczek weitergeführt, 1925 in eine GmbH unter der Firma »Lenoir & Forster GmbH Nachfolger Hlawaczek & Co.« umgewandelt und nach dem Tod von Max Hlawaczek 1938 am 29. Januar 1940 aus dem Firmenbuch gelöscht.

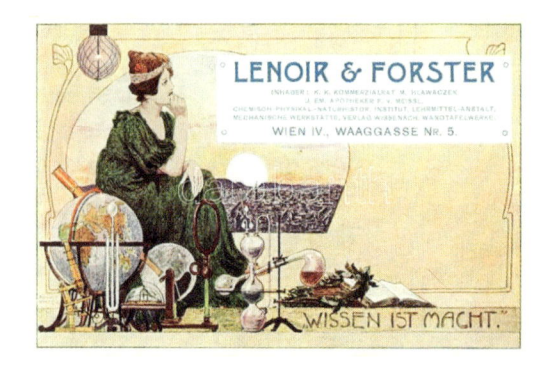

»Wissen ist Macht« – das war der zugkräftige Werbeslogan der Lehrmittelanstalt Lenoir & Forster, die ihren Sitz in der Waaggasse 5 neben dem Palais Colloredo hatte.

VILLA FORSTER

Romantische Gegenwelt zum nüchternen beruflichen Alltag: die von Fellner & Helmer 1898/99 erbaute Villa unmittelbar nach ihrer Fertigstellung. Der Turm trug damals noch eine Aussichtsplattform mit Zinnen.

Empor zur »Sternwarte«

Nach diesem kurzen Blick zurück zu den Anfängen des Hauses, das zu einem großen Teil noch im originalen Bauzustand erhalten ist, beginnen wir unsere Besichtigung mit dem wunderbaren Garten, auf dessen Gestaltung und Pflege die Massiczeks viel Liebe und Sorgfalt verwenden. Das Gelände fällt nach Süden ab, einst befanden sich hier Weingärten, nun ist es ein grünes Paradies, das durch die Vielfalt seiner Blüten und Früchte bezaubert. Es ist ein Ort, der zweifellos viel Arbeit und Aufmerksamkeit verlangt, aber auch richtig glücklich macht.

Unser erstes Ziel im Haus: der Turm mit der »Sternwarte«, das Wahrzeichen der Villa. Über eine geschickt angelegte Wendeltreppe geht es steil nach oben, ein Seil an der Seite dient zum Festhalten. Einige Haltegriffe aus Metall erleichtern uns zusätzlich den Aufstieg zur Kuppel des Turms. Das Fernrohr gibt es leider nicht mehr, die Kuppel lässt sich aber, wie uns Herr Massiczek versichert, noch immer aufschieben, der Blick in den sterneübersäten Nachthimmel wäre weiterhin möglich. Wir aber genießen durch eines der kleinen Fenster den traumhaften Ausblick auf Wien. Ursprünglich, so erfahren wir, war der Turm im altdeutschen Stil geplant, dann entschloss man sich aber für eine mit Zinnen bewehrte Aussichtsplattform. Um 1916 wurde diese schließlich von Alfred Berger mithilfe eines Verwandten eigenhändig zur »Sternwarte« umgebaut und es entstand die drehbare Kuppel.

Die Wohnräume, allen voran das große Wohnzimmer, ehemals der »Salon«, in dem man sich zu musikalischen Abenden traf, sind behaglich und mit viel Liebe für die Details eingerichtet. Verschwunden sind die Fresken, die sich an der Decke des anschließenden Zimmers befanden, und auch den offenen Kamin im Salon gibt es nicht mehr.

Ein sehr enger Freund der Familie Berger-Massiczek war, so erfahren wir, der Maler und Architekt Oskar Laske, der in der Nisselgasse 1 in Penzing wohnte und dort seine zauberhaften Arbeiten schuf.

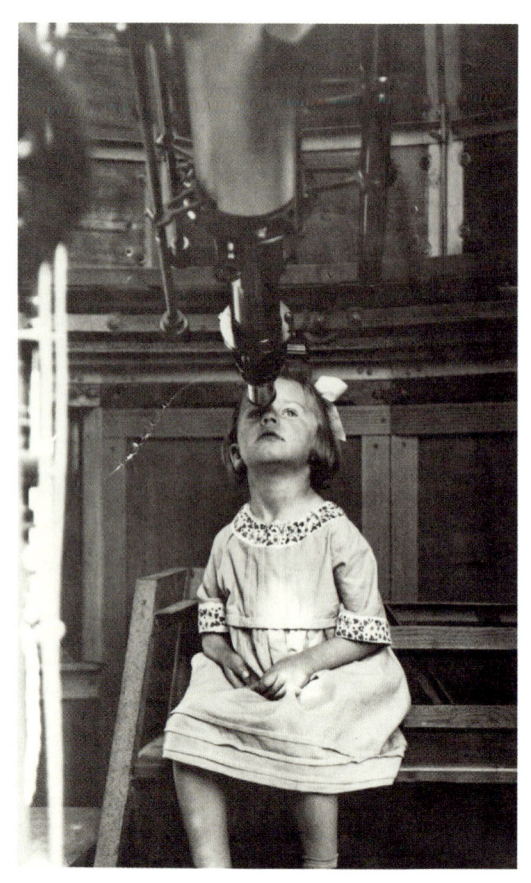

Auch Hildburg, die Tochter von Alfred und Nora Berger, darf schon zu den Sternen blicken. Foto, um 1923.

Der Mathematiker und die »Phönix«

Alfred Berger (1882–1942) stammte aus Brünn und war ein bedeutender Versicherungsmathematiker. Er hatte in München, Wien und Göttingen Mathematik und Physik studiert und promovierte 1906 in Wien mit einer Arbeit über hypergeometrische Integrale am elliptischen Gebilde. Am 1. Januar 1909 trat er in das mathematische Büro der Lebensversicherungsgesellschaft Phönix ein – eine Entscheidung, die sein weiteres Leben bestimmen sollte. Rasch machte der junge Wissenschaftler, der in dieser Zeit auch die junge Witwe des 1906 verstorbenen Karl Forster kennen- und lieben lernte, bei der Phönix Karriere: Im Juni 1911 übernahm Berger die Leitung des mathematischen Büros, 1919 wurde er vom Verwaltungsrat zum stellvertretenden Direktor der Gesellschaft ernannt, 1927 zum statutarischen Direktor. Die Phönix-Versicherung war inzwischen zu einem der größten Versicherungsunternehmen Europas herangewachsen, hatte damit aber ihre finanziellen Kräfte überspannt. Nur mit Mühe konnte in der Folge diese gefährliche Schieflage verschleiert werden.

Berger forcierte inzwischen auch seine akademische Karriere. 1928 wurde er Privatdozent für Mathematik der Privatversicherung und für mathematische Statistik an der Universität Wien, 1930 bestätigte ihn das Bundeskanzleramt als Prüfungskommissär für Versicherungsmathematik, 1933 erfolgte die Ernennung zum außerordentlichen Professor. 1923/25 erschien in zwei Teilen sein großes Hauptwerk *Prinzipien der Lebensversicherungstechnik,* mit dem Berger seinen Ruf als »einer der ersten Autoritäten« auf dem Gebiet des Versicherungswesens festigte.

Nach dem spektakulären Zusammenbruch der Phönix im Frühjahr 1936, der den »Ständestaat« schwer erschütterte, wurde

Sie prägten die Geschichte der Villa Forster über Jahrzehnte: Nora Berger, geborene Voigtel, und der bedeutende Versicherungsmathematiker Alfred Berger, Chef des mathematischen Büros der Phönix-Versicherung.

Berger von der Nachfolgeorganisation, der Österreichischen Versicherungs A. G., als Chefmathematiker übernommen. Dennoch geriet auch er ins Visier gerichtlicher Voruntersuchungen, die von den Nazis ab dem März 1938 wegen »Verbrechens des Betruges, der betrügerischen Krida und der Vorschubleistung« angestrengt wurden. Geleitet wurden diese Ermittlungen von Untersuchungsrichter LGR Dr. Naumann. Im Sommer 1938 konnte vom Landesgericht für Strafsachen der Staatsanwaltschaft Wien I ein mehrbändiger Untersuchungsakt übergeben werden, es erfolgte Anklage gegen einige ehemalige Direktoren der Phönix und auch gegen Berger, der daraufhin vom Dienst an der Universität Wien suspendiert wurde.

Schwerer wog wohl noch die politische Situation, in die Berger und seine Angehörigen nach dem »Anschluss« gerieten. Die Ortsgruppe Ober-St.-Veit der NSDAP wusste um die Verwandtschaft von Nora Berger zu Kurt von Schleicher und schürte im Grätzl die Stimmung gegen die Familie. Eine perfide Denunziation brachte ihr, wie Nora Berger im September 1945 in einem Brief an die Wiedergutmachungsstelle der Österreichischen Volkspartei schrieb, in »unserem Wohnviertel übelsten politischen Leumund ein«. Ende März 1938 stand plötzlich die Gestapo vor der Tür, unternahm in der Villa eine Hausdurchsuchung und überwachte in der Folge die Familie, die jetzt als »politisch unzuverlässig« galt und die Reisepässe abgeben musste. Wie hasserfüllt die Atmosphäre war, in der man lebte, illustriert ein Detail, das uns die Massiczeks erzählen: Beim Streichen eines Holzzaunes tauchte auch lange nach dem Krieg immer wieder folgender Satz auf, der mit weißer Ölfarbe

Reminiszenzen an eine ferne Zeit: Nora Berger (auf der obersten Stufe) hat Besuch von zwei Freundinnen erhalten. Wintervergnügen: Nora beim Skilaufen im damals noch unverbauten Gelände (oben). Glasplattenfotos, vor 1916, Privatbesitz.

in großen Schriftzügen über eine Länge von zehn Metern angebracht worden war: »Frau Berger dieses Schwein kauft heimlich bei den Juden ein.«

Ein Disziplinarakt (Senat S 185.1143) im Archiv der Universität Wien gibt Auskunft über das weitere Geschehen rund um Alfred Berger: Das Verfahren gegen den Gelehrten wurde wegen »völliger Schuldlosigkeit« am 25. Mai 1939 eingestellt, bereits am 11. Jänner 1939 hatte das Landgericht für Strafsachen, Abteilung 24 d, dem Dekanat der philosophischen Fakultät mitgeteilt, dass »gegen die Aufnahme der Vorlesungen und die Ausfolgung des Reisepasses an den Beschuldigten kein Einwand erhoben wird«. Im Wintersemester 1939/40 konnte Berger, nunmehr zum außerplanmäßigen Professor ernannt, seine Vorlesungen wieder halten.

Vom Hitlerjungen zum Mann des Widerstands: Albert Massiczek

Es war eine Vorlesung Heinrich von Srbiks am Institut für österreichische Geschichtsforschung im Frühjahr 1938, in der sie sich das erste Mal begegneten: Neben der 20-jährigen Geschichtsstudentin Hildburg Berger nahm »formlos« ein junger Mann Platz, der auf den ersten Blick nicht unbedingt zu ihr passte. »An meinem Exterieur war ich auf den ersten Blick als Nazi erkennbar«, schrieb dieser später in seinem »Lebensbericht« *Ich habe nur meine Pflicht erfüllt*. Albert Massiczek, Jahrgang 1916 und Sohn eines Gendarmerieoffiziers, kam aus bescheidenen Leopoldstädter Verhältnissen und hatte, so schien es, seine politische Heimat bei den Nazis gefunden. Bereits 1933 war er der Hitlerjugend beigetreten, 1937, mit 21 Jahren, der NSDAP und der SS. Wie viele Österreicherinnen und Österreicher hatte er den lange herbeigesehnten »Umbruch« begeistert begrüßt. Jetzt wagte er es, die junge Kollegin anzusprechen, und bald merkte er, dass sie eine Gegnerin des NS-Regimes war. Albert lernte Hildburgs Familie kennen, die, wie er feststellte, »sehr gut funktionierte«, und erfuhr Details über den Mord an Kurt von Schleicher – das »heilige Reich« des jungen Mannes krachte bald »in allen Fugen«.

Zur Beziehung mit Hildburg Berger kam die Freundschaft mit dem Studienkollegen Friedrich Heer – beides zusammen bewirkte, dass Albert Massiczek allmählich ein Doppelleben führte: nach außen hin noch der Naziideologie verpflichtet, im Inneren jedoch regte sich der Widerstand. In dieser Rolle war es ihm möglich, die Familie Berger in den krisenhaften Monaten des Sommers 1938 sowie das jüdische Ehepaar David Ernst und Amalie Oppenheim – auch wenn dessen Deportation 1942 nach Theresienstadt schließlich nicht verhindert werden konnte – zu unterstützen. 1939 promovierte Albert Massiczek zum Dr. phil., am 25. Juni 1940 heiratete er kirchlich seine »Burgi«, hielt aber die Eheschließung aufgrund der »politisch anstößigen Verwandtschaft« seiner Frau vor der Partei und der SS geheim – und verstieß damit gleich doppelt gegen die Vorschriften. Nicht verhindern oder zumindest hinauszögern konnte Massiczek die Einberufung zur Wehrmacht, die ihn mit dem Panzer-Regiment 4 der 13. Panzerdivision an die Ostfront führt, wo er am 16. Oktober 1941 in der Nähe von Taganrog durch einen Granatsplitter das rechte Auge verlor – ein »Glückstreffer«, wie er später meinte.

Albert Massiczek wurde »gvH« – »garnisonsverwendungsfähig-Heimat« – geschrieben und arbeitete in der Folge als Blindenlehrer und Sanitätsoffizier im Kriegsblindenlazarett in Neuwaldegg, die schwarze Augenklappe sollte sein »Markenzeichen« werden. Nach Kriegsende wurde er nach dem NS-Verbotsgesetz als Nationalsozialist registriert, was zunächst eine Dienstausübung in einer öffentlich-rechtlichen Körperschaft unmöglich machte und zu Interventionen der Familie führte. Am 20. Oktober 1945 gab Hildburg Massiczek für ihren Mann eine eidesstattliche Erklärung ab:

»Dr. Albert Massiczek, mit dem ich seit 1940 verheiratet bin, kenne ich seit 1938. Damals stand ich unter besonderer Überwachung durch die Gestapo (Hausdurchsuchung). Trotzdem verkehrte er in meinem Hause und intervenierte mehrmals wegen meines 1942 verstorbenen Vaters, der heftigen Angriffen durch die Ortsgruppe Ober-St.-Veit der NSDAP ausgesetzt war. Zum Zeitpunkt unserer Heirat war in ganz Ober-St.-Veit bekannt, daß ich eine Nichte des von Hitler ermordeten Reichskanzlers a. D. Kurt von Schleicher bin. Unsere Heirat hielt mein Mann bis vor Kriegsschluß vor Partei und SS geheim, was ihm umso leichter gelang, als er seit 1938 jede Verbindung hatte abreißen lassen.«

Erst 1948 konnte Albert Massiczek eine Tätigkeit als Bibliothekar in der Österreichischen Nationalbibliothek antreten, schließlich wurde er Bibliotheksdirektor an der Akademie der bildenden Künste und Lehrbeauftragter für Bildnerische Erziehung, in den Mittelpunkt seiner publizistischen Arbeit trat die Auseinandersetzung mit der NS-Vergangenheit.

1970 veröffentlichte Albert Massiczek, der 1950 dem Bund sozialistischer Akademiker beigetreten und Präsidiumsmitglied der Österreichischen Widerstandsbewegung war, in der Zeitschrift *Die Zukunft* unter dem Titel *Zur Nazischuld: Bewertung ist Selbstbewertung* einen Grundsatztext zum Thema »Vergangenheitsbewältigung«. Darin schrieb er: »Das Bekenntnis zur Vergangenheit holt die Schuld der Vergangenheit in die neue gesellschaftliche Wirklichkeit herein. Es macht sie aufs Neue zum Gegenstand persönlicher Verantwortung. Schuld schwebt nun nicht mehr als Zubehör einer abstrakten Gesellschaft beziehungslos irgendwo in den Wolken, sondern gibt, selbst ernstgenommen, dem einzelnen und der Gesellschaft mehr Wirklichkeit, als sie je besaßen.«

Trotz dieser klaren Worte gab es immer wieder Stimmen – vor allem vonseiten des Dokumentationsarchivs des österreichischen Widerstandes –, die Massiczek vorwarfen, sein Wandel vom Nazi zum Widerstandskämpfer sei nur vorgeschoben gewesen. Eine Website, die von Massiczeks Tochter Constantia Spühler eingerichtet wurde, versammelte daher Zeugnisse, die die Darstellung des Vaters bestätigten. So bezeugt etwa der renommierte Internist Enno Hentschel 2007: »Von 1950 bis etwa 1964 hatte ich mit Dr. Massiczek und seiner Familie engen Kontakt. Zeitweise bin ich in diesen Jahren nahezu täglich bei Massiczeks ein und aus gegangen. Dem geistigen Horizont Massiczeks entsprechend traf ich dort Katholiken, jüdische Mitbürger, Linke und Ultralinke und wann immer die Gespräche die NS-Zeit berührten, waren sie von einer absolut zweifelsfreien antifaschistischen Haltung geprägt.« *(www.albert-massiczek.at)*

Liebe in Zeiten des Naziterrors: Hildburg Berger und Albert Massiczek lernen sich nach dem »Anschluss« bei einer Vorlesung Heinrich von Srbiks am Institut für österreichische Geschichtsforschung kennen.

Ein Besuch zur Versöhnung

Im Dezember 1998, zweieinhalb Jahre vor Massiczeks Tod im Mai 2001, kam David Ernst Oppenheims Enkel, der in Princeton lehrende bedeutende Philosoph und Ethiker Peter Singer, auf den Spuren seiner Großeltern, die den Holocaust nicht überlebt hatten, nach Wien. Ein Besuch bei Albert Massiczek in dessen Wohnung durfte da nicht fehlen: »Ein bemerkenswert lebhafter und wacher Herr von 82 Jahren kommt an die Tür, ergreift meine Hand fest und hält sie lange, ein herzliches Lächeln im Gesicht und ein einziges Auge, das mich anstrahlt. Die schwarze Klappe trägt er nicht mehr, und die eingefallene Stelle, wo sein rechtes Auge war, gibt seinem Gesicht ein auffallend asymmetrisches, aber nicht unangenehmes Aussehen. Er führt mich in die Küche, wo er ein leichtes vegetarisches Essen zubereitet hat. Wir sprechen von meinen Großeltern und ihrem Einfluß auf sein Leben.«

Albert Massiczek kann seinem Besucher den letzten Brief zeigen, den David Ernst Oppenheim im Januar 1942 an ihn schrieb und in dem er zur Geburt der Tochter Anna gratulierte. Zum Abschied schenkt er Peter Singer einen Band mit den Schriften der »Vorsokratiker« – ein Buch, das er einst als Geschenk von Singers Großvater erhalten hatte. Eine Geste der Versöhnung und, wie Peter Singer findet, auch des Dankes für etwas, das Albert Massiczek von seinem Großvater zurückbekommen hätte, nämlich die »jüdische Art, die Welt zu betrachten«, und zwar »nicht in religiösem Sinn, sondern im Sinn der unverwechselbaren Handlungen und Emotionen« …

Literatur

Albert Massiczek, Wieder Nazi? Wien 1962

Albert Massiczek, Ich war Nazi. Faszination, Ernüchterung, Bruch (1916–1938). Wien 1988

Albert Massiczek, Ich habe nur meine Pflicht erfüllt. Von der SS in den Widerstand. Wien 1989

Karl Sigmund, Versichern beruhigt: Tauber, Helly und die Wiener Phönix. In: Friedrich Stadler u. a. (Hg.), Österreichs Umgang mit dem Nationalsozialismus. Die Folgen für die naturwissenschaftliche und humanistische Lehre. Wien 2004

Peter Singer, Mein Großvater. Die Tragödie der Juden von Wien. Wien 2005

Personalakt und Disziplinarakt Alfred Berger im Archiv der Universität Wien
Website: www.albert-massiczek.at

WIENER VILLEN

Die Lust an romantischer Inszenierung, die Heinrich von Ferstel beseelte, ist nicht zu übersehen: Für seine Familie schuf er in der **Himmelstraße 45** in Grinzing ein Haus wie eine Burg.

Villa Ferstel
Heinrich von Ferstel 1864

Vom Ring nach Grinzing

Einst war es eine schlichte Kellergasse, die »Winterzeil«, die von Grinzing hinauf zur Gastwirtschaft »Am Himmel« führte. Einige ebenerdige biedermeierliche Weinhauerhäuser zeugen noch von der alten Zeit, doch ein Gebäude fällt uns besonders ins Auge. Es zeigt eine trotzige Individualität, besticht durch die archaische Ursprünglichkeit seiner Backsteinfassade – ein wohltuender Kontrast im Vergleich zum gesichtslosen Betonklotz in unmittelbarer Nähe. Mächtige Steinblöcke bilden das Fundament, die klobige hölzerne Eingangstür mit dem Schild »Himmelstraße 45« könnte auch als Pforte zu einer Ritterburg dienen.

Wer heute die Himmelstraße entlangwandert, taucht ein in eine andere Welt: Es ist ein Weg vorbei an den Refugien der Berühmten und Prominenten. Marmorne Gedenktafeln erinnern auf Nr. 41–43 an Julius Deutsch und Karl Böhm, an Karl Seitz und Kurt Gödel, den genialen Mathematiker. Auf Nummer 24 wohnten die Schauspiellegenden Paula Wessely und Attila Hörbiger, ein Stück weiter, es ist die Nummer 26, sperrt ein riesiges schmiedeeisernes Tor den Zugang zur ehemaligen Amtsvilla der österreichischen Bundespräsidenten Karl Renner und Theodor Körner. »Auf der Suche nach dem, was nicht zu kaufen ist«, bezog Dr. Elias Canetti gemeinsam mit seiner Frau Veza im August 1935 eine viel zu große Wohnung im Haus Nummer 30, der ehemaligen Malerakademie Alois Delug. Sie war, wie er in seiner Autobiografie *Das Augenspiel* schreibt, »die schönste, die ich je gehabt hatte«, daran änderte auch nichts das allnächtliche »Grölen der Betrunkenen aus den Heurigen, ihre Lieder, die nicht auseinanderzuhalten waren, ein Plärren zwischen Glück und Weinen«. Im Haus Nummer 47 arbeitete »Ironimus« Gustav Peichl, auf Nummer 55, im »verpönten Haus«, das *Fackel*-Leser und Karl-Kraus-Jünger Canetti anfangs krampfhaft zu meiden suchte, wohnte bis zu seiner Flucht vor den Nazis im Mai 1939 der Journalist Ernst Benedikt, Eigentümer und Chefredakteur der *Neuen Freien Presse,* mit seiner Frau Irma und den vier Töchtern Gerda,

WIENER VILLEN

VILLA FERSTEL

← Für Heinrich von Ferstel der »stylrichtige Weg«: Die steinerne Wendeltreppe ist Teil der von ihm für den Wohnhausbau geforderten »gesunden Architektur«.

↑ Moderne und Tradition in bemerkenswerter Symbiose: der von Markus Spiegelfeld ersonnene und ausgeführte »Wohnwürfel« ganz aus Glas.

Frieda, Ilse und Susanne. Auf Nummer 69, dem »Himmel« schon näher, residierte Komponist und Dirigent Robert Stolz.

Das Haus, vor dem wir fasziniert stehen bleiben, trägt keine Gedenktafel. Dennoch verleugnet es seinen Erbauer nicht. Die in neogotischen Formen gehaltenen Maßwerkfenster des Erkers und zwei malerische Loggien an der Ostseite mit elegant geschwungenen Arkadenbögen im Stil der Neorenaissance lassen keinen Zweifel: Das ist die Villa, die Heinrich Freiherr von Ferstel, der Schöpfer der Votivkirche, des Museums für angewandte Kunst und der Universität Wien, für seine Familie errichtete. Himmelstraßen-Kenner Canetti erwähnt sie nicht, und wenn heute von der Himmelstraße die Rede ist, so wird das Haus mit der Nummer 45 oft schweigend übergangen. Das wird jedoch der Bedeutung dieses Orts nicht gerecht, der so etwas wie ein vergessenes »Kraftzentrum« der Wiener Gesellschaft im alten Österreich ist. Zusammen mit seiner Frau Lotte, geborene Fehlmayer (1834–1922), hatte Ferstel, der 1879 in den Adelsstand erhoben wurde, sechs Kinder: die fünf Söhne Max, Erwin, Wolfgang, Carl und Heinz sowie die Tochter Marianne. Zusammen mit ihren 13 Enkelkindern eroberten sie die Wiener Welt der Reichen und Schönen. Der Banker Heinrich Treichl (1913–2014), Sohn der Ferstel-Enkelin Dorothea von Ferstel (1891–1976) und langjähriger Generaldirektor der Creditanstalt-Bankverein AG, hat in seinen Erinnerungen *Fast ein Jahrhundert* die erstaunliche Präsenz der Familie vor allem im Kreis der *haute juiverie*, des jüdischen Großbürgertums, eindrucksvoll beschrieben.

Sehnsucht nach dem »Familienhaus«

Fast vergessen ist auch die enorme Bedeutung Ferstels für die Wiener Villenkultur. Der Erbauer monumentaler Großprojekte war engagierter Verfechter einer neuen Wohnkultur. Inspiriert von den Eindrücken während eines Studienaufenthalts in England, propagierte er gemeinsam mit dem Kunsthistoriker Rudolf von Eitelberger in seiner 1860 erschienenen Schrift *Das bürgerliche Wohnhaus und das Wiener Zinshaus* die Errichtung von Einfamilienhäusern in den Vororten der Stadt. Für den gehobenen Mittelstand wären diese durchaus erschwinglich, wenn man auf gewisse Regeln wie einen einheitlichen Stil und gleichartige Höhe achten würde – für Interessenten lieferten Ferstel und Eitelberger gleich eine Musterkalkulation mit, die Baukosten von etwa 29.000 Gulden für ein dreigeschoßiges Haus mit etwa 85 Quadratmetern Grundfläche vorsah.

Ein Einfamilienhaus, so die Argumentation, würde es ermöglichen, der Familie »zu ihrem uralten Rechte, dem Recht einer heimatlichen Wohnung, zu verhelfen«. Zu einem »wirklich geordneten und gesicherten Familienleben für bürgerliche Kreise« gehöre das »bürgerliche Wohnhaus, für adelige und vornehme Kreise das adelige Wohnhaus, der Palast«. Eitelberger und Ferstel fanden schließlich zu einem griffigen Slogan: »Das eigene Besitzthum, das eigene Haus ist das Palladium der Familie.« Auch wenn man sich das »Familienhaus« nicht immer leisten könne und es »in der heutigen Welt eine große Menschenclasse« gebe, die es nie zu einem eigenen Haus bringen werde, so sei es doch »ein Gegenstand unvertilgbarer Sehnsucht«.

Für sich selbst und seine Familie konnte Ferstel mit der Villa in den Grinzinger Weinbergen diesen Traum vom »Familienhaus« erfüllen. Wohl ganz bewusst verzichtete er auf die Errichtung eines protzigen Palastes, lautete seine »absolut notwendige« Forderung doch: Bequem, wohnlich und billig müsse das bürgerliche Heim sein, vor allem aber abgeschlossen – es gehe nicht an, dass man in die Zimmer des Nachbarn sehen könne. Was für ihn zur glücklichen Realität geworden war, sollte aber auch für andere möglich werden: Ferstel unterstützte daher die Bestrebungen, die 1872 zur Gründung des Wiener Cottage Vereins führten, dessen erster Obmann er wurde. Der Grundgedanke des berühmten Cottage-Servituts – es muss so gebaut werden, dass die Wohn- und Lebensqualität der Anrainer nicht beeinträchtigt wird und alle freie Aussicht, Licht und frische Luft gleichermaßen genießen können – geht auf Ferstels Überlegungen zurück.

Ein Haus wie eine Burg

In seiner Schrift von 1860 verurteilte Ferstel die allseits üblich gewordene »Jagd nach einem besonders originellen Projecte«, nicht der »bestimmte Styl«, sondern die Zweckmäßigkeit eines Baus, seine solide Ausführung müsse im Vordergrund stehen. Das Ziel sei eine »gesunde Architektur«, für die es die richtige Formenwelt zu finden gelte. Dies sei aber nicht die Aufgabe des Bauherrn, sondern des »Baukünstlers«, also des Architekten. Dieser müsse dann den »stylrichtigen« Weg finden

Das Haus als Palladium, als Schutz und Schirm der Familie, die Ferstel als heilig galt – diese Grundidee hat ihn zweifellos bei der Konzeption seiner Villa geleitet. Das Gebäude mit seinem kreisrunden Wendeltreppenturm steht in einem spitzen Winkel zur hier deutlich ansteigenden Himmelstraße, es distanziert sich, wie der Kunsthistoriker Norbert Wibiral schrieb, »als eigene Welt«. Die »Lust an burgartigen Hausformen«, an romantischer Inszenierung, die den Meister des Historismus beseelte, ist nicht zu übersehen. Auffallend sofort auch, dass sich Ferstel trotz seiner stetig wachsenden Familie mit einem eher beschränkten Raumangebot zufriedengab – er hielt sich konsequent an die eigenen Vorgaben für den Wohnhausbau.

Die massive Holztür öffnet sich, über die steinerne Wendeltreppe – auch sie ein Zugeständnis an den Wunsch nach Romantik – geht es hinauf in den ersten Stock, den Wohnbereich des Hausherrn und seiner Gattin. Der schöne Lärchenschiffboden, gestaltet,

Das eigene Haus als Schutz und Schirm der Familie: Ringstraßenarchitekt Heinrich von Ferstel war auch ein Pionier der Wiener Villenkultur.

WIENER VILLEN

Ein neugotischer Bau in Grinzing: die Villa Ferstel kurz nach ihrer Fertigstellung.
Foto von Andreas Groll, um 1864. Wien Museum.

wie wir erfahren, von der Künstlerin Valerie Czernin nach historischen Vorbildern, unterstreicht im Wohn- und Esszimmer die überraschend helle Atmosphäre. Hinter der rauen historischen Fassade öffnet sich die behagliche Gegenwart. Das galt auch schon zum Zeitpunkt ihrer Errichtung. Ferstel entschied sich, wie Norbert Wibiral hervorhob, für eine »ökonomische Raumaufteilung, die die unmittelbare Erfüllung der damaligen Wohnvorstellungen erstrebte: die Kultivierung der Bedürfnisse des privaten, von allem offiziellen Dasein zurückgezogenen Individuums. Die Wohnung hat den behaglichen Stimmungsraum dieser privaten Atmosphäre zu schaffen.« Wichtige »romantische Stimmungselemente« dieser Atmosphäre waren farbige Glasscheiben, Holzvertäfelungen und aufwendige Deckenverkleidungen. Im Erkerzimmer sind jene Elemente noch im Original erhalten: Die dunkle Holzdecke mit quadratischer bzw. rosettenförmiger Teilung der Felder und die hellbraune Wandvertäfelung folgen dem Geschmack der Zeit und dokumentieren großbürgerliche Solidität, dazu kommen farbige Glasfensterteile, die beim Bau der Votivkirche übrig geblieben waren und von Ferstel geschickt genützt wurden. Das Fazit des Kunsthistorikers: »Hier, wo der Architekt sein eigener Bauherr war, zeigt sich sein Wollen am reinsten.«

Mieter aus der Wohllebengasse
Vielleicht hätte Elias Canetti auf seinem Weg hinunter ins »Dorf« auch den Blickkontakt mit dem Haus Himmelstraße 45 vermieden oder dieses gar mit einem Bann belegt, wenn er gewusst hätte, dass hier einst Moriz Benedikt, der von Karl Kraus so heftig angefeindete Chefredakteur und Herausgeber

Moriz Benedikt meldete sich in der Villa Ferstel als »Zeitungsherausgeber«, unterschrieben wurde der »Meldzettel für Sommerparteien« von der Familie Ferstel.

der *Neuen Freien Presse,* gemeinsam mit seiner Frau Adele gewohnt hatte. Laut den Meldeunterlagen des Stadt- und Landesarchivs übersiedelte das Ehepaar erstmals im April 1915 aus der Wohllebengasse 6 hinaus nach Grinzing und blieb hier bis zum 1. September gemeldet. Allerdings war das Ehepaar nicht immer in der Villa anzutreffen – die eigentlichen Sommerwochen verbrachte man wie gewohnt in der Villa Kleinschmidt am Semmering. Die Benedikts waren mit der Familie Ferstel gut bekannt und so hatte es sich ergeben, dass man die Villa als Unterkunft beziehen konnte. Die Lage war perfekt – nur wenige Häuser weiter, auf Nummer 55, wuchsen wie erwähnt die Enkeltöchter heran, die so für einen Besuch bei den Großeltern nur wenige Schritte brauchten.

Auch wenn ihn Karl Kraus in seinem Weltkriegsdrama *Die letzten Tage der Menschheit* als kriegslüsternen »Herrn der Hyänen« zeichnete – Moriz Benedikt ließ sich nicht beirren und lenkte sein Blatt mit ebenso sicherer wie strenger Hand durch die Kriegszeit und die Tage des Zusammenbruchs der Monarchie. Von Kraus kritisierte Stimmen wie jene der Kriegsreporterin Alice Schalek, die in ihren Feuilletons den Krieg zum sinnvollen heroischen Geschehen stilisierte, kamen in der *Neuen Freien Presse* weiter zu Wort. Die Dauerfehde mit Karl Kraus hatte jedoch familieninterne Konsequenzen: Wie Urenkel Ernst Strouhal in seinem Buch *Vier Schwestern* erzählt, war der Name des Erzfeindes Kraus in der Familie tabu und durfte unter keinen Umständen erwähnt werden.

Die patriotisch-kriegsbejahende Haltung der *Neuen Freien Presse* wurde von anderer Seite honoriert: Im Mai 1917 berief Kaiser Karl Moriz Benedikt ins österreichische Herrenhaus, es war dies das einzige Mal, dass einem Journalisten diese Ehre zuteil wurde. Auch im ersten Jahr der Republik blieben die Benedikts ihrem Grinzinger Heim treu. Am 31. Oktober 1919, später als sonst, meldete sich das Ehepaar in der Himmelstraße ab und übersiedelte wieder in die Stadt – wenige Monate später, am 18. März 1920, starb Moriz Benedikt. »Ein großes Licht ist erloschen«, schrieb die *Neue Freie Presse* in ihrem ersten Nachruf am 19. März, »ein Held der Arbeit, einer der größten Journalisten aller Zeiten, ein Genie der Pflichterfüllung ist von uns gegangen«. Für den Kollegen Hugo Wittmann, der einen großen Leitartikel zum Ableben Benedikts nachlegte, war dieser einer der Größten seines Fachs gewesen, einer, der »alle Meister übermeisterte«.

Adele Benedikt, eine »ungemein feinsinnige und wohltätige Dame«, lebte nach dem Tod ihres Mannes auch ganzjährig in der Villa, sie schätzte die Nähe ihrer Familie. Sie starb am 21. Februar 1935, die *Neue Freie Presse* schrieb in ihrem kurzen Nachruf: »Ein wehmütiges Gedenken aller, die diese edle Frau kannten, ist der Verblichenen sicher.«

Lebte bis zu ihrem Tod ganzjährig in der Villa Ferstel: Adele Benedikt, geborene Krohn (1847–1935). Privatsammlung, Wien.

VILLA FERSTEL

Mit der Großmutter in die Albertina

»Es ist das Haus des Großvaters meiner Großmutter«, erzählt uns Hausherr Markus Spiegelfeld, und rasch verstehen wir auch, warum er diese Formulierung wählt: Die Großmutter ist die Achse, das verbindende Element zum Erbauer der Villa, zu seinem Ururgroßvater Heinrich von Ferstel. Anna Maria (auch: *Annemarie*) von Ferstel (1905–1996) war die Tochter von Wolfgang von Ferstel (1864–1937) und Melanie Thorsch (1870–1939). Die Urgroßeltern hatten 1901 in der Votivkirche geheiratet, es war dies der zweite Akt in der massiven Allianzbildung zwischen den Familien Ferstel und Thorsch gewesen – zuvor hatte schon Wolfgangs Bruder, der Diplomat Erwin von Ferstel, Melanies Schwester Marie Thorsch zum Altar geführt. Großmutter Anna Maria von Ferstel war seit dem 27. November 1926 mit Benedikt von Sacken (1896–1958), einem Enkel des österreichischen Feldmarschallleutnants Adolf von Sacken, verheiratet – der Tradition folgend, wurde auch diese Ehe in der Votivkirche geschlossen.

Urgroßmutter Melanie Thorsch, in der Familie nur kurz »Mela« genannt, war die Schwester von Alphonse (auch: *Alfons*) Thorsch (1872–1945), dessen Bankhaus M. Thorsch & Söhne, das »große Pädagogium der Finanzgenies von gestern« (*Die Börse*, 18. Februar 1926), zu den bedeutendsten des Landes zählte. Sitz der Familie von Alphonse Thorsch war das Palais Bratmann in der Metternichgasse 4 im dritten Bezirk, heute befindet sich hier die Botschaft der

Die Enkelkinder sind zu Besuch in die Villa Ferstel gekommen: Moriz und Adele Benedikt mit Gerda (rechts) und Frieda. Das Foto entstand kurze Zeit vor dem Tod des Chefredakteurs der »Neuen Freien Presse«. Privatsammlung, Wien.

Volksrepublik China. Im März 1938 wurde es beschlagnahmt und geplündert, zahlreiche kostbare Kunstwerke, Bücher und Antiquitäten verschwanden in den Fängen des NS-Staates. Die Thorschs hatten bereits kurz vor dem »Anschluss« das Land verlassen. Die Lizenz des liquidierten Bankhauses M. Thorsch & Söhne wurde gelöscht, ein Widerruf dieser Löschung wurde nach dem Krieg von der Republik abgelehnt. Hubertus Czernin hat die »frivole« Geschichte dieser »Auslöschung« eindrucksvoll erzählt.

Die Urgroßeltern wohnten ab 1913 in einem Haus in der Reisnerstraße 51, das heute als Palais Schlesinger-Ferstel bezeichnet wird und die Finnische Botschaft beherbergt. Das Ehepaar war für seine Gastfreundschaft bekannt, so lesen wir im *Wiener Salonblatt* vom 14. März 1931: »Am 8. d. M. gaben Baron Wolfgang und Baronin Melanie Ferstel in ihrem Palais in der Reisnerstraße einen Thé prolongé, zu dem zahlreiche Jugend geladen war und der bis Mitternacht währte. Die beiden Töchter des Hauses, Baronin Annemarie Sacken und Baronin Lotte Ferstel machten den Gästen in liebenswürdigster Weise die Honneurs.« Eine frei stehende Büste von Wolfgang von Ferstel im Stiegenhaus des Gebäudes erinnert an die »goldene Zeit« der Familie.

Über seine Familie väterlicherseits schweigt Markus Spiegelfeld bescheiden, doch wir wissen: Der Name »Spiegelfeld« hat in der österreichischen Geschichte einen guten Klang – zahlreiche Mitglieder der Familie dienten als Beamte und Offiziere dem Reich der Habsburger – und ein Blick in das *Genealogische Handbuch des Adels* klärt uns auf: Sein Vater war Kuno Andreas Matz Graf von Spiegelfeld (1917–2004), das Handbuch führt den Sohn aristokratisch korrekt als »Marcus Matz Graf

Die Malerakademie Delug in der Himmelstraße 30, errichtet 1911 von Friedrich Ohmann. Hier bezogen Veza und Elias Canetti im September 1935 eine Wohnung – »die schönste, die ich je gehabt hatte«, schrieb Canetti später in »Das Augenspiel«. Im September 1938 mussten die Canettis das »stolze Gebäude« verlassen.

von Spiegelfeld«. Es stand also eine geballte aristokratische Vergangenheit hinter dem jungen Markus Spiegelfeld, der – auf dem Land geboren und aufgewachsen – mit elf Jahren zusammen mit seinem Bruder Benedikt bei der Großmutter in der Himmelstraße einzog. Sie war seit einigen Jahren Witwe und beseelt davon, ihren beiden Enkelkindern die Vielfalt und Schönheit der bildenden Kunst näherzubringen. An den Sonntagen gab es so ein festes Ritual: Von Grinzing ging es in die Stadt zur Albertina und zum genauen Studium der hier ausgestellten Schätze. Die Großmutter hielt die Buben, die das Schottengymnasium besuchten, zum Lesen an, erzählte ihnen von den unterschiedlichen Baustilen, schließlich musste der junge Markus Spiegelfeld einen Kurs für Aktzeichnen an der Urania belegen. Das Haus war ein Ort der Inspiration für den späteren Architekten, der uns begeistert von einem seiner spektakulären Objekte, dem Bau eines Besucherzentrums mitten in der Wüste für die Al-Hoota-Tropfsteinhöhle in Oman, erzählt.

Ein »Wohnwürfel« ganz aus Glas

Wenn Norbert Wibiral in seinen Anmerkungen zum Haus noch die fehlende Symmetrie und Achsialität ins Treffen führte, so hat sich das inzwischen geändert: Mit berechtigtem Stolz zeigt uns Markus Spiegelfeld dann die von ihm ersonnene und ausgeführte Ergänzung des Gebäudes. Als mit der Errichtung des besagten Betonklotzes an der Ostseite der Ausblick von der Loggia nicht mehr so attraktiv war, entschloss er sich, eine neue Achse durch das Haus zu legen und im Westen einen »Wohnwürfel« ganz aus Glas anzubauen. Die raffiniert konstruierten Fensterwände, so demonstriert er uns, können ganz aufgeschoben werden, sodass man das Gefühl hat, im Freien zu sitzen – ein zweites Wohnzimmer, das sich nach Bedarf in eine Terrasse verwandelt, perfekt für ein gemütliches Beisammensein an lauen Sommerabenden. Glas, Stahl und Stein, Moderne und Tradition haben hier zu einer bemerkenswerten Symbiose gefunden.

Ein Gedankenspiel beschäftigt uns: Was hätte wohl Heinrich von Ferstel, der hier in seiner Villa am 14. Juli 1883 – erst 55 Jahre alt – an Miliartuberkulose starb und auf dem Grinzinger Friedhof begraben wurde, zu diesem gläsernen »Annex« gesagt? Wir meinen, dass er trotz des Bruches mit seiner romantischen Idee einer »Familienburg« fasziniert gewesen wäre. Fasziniert von den vielfältigen Möglichkeiten, die Material und Technik heute dem Architekten bieten, um die angestrebten »behaglichen Gefühle« zu ermöglichen.

Literatur

Elias Canetti, Das Augenspiel. Lebensgeschichte 1931–1937. Wien 1985

Hubertus Czernin, Die Auslöschung. Wien 1998

Rudolf von Eitelberger und Heinrich Ferstel, Das bürgerliche Wohnhaus und das Wiener Zinshaus. Wien 1860

Ernst Strouhal, Vier Schwestern. Fernes Wien. Fremde Welt. Wien 2022

Heinrich Treichl, Fast ein Jahrhundert. Erinnerungen. Wien 2003

Norbert Wibiral, Heinrich von Ferstel und der Historismus in der Baukunst des 19. Jahrhunderts. Phil.-Diss. Wien 1952

Norbert Wibiral und Renate Mikula, Heinrich von Ferstel. Wiesbaden 1974 (= Die Wiener Ringstraße. Bild einer Epoche. Herausgegeben von Renate Wagner-Rieger, Band VIII)

Hugo Wittmann, Moriz Benedikt. In: Neue Freie Presse, 21. März 1920, 1–2

WIENER VILLEN

Ein fast schon vergessener Gedächtnisort der Zweiten Republik: die Villa Blaimschein in der **Lainzer Straße 28,** heute Residenz des Boschafters der Islamischen Republik Iran.

Villa Blaimschein
Wilhelm Stiassny 1875

Wo die Zweite Republik begann

In der Gasse, die seinen Namen trägt, steht auch sein wichtigstes Gebäude: Nur wenige Hundert Meter vom Gelände des ehemaligen Vergnügungsparks »Neue Welt« entfernt, an der Ecke Lainzer Straße/Wenzgasse, errichtete der Stadtbaumeister und Hietzinger Gemeinderat Josef Wenz für den Bankfachmann Leon Mandel 1875 eine prachtvolle zweigeschoßige Villa. Die Pläne für dieses Meisterwerk schuf Wilhelm Stiassny – er nahm Anleihen an der griechischen Antike und schuf einen streng symmetrischen Zentralbau von imposanter Dimension, ein repräsentatives neues Domizil für seinen Auftraggeber.

Als die Villa für Leon Mandel (fälschlich auch: *Mandl*) errichtet wurde, drängten unmittelbar nebenan täglich Tausende Wienerinnen und Wiener zu den Attraktionen der »Neuen Welt«. Gleich sieben Eiskeller sorgten für »bestes abgelagertes« Bier, in den Musikpavillons spielten die Orchester von Johann Strauß und seiner Brüder auf, legendär waren die wunderbar gestalteten Blumenbeete. 1882 musste der Betrieb der riesigen Anlage eingestellt werden, das Gelände wurde in 40 Parzellen aufgeteilt und von der geschäftstüchtigen Böhmischen Bodencreditanstalt, die das Areal erworben hatte, Stück für Stück verkauft. Der Plan sah eine »Cottage-Anlage in der Neuen Welt in inniger Verbindung mit einer schönen Natur« vor. Mit großzügigen Baukrediten bis zur Hälfte des Gesamtpreises der Parzellen kurbelten die cleveren Bankmanager den Verkauf an. Dazu kam als Argument die günstige Verkehrsanbindung: Seit Oktober 1883 fuhr in der Lainzer Straße die Dampftramway nach Mauer und Rodaun, in Richtung Stadt verkehrten Omnibusse, die Station St. Veit der Verbindungsbahn war in wenigen Gehminuten zu erreichen.

Leon Mandel (1823–1899), der mit seiner aus Berlin stammenden Frau Rosa, geborene Wolff, und seinem 1873 geborenen Sohn Anton Karl in die Villa übersiedelte, kümmerte sich um das Geschehen in der Nachbarschaft wohl wenig, sein Alltag war das Geld- und Bankgeschäft. Daneben trat

WIENER VILLEN

↑ Eine besondere Attraktion der Villa Blaimschein: Der großartige Wintergarten an der Nordseite nimmt die ganze Breite des Hauses ein. Das Schwimmbecken im Garten wurde erst später eingebaut.

↗ Ein von den Angestellen der Iranischen Botschaft sorgfältig gepflegtes grünes Paradies: der Garten rund um die Villa – ein Ruhepol, der die Hektik der Großstadt rasch vergessen lässt.

VILLA BLAIMSCHEIN

↑ Wir dürfen mit freundlicher Erlaubnis des iranischen Botschafters die Villa über den Haupteingang an der Westseite betreten (oben rechts). Die der Lainzer Straße zugewandte Fassade beeindruckt durch die monumentale Loggia mit sechs ionischen Säulen, die den Balkon im Obergeschoss tragen.

er als Wohltäter für jüdische Einrichtungen in Erscheinung, so spendete er 300 Gulden für das »israelitische Waisenhaus« des Gustav Ritter von Epstein. Bekannt war Leon Mandel nicht zuletzt als ambitionierter Kunstsammler, die »Collection Leon Mandel« wurde nach seinem Tod am 28. August 1899 in Mödling im März 1900 versteigert. Und auch die Villa in Hietzing wartete jetzt auf einen neuen Käufer.

Der Aufstieg des Carl Blaimschein

Carl Blaimschein war der klassische Selfmademan. 1853 in Wels als Sohn eines Greißlers geboren, kam er als junger Mann nach Wien und begann seine Karriere 1880 in Wien-Rudolfsheim als selbstständiger Eierhändler.

Schritt für Schritt festigte Blaimschein seine Position nun weiter: 1907/08 übernahm er auch die »Österreichische Margarinefabrik Sigmund Eibuschitz & Söhne«, seine Partner zahlte er einen nach dem anderen aus und schließlich konnte er das Unternehmen zu den »Vereinigten Margarine- und Butterfabriken Karl Blaimschein« umfirmieren. Gleichzeitig war der zum Großindustriellen aufgestiegene Blaimschein über ein Jahrzehnt lang auch im Ziegeleigeschäft tätig. Die Geschäfte florierten und 1910 befand sich Carl Blaimschein bereits im oberen Mittelfeld der Spitzenverdiener Wiens.

Eine feudale Villa für den Margarine-Nabob

Das Jahr 1900 wurde für Carl Blaimschein geschäftlich wie auch privat sehr erfolgreich: Mit dem Erwerb der Villa des verstorbenen Leon Mandel in der Lainzer Straße 28 im August 1900 bot sich die Möglichkeit, für sich

Neben »Unicum« war die Creme-Margarine »Sennerin« die erfolgreichste Marke Carl Blaimscheins in den 1920er Jahren. Ihre Herstellung aus Vollmilch war das entscheidende Verkaufsargument.

und seine Gattin Bertha ein repräsentatives Heim ganz nach eigenen Wünschen und Vorstellungen gestalten zu lassen – dazu gehörte etwa die Errichtung eines Wintergartens und einer Terrasse. Die Umbauarbeiten an der Villa dauerten einige Zeit an, doch im Frühsommer 1902 konnte man das Haus schließlich der Öffentlichkeit präsentieren.

Im beliebten Gesellschaftsblatt *Sport & Salon* vom 14. Juni 1902 lesen wir über die »geschmackvolle und luxuriöse Ausstattung der Innenräume«, die alle Erwartungen übertreffe und von den »zahlreichen Freunden des gastlichen Hauses gerechterweise bewundert« werde: »Die Wände des Treppenhauses sind mit lichtem Marmor verkleidet und bis zum ersten Stockwerke führt eine reiche, aus Stein ausgehauene Balustrade mit Bronzecandelaber. Über

VILLA BLAIMSCHEIN

Repräsentativer Historismus pur: Der rote Empfangssalon mit kostbarer »antiker Seidengobelin-Garnitur« war ganz im »Rococostyl« gehalten. Von hier aus betrat man den großen Speisesalon, der in »deutscher Renaissance« ausgestattet war. Foto aus »Sport & Salon«, 14. Juni 1902.

die Treppe gelangt man zunächst in das in secessionistischem Styl gehaltene Entrée und von da in den rothen Empfangssalon im Rococostyl, dessen antike Seidengobelin-Garnitur ebenso schön wie kostbar ist. Rechts schließt sich der große Speisesalon in deutscher Renaissance an, aus welchem man in einen wunderschönen Glaserker tritt, der auch einen Eingang vom Salon aus hat. Neben dem Speisesaal befindet sich das Schreibzimmer des Hausherrn in vornehmem, secessionistischem Styl; links vom Salon das Spiel- und Rauchzimmer, an welches sich das Jagdzimmer mit seinen vielen Jagd- und Sporttrophäen anschließt. Jedes dieser beiden Zimmer besitzt einen Ausgang in den prachtvollen Wintergarten, der hier die Breite des ganzen Hauses einnimmt. Im oberen Stockwerk befinden sich die eigentlichen Wohnräume, von welchen das in Blau gehaltene Schlafzimmer im Empirestyl ein Muster von Eleganz ist. An dieses schließt sich das reizende Boudoir der liebenswürdigen Hausfrau, und ein Erker, dessen Glasmalereien beachtenswerth sind. Ein reizendes Zimmer ganz in Weiß und Blau ist das der einzigen Tochter des allseits geschätzten Ehepaares, des Fräuleins Bertha Blaimschein, welche die Freude und der Stolz der Eltern ist.«

Blieb bis heute beinahe unverändert: das prachtvolle, mit Marmor verkleidete Stiegenhaus mit der aus Stein gehauenen Balustrade. Im Dreiecksgiebel über der Eingangstür zur Beletage prangt nun das Symbol der Islamischen Republik Iran. Foto aus »Sport & Salon«, 14. Juni 1902.

Da Bertha Blaimschein eine leidenschaftliche Reiterin war, hatte man im Souterrain neben der Küche, die ganz in Fayence gehalten war, Stalllungen für sechs Pferde sowie einen Sattelraum und eine Wagenremise eingerichtet.

Das unbeschwerte Glück der Familie Blaimschein währte jedoch nur wenige Jahre. 1910 erkrankte Bertha Blaimschein schwer und starb am 22. Februar 1911 im Alter von nur 46 Jahren. Die Nachrufe rühmten sie als große Wohltäterin, die alle »mit gleicher Artigkeit und angeborener Noblesse« behandelt hätte. (*St. Pöltner Bote,* 2. März 1911) 1913 heiratete Carl Blaimschein in zweiter Ehe die 1887 geborene Maria Magdalena Bittner, die Tochter eines Stationsvorstehers bei der Kaiserin Elisabeth-Westbahn im niederösterreichischen Pottenbrunn. Ab dem Zeitpunkt ihrer Verheiratung nannte sich Maria Magdalena – aus welchem Grund auch immer – »Irma Blaimschein«.

Der nächste Schicksalsschlag erfolgte 1919: Der bis dahin rüstige Carl Blaimschein erlitt einen Schlaganfall, der eine Lähmung nach sich zog und ihn in den Rollstuhl zwang. Dennoch arbeitete der 66-Jährige wie besessen weiter: Von seinem Schlafzimmer in der Villa ließ er sich täglich zum Auto tragen und zur Fabrik fahren, dort wurde er in den Schreibtischsessel gesetzt und in sein Arbeitszimmer gebracht.

1924 erweiterte Blaimschein, der damit warb, das älteste Unternehmen der Branche zu sein und das Staatswappen des Bundes führen durfte, seine Produktpalette und gründete die »Alma« Molkerei und Nährmittelfabrik in Wien. Mit Spezialitäten wie dem Krapfenschmalz »Gloria«, das einen Fettgehalt von 100 Prozent aufwies, versuchte man am Markt weiter Terrain zu erobern. Am bekanntesten blieben aber seine beiden Margarine-Marken »Blaimschein's Unicum Milch-Margarine« und »Blaimschein's Sennerin Vollmilch Creme-Margarine«, die, wie man in der Werbung behauptete, »in Aussehen, Geschmack und Verwendungsart jeder feinsten Teebutter gleichkommt«. Die Reklame Blaimscheins übertrieb auch nicht – Margarine war als Butterersatz hoch geschätzt. So erzählte die Tochter der langjährigen Blaimschein-Mitarbeiterin Leopoldine Hrdlicka: »Manchmal hat die Mutter Margarine mit nach Hause genommen, und das war immer ein Festtag, wenn Margarine auf dem Brot war.« Im Übrigen wäre »die Familie Blaimschein sehr sozial eingestellt« gewesen, sozialer »als viele andere Firmen. Die Blaimscheins haben sich sehr um die Angestellten gekümmert.« Bei einem Besuch in der Villa hätte sie aber vergeblich darauf gewartet, dass sie von Frau Blaimschein »irgendetwas bekommt, einen Schilling oder so« – »da war sie enttäuscht, so eine reiche Herrschaft.« Ein Gruppenfoto, das zum 50. Jubiläum der Margarinefabrik zusammen mit den Angestellten vor der Villa angefertigt wurde, bezeugt jedenfalls die enge Verbindung der Familie mit ihrer Firmenbelegschaft.

Der »Margarine-Nabob von Österreich« starb am 21. Mai 1933 und wurde in der Familiengruft am Hietzinger Friedhof beigesetzt, seine Witwe Irma war als Universalerbin nunmehr auch alleinige Eigentümerin des Anwesens in der Lainzer Straße, das er ihr bereits 1927 zur Hälfte überschrieben hatte. Die verheiratete Stieftochter Bertha und der 20-jährige Sohn Carl waren im Testament aufs Pflichtteil gesetzt – der Ausgangspunkt für einen erbitterten Streit um das Erbe, denn angeblich war der Pflichtteil für Bertha durch die Mitgift von 200.000 Kronen und diverse weitere Zuwendungen bereits aufgebraucht, sie sollte also leer ausgehen.

Irma Blaimschein, die nun die Geschäftsführung der Betriebe übernahm, heiratete später den Apotheker Josef Kretschmer und nannte sich fortan Irma Kretschmer, der Namenswechsel wurde auch im Grundbuch vermerkt. Sie sah sich der wirtschaftlichen Situation bald nicht mehr gewachsen und musste 1935 einem Ausgleichsverfahren zustimmen, das sich bis in den Herbst 1936 zog. Im Januar 1938 legte sie die Geschäftsführung zurück und verkaufte die Unternehmen an die Nußdorfer Brauerei, die von einer Gruppe um den Baron Werner Bachofen von Echt und Hans von Medinger geführt wurde. Gleichzeitig beeilte man sich in einer groß angelegten Inseratenkampagne mit der öffentlichen Feststellung, dass die »Inhabung, die Gefolgschaft, das Kapital« der Firmen »rein arisch« seien.

1964 wurden die Vereinigten Margarine- und Butterfabriken Blaimschein von Unilever übernommen.

Auftakt zur »Aktion Renner«

Der 22. April 1945 war ein Sonntag, der zweite im befreiten Wien. Während die Rote Armee in erbitterten Kämpfen den Ring um Berlin schloss, war für Wien der Krieg seit neun Tagen zu Ende. Vor der Villa Blaimschein fuhren an diesem Tag immer wieder sowjetische Militärfahrzeuge vor, aus den Autos stiegen neben der sowjetischen Entourage Vertreter der drei Parteien SPÖ, ÖVP und KPÖ. Die Delegation der Sozialdemokraten wurde von Adolf Schärf und dem neuen Wiener Bürgermeister Theodor Körner angeführt, beide sollten später das Amt des Bundespräsidenten bekleiden. Die ÖVP-Abordnung leitete der stellvertretende Wiener Bürgermeister Leopold Kunschak, der alte Weggefährte Karl Luegers, für die KPÖ kam Russland-Heimkehrer Ernst Fischer zu einem ersten informellen Gespräch. Vereinbart hatte die Gesprächstermine Oberst Georgij Iwanowitsch Piterskij, der als Politoffizier im Stab von Marschall Tolbuchin für die österreichischen Politiker zuständig war.

Die Ankömmlinge wurden von Gastgeber Karl Renner begrüßt – am Tag zuvor, dem 19. April, hatte die sowjetische Kommandantur Renner die beschlagnahmte Villa als »Amtssitz« zur Verfügung gestellt, nun sollten hier

Sie verhandelten in der Villa Blaimschein die »Provisorische Staatsregierung« vom April 1945: Adolf Schärf, Leopold Kunschak, Karl Renner, Johann Koplenig, Theodor Körner (1. Reihe, von links nach rechts): Ernst Fischer, Johann Böhm, Franz Honner, Georg Zimmermann, Eduard Heindl und Andreas Korp. Foto vom 23. April 1945, aufgenommen im Garten der Villa.

die entscheidenden Weichen für den neuen Staat gestellt werden. Ein neues Österreich wollten diese Männer errichten, »das alle Erfahrungen der Vergangenheit berücksichtigt, das wahrhaft demokratisch ist für alle Demokraten, aber schonungslos gegen alle Feinde der demokratischen Republik, gegen alle Feinde eines freien unabhängigen Österreichs« (Neues Österreich, 28. April 1945).

In seiner *Denkschrift zur Geschichte der Unabhängigkeitserklärung* berichtete Karl Renner später über die ersten Tage in der Villa: »Ich traf in Wien am 21. April 1945 (wohl ein Irrtum Renners, tatsächlich war es der 19. April!, Anm.) ein und wurde in Hietzing, Lainzer Straße 28/Wenzgasse 2, sofort installiert. Die Auswahl des Hauses erfolgte mit Rücksicht auf das wahrscheinliche Bedürfnis, daselbst größere Besprechungen abzuhalten. Oberst Piterskij sorgte für die Unterbringung der Familie und der Sekretärin im 1. Stock, der Wache im Souterrain, während das Parterre als Verhandlungsraum reserviert wurde. Er übernahm es auch, für den nächsten Tag die führenden Persönlichkeiten der demokratischen Parteien in die Wenzgasse zu bestellen.« Für die Sicherheit Renners wurde von den Sowjets ausreichend gesorgt – gleich zehn Mann stellte Oberst Piterskij zu seinem Personenschutz ab.

Von den Sozialdemokraten waren an diesem 22. April 1945 neben Renner, Schärf und Körner noch Wiens Vizebürgermeister Paul Speiser und der Sooßer Winzer Alois Mentasti anwesend, für die ehemaligen Christlichsozialen, die sich nun »Österreichische Volkspartei« nannten, verhandelte neben Kunschak der ehemalige Finanzminister und Badener Bürgermeister Josef Kollmann.

Der Mann, der aussah wie der heilige Nikolaus

Der Kommunist Ernst Fischer, der auf Bitte von KPÖ-Chef Johann Koplenig hin allein gekommen war, schrieb später über das erste Zusammentreffen mit Renner in der Wenzgasse: »Zuerst die Wache, dann die Sekretärin, der Kanzler erwarte mich, und hinter einem großen Schreibtisch saß der Mann, der ein wenig aussah wie der heilige Nikolaus, der brave Kinder beschenkt, ein wenig wie der Krampus, der schlimme bestraft. Würdevoll erhob er sich, begrüßte mich mit gemessener Höflichkeit, bat mich Platz zu nehmen, setzte sich wieder an den Schreibtisch, sah mir prüfend ins Gesicht, mit geringer Sympathie. ›Wie Sie wissen‹, sagte er im Tone eines Mannes, der Sprecher einer Großmacht ist, ›habe ich die Aufgabe übernommen, eine provisorische Staatsregierung zu bilden. In dieser Regierung sollen auch die Kommunisten vertreten sein. Ich schlage vor, daß ein Mitglied Ihrer Partei ein Staatsamt übernimmt, zum Beispiel für Wiederaufbau.‹«

Die Gespräche am 23. April, bei denen es durchaus lautstark zugegangen sein soll, brachten bereits eine grundsätzliche Einigung, stand doch das Ziel klar vor Augen: die Wiedergeburt der demokratischen Republik. »Es bedurfte kaum eines Wortes, um die einhellige Entschlossenheit aller festzustellen«, schrieb Renner in seiner *Denkschrift*. Vorgesehen waren für die »Provisorische Staatsregierung« neben Regierungschef Staatskanzler Karl Renner neun »Staatsämter«, wobei jedem Staatssekretär als Leiter eines Staatsamts (= Ministeriums) ein bis drei Unterstaatssekretäre der einzelnen Parteien zugeordnet werden sollten.

Es galt, wie Renner es formulierte, eine »parteiliche Handhabung der Gewalt auszuschließen und das Vertrauen aller Parteien und damit aller Staatsbürger zu gewinnen«. Ein zehntes Staatsamt, das »Staatsamt für Vermögenssicherung und Wirtschaftsplanung«, sollte im September 1945 noch dazukommen. Dem Staatskanzler als Leiter der Staatskanzlei sollte ein »politischer Kabinettsrat« zur Seite stehen, in den jede Partei einen Vertreter entsandte. Für die SPÖ war dies Adolf Schärf, für die ÖVP Leopold Kunschak, der später durch Leopold Figl ersetzt wurde, für die KPÖ Johann Koplenig.

Es kam der Schah von Persien

Karl Renner und seine Familie sowie »Fräulein« Thilde Pollak, seine von ihm überaus geschätzte Sekretärin, wohnten bis Ende 1945 in der Villa. Nach der Wahl zum ersten Bundespräsidenten der Zweiten Republik durch die Bundesversammlung am 20. Dezember 1945 übersiedelte man in die »Präsidentenvilla« in der Himmelstraße 26 in Grinzing. In die Villa Blaimschein zog wieder das Ehepaar Kretschmer ein, das bis Oktober 1946 in der Lainzer Straße 28 gemeldet war und in der Folge an anderen Adressen wohnte – das Haus wurde wohl erst 1952 tatsächlich restituiert. 1958 verkaufte es die Familie Kretschmer an den Iran, der das Gebäude zum Sitz seines Botschafters umgestaltete. Mohammed Reza Pahlevi, der Schah von Persien, wohnte während seiner häufigen Wien-Besuche in der Villa. Die Beziehungen Österreichs zum Iran waren traditionell gut und Mohammed Reza Pahlevi und seine zweite Frau »Schahbanu« Farah Pahlevi in Wien gern gesehene Gäste – nicht zuletzt wegen der Milliarden aus dem Ölgeschäft im Hintergrund. 1965 wurde Farah Pahlevi mit dem Ehrenzeichen für Verdienste um die Republik Österreich ausgezeichnet. Nach dem Tod des Westberliner Studenten Benno Ohnesorg im Juni 1967 während einer Demonstration gegen den Schahbesuch in Deutschland kam es allerdings auch in Wien zu Kundgebungen, die angeblich von Angehörigen des persischen Geheimdiensts SAVAK observiert wurden.

Nach dem Ende des Schah-Regimes im Januar 1979 ging die Villa vom iranischen Kaisertum in den Besitz der Islamischen Republik Iran über, die das Gebäude seitdem als Residenz seines Botschafters nützt. Irma Blaimschein vulgo Maria Kretschmer überlebte auch noch den Schah. Sie starb 1984 im Alter von 97 Jahren und wurde in der Familiengruft der Blaimscheins am Hietzinger Friedhof bestattet.

Von den sowjetischen Begleitoffizieren mit Wohlwollen beobachtet: Karl Renner verkündet am Vormittag des 27. April 1945 auf der Rampe des Parlaments die Unabhängigkeit Österreichs.

Literatur

Familien-Häuser im Parke der »Neuen Welt« in Hietzing. Prag 1884

Ernst Fischer, Das Ende einer Illusion. Erinnerungen 1945–1955. Wien – München – Zürich 1973

Stefan Karner, Peter Ruggenthaler, Unter sowjetischer Kontrolle. Zur Regierungsbildung in Österreich 1945. In: Stefan Karner, Barbara Stelzl-Marx, Die Rote Armee in Österreich. Sowjetische Besatzung 1945–1955. Beiträge. Graz – Wien – München 2005, 105 ff.

Stefan Karner, Barbara Stelzl-Marx, Alexander Tschubarjan, Die Rote Armee in Österreich. Sowjetische Besatzung 1945–1955. Dokumente. Graz – Wien – München 2005

Manfred Mugrauer, Die Politik der KPÖ in der provisorischen Regierung Renner. Innsbruck – Wien 2006

Gunther Pauls, Werner Kohl, Gerhard Zsutty, Das Imperium des Carl Blaimschein. Wien 2010

Manfried Rauchensteiner, Der Sonderfall. Die Besatzungszeit in Österreich 1945 bis 1955. Herausgegeben vom Heeresgeschichtlichen Museum/Militärwissenschaftlichen Institut, Wien. Graz 1995

Karl Renner, Denkschrift über die Geschichte der Unabhängigkeitserklärung Österreichs. Zürich 1946

Roman Sandgruber, Oberösterreicher unter den Wiener Millionären im Jahre 1910. In: Festschrift für Walter Aspernig zum 70. Geburtstag. Linz 2012 (= Jahrbuch des OÖ. Musealvereins; 157. Band), 575–592

Adolf Schärf, April 1945 in Wien. Wien 1948

Josef Schöner, Wiener Tagebuch 1944/45. Herausgegeben von Eva-Marie Csáky, Franz Matscher und Gerald Stourzh. Wien – Köln – Weimar 1992

William Lloyd Stearman, Die Sowjetunion und Österreich 1945–1955. Bonn – Wien – Zürich 1962

WIENER VILLEN

Auch wenn sie ihren Erbauern, dem Ehepaar Jakob und Julie Wassermann, kein Glück brachte – die Villa in der **Paul-Ehrlich-Gasse 4,** nunmehr begleitet von einem modernen Gegenüber, gibt bis heute Zeugnis von einer radikal gegen den Strom der Zeit gerichteten architektonischen Vision.

Villa Wassermann
Oskar Strnad 1914

Das Haus, das kein Glück brachte

»Nicht Kerker bauen, sondern offene Welten« – an dieses Diktum von Oskar Strnad müssen wir denken, als wir die Villa betreten, die er einst für den Erfolgsautor Jakob Wassermann in den Grinzinger Weinbergen errichtete. Hell strahlt uns das von Licht erfüllte Stiegenhaus entgegen, eine Einladung, diese wunderbaren Raumwelten genauer zu erkunden. Wir denken aber auch daran, dass jenes außergewöhnliche Haus für den Bauherrn selbst nach kurzer Zeit zur »Behausung« wurde, zum Ort rastloser Arbeit und zum Schauplatz einer Ehehölle, der er um jeden Preis entrinnen wollte …

Wir überzeugen uns selbst und haben keine Zweifel: Oskar Strnad hat die Anlage vom Gartentor weg durchgeplant, exakt seinen theoretischen Überlegungen folgend. So verglich er in seinem kurzen Aufsatz *Gedanken beim Entwurf eines Grundrisses* die architektonische Komposition mit einer Musikpartitur, die von den Handwerkern »gespielt« und in reale Körperlichkeit umgesetzt würde. Architektur sei aber keineswegs nur eine »rein sichtbare Welt«, sie werde auch »gerochen, gehört, getastet« und bestehe »zum größten Teil aus Erinnerungen, aus Erfahrungen, die tief in der Seele liegen«. Alle diese Empfindungen zusammen würden dann »eine Vision der komplizierten Raumvorstellung« ergeben. Strnads Schüler Otto Niedermoser beschrieb den Unterschied zu den Villen der Zeit so: »Heitere Würde tritt an die Stelle pathetischer Repräsentation.«

Der Mann, für den Oskar Strnad tote Materie in einen derart lebendigen Organismus verwandeln wollte, kam im Mai 1898 nach Wien. Jakob Wassermann wurde von der *Frankfurter Zeitung* als Korrespondent in die Donaumetropole geschickt und fand hier schnell Anschluss im Kreis um Arthur Schnitzler – in einem Tagebucheintrag zum 7. Juli 1898 taucht Wassermann erstmals auf, Schnitzler zeigte sich von der »Klugheit« des jüngeren Kollegen aus München durchaus angetan, die Bekanntschaft vertiefte sich. Man traf sich des Öfteren im Haus des Industriellen Albert Speyer, mit den Schnitzler

WIENER VILLEN

VILLA WASSERMANN

← Zwei »Gesichter«, die zusammenpassen: Die für manche Kritiker irritierende asymmetrische Gestaltung der Fassade der Villa Wassermann wurde auch für den modernen »Zwilling« zur Leitlinie.

↙ Oskar Strnad hatte keine Scheu, auch Stilelemente des Klassizismus und des Biedermeiers zu zitieren, wie etwa der Dreiecksgiebel über dem Haupteingang zeigt. Die elegante Außentreppe blieb bei der Restaurierung ebenfalls erhalten.

↗ Sorgsam wurde bei der Generalsanierung darauf geachtet, Details der originalen Innenausstattung wie etwa die Türklinken zu erhalten.

→ Verbindet die »alte« Villa Wassermann in perfekter Weise mit ihrem modernen Pendant: das hohe, von Licht erfüllte Stiegenhaus. An der Wand links die charakteristischen unterschiedlich großen Fensteröffnungen der Villa Wassermann.

gut bekannten Speyer-Töchtern Dora und Julie unternahm man Ausflüge in den Wienerwald, beliebte Ziele waren die inzwischen verschwundene Rohrerhütte und die Sophienalpe. Am 11. Oktober 1900 taucht dann im Tagebuch Schnitzlers der Vermerk auf: »J. Sp. mit Jac. Wassermann verlobt«, drei Tage später, am 14. Oktober, waren Dora Speyer und das verlobte Paar bei Schnitzler zu Gast, am 6. Jänner 1901 heirateten Jakob Wassermann und Julie Speyer. Das Ehepaar Wassermann blieb in den Folgejahren weiterhin mit Schnitzler eng befreundet, auch wenn dieser über seinen jüngeren Dichterkollegen nicht immer das beste Urteil fällte: »Er ist und bleibt ein großes Talent und ein schwindelhaft-unreinliches leichtmacherisches Subjekt. Auf dem Weg auf den Schlern erklärte ich ihm, dass er eine Verbrechernatur sei«, notierte er am 24. August 1908 im Tagebuch.

Szenen einer Ehe
Die anfangs glückliche Ehe mit Julie erwies sich bald als »kompliziert«. Wassermann suchte auf zahlreichen Reisen seine Freiheit, während Julie bei den Kindern – Adolf Albert (1901), Georg Maximilian (1903), Judith (1906) und Eva Agathe (1915) – zu Hause bleiben musste. Bereits im Herbst 1905 stellte Wassermann in seinem Tagebuch die offenbar drängende Frage: »Hat die Ehe das Recht, alle unsere Leidenschaften zu monopolisieren?«, und beantwortete diese für sich mit einem klaren Nein. Wassermann nahm es mit der ehelichen Treue nicht allzu genau, Julie reagierte mit bösen Eifersuchtsszenen. So unterhielt Wassermann von 1910 bis 1913 eine leidenschaftliche Beziehung zu Stefanie (»Stephi«) Bachrach, der Toch-

Ein Sommerausflug 1916: Jakob Wassermann mit seinen Freunden Josef Redlich (links) und Hugo von Hofmannsthal (Mitte). Nach seiner »Flucht aus Wien« 1919 wurde Altaussee für den Dichter zur neuen Heimat.

Julie Wassermann, geborene Speyer, gehörte zusammen mit ihrer Schwester Dora zum Freundeskreis von Arthur Schnitzler. Die »komplizierte« Ehe mit Jakob Wassermann, dem sie vier Kinder gebar, endete in einem bösen Rosenkrieg und der gerichtlichen Scheidung 1926.

ter des Börsenmaklers Julius Bachrach, der nach seinem finanziellen Ruin 1912 Selbstmord beging. Stefanie Bachrach, die 1917 ebenfalls Suizid begehen sollte, war mit Schnitzler verwandt, der über die Affäre bestens Bescheid wusste.

Julie musste ohnmächtig zusehen, wie ihr Mann diese Untreue mit aller Leidenschaft zelebrierte. In ihrem 1923 zum 50. Geburtstag des Dichters erschienenen Buch *Jakob Wassermann und sein Werk* wird sie dazu allerdings nur diplomatisch feststellen: »Wassermanns Beziehung zu den Frauen ist in diesen Dezennien nicht eingeschränkt worden.« Die glühenden Liebesbriefe Wassermanns – sie wurden 1940 unter Verzicht auf jeglichen biografischen Kommentar als »Brevier der Liebe schlechthin« publiziert – geben ein eindrucksvolles Bild von der Affäre mit »Stephi« und lassen Kälte und Zwist des Ehealltags aufblitzen. So schrieb Wassermann am 1. August 1911 aus Altaussee an »Stephi«: »Jetzt ist auch meine Frau hier. Sie kam mit hohem Fieber an und lag eine Woche lang; sie ist sehr heruntergekommen, sieht elend aus und kämpft mit schwarzen Gedanken. So ist in dieser Hinsicht das Leben oft nicht leicht. Doch lebe ich so viel für mich und so viel mit andern, wie ich überhaupt will.«

Trotz der »schwarzen Gedanken« Julies und wohl auch entsprechender Stimmung tauchte in der Familie, die 1905 von Hietzing in eine Mietwohnung in der Feilergasse 5 in Grinzing mit einem »schönen Blick auf blühende Hänge« übersiedelt war, der Wunsch nach einem neuen Heim auf – die Kinder wurden größer und brauchten zunehmend mehr Platz, ein Arbeitszimmer für Wassermann war notwendig. Probleme bereitete die Finanzierung des Projekts – und da ergab sich eine glückliche Fügung: Der mit der Familie befreundete Sammler und Diplomat Edgar Spiegl von Thurnsee (1876–1931) erklärte sich bereit, das Geld für den Bau eines neuen Hauses zur Verfügung zu stellen. Spiegl von Thurnsee, der unter anderem auch mit Rilke und Hugo von Hofmannsthal befreundet war, hatte seine diplomatische Karriere im Konsulat Österreich-Ungarns in Kairo begonnen und war danach in den Generalkonsulaten in London und Berlin tätig gewesen. Verheiratet war er mit Lucy, der Tochter des enorm reichen Bankiers und Kunstmäzens Maximilian von Goldschmidt-Rothschild und dessen Frau Mathilde von Rothschild, der zweitältesten Tochter Anselms von Rothschild. Lucy, geboren 1891, verehrte Wassermann sehr, und sie war es auch, die tatsächlich für das nötige Kapital zum Hausbau sorgte.

Oskar Strnads Vision

Mit dieser Sicherheit im Rücken wurde 1914 der Ankauf eines Grundstücks im Kaasgraben, knapp neben den Weinbergen an einem zur Stadt abfallenden Südosthang gelegen, beschlossen. Die Parzelle war allerdings noch nicht an die Kanalisation angeschlossen, die Wassermanns mussten sich daher mit einer Senkgrube abfinden. Als Architekt wurde Oskar Strnad bestellt, der, so vermutet die Kunsthistorikerin Iris Meder, wahrscheinlich durch Hugo von Hofmannsthal vermittelt wurde, dessen Stadtwohnung in der Stallburggasse Strnad eingerichtet hatte. Der aufstrebende junge Architekt, Designer und Bühnenbildner Strnad, seit 1909 Lehrer an der Wiener Kunstgewerbeschule, arbeitete zu diesem Zeitpunkt bereits mit

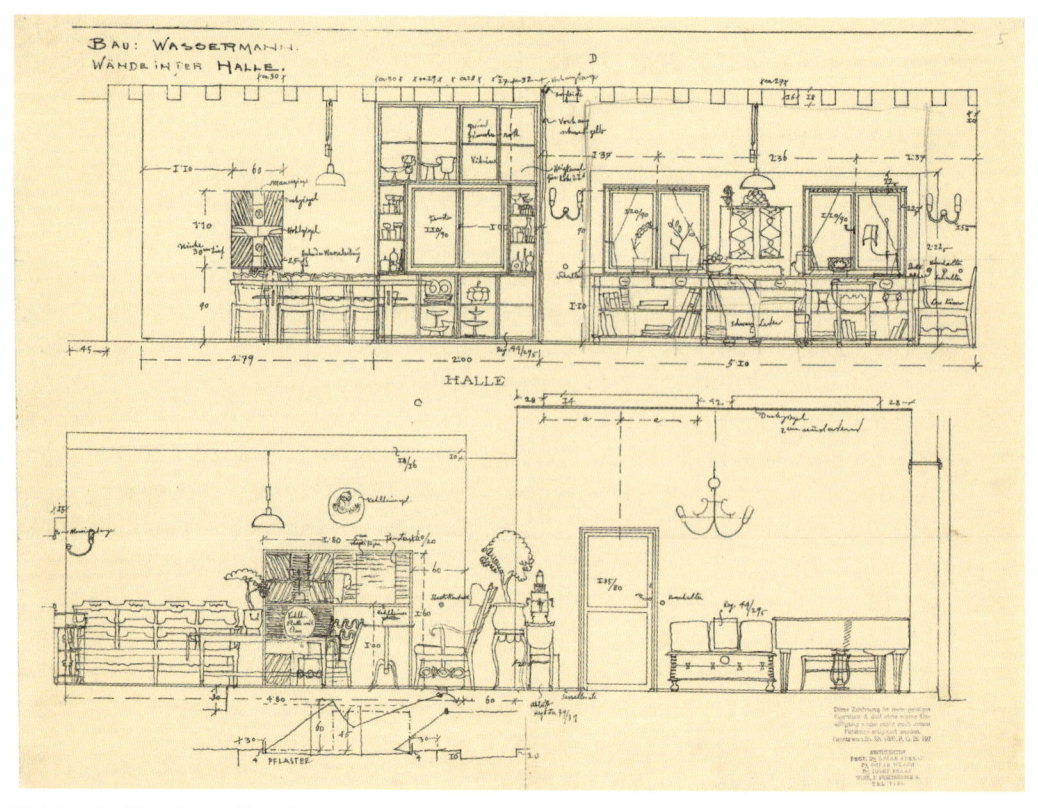

Zahlreiche Details zur Einrichtung wurden von Oskar Strnad in den Planzeichnungen bereits mitgedacht: Entwurf zu den Wänden im großen Wohnzimmer, der zentralen »Halle«.

Josef Frank und Oskar Wlach in einer Ateliersgemeinschaft zusammen, war aber beim Projekt für die Familie Wassermann der federführende Teil.

Zum Mittelpunkt des Hauses wurde im Entwurf Strnads die zentrale große Halle, die durch eine »ausgeklügelte Weg- und Treppenführung mit dem Oberstock und dem Außenbereich« verbunden war – so wie für seinen Kompagnon Josef Frank erwies sich auch für Oskar Strnad der Gedanke der Wegführung durch das Gebäude von besonderer Bedeutung. Als Resultat dieses Konzepts entstanden ein »betont asymmetrischer Baukörper« und frei angeordnete »unterschiedlich geformte Wandöffnungen« (Ursula Prokop). Ungewöhnlich und für manche Kritiker irritierend war, dass Strnad neben der asymmetrischen Gliederung der Fassade auch Elemente des Biedermeiers und des Klassizismus – etwa einen Dreiecksgiebel über dem Haupteingang und einen Säulenportikus – in sein Konzept miteinbezog. Das galt auch für die Einrichtung, die sich zwischen Landhausstil und Neobiedermeier bewegte. Besonderes Augenmerk legte man auf das »abgeschlossene« Arbeitszimmer Wassermanns neben der großen Terrasse.

VILLA WASSERMANN

Bereits im Frühjahr 1914 begannen die Bauarbeiten auf dem Grundstück und schritten rasch voran, daran änderte auch der Kriegsbeginn nichts. Wassermann wollte sich zum Kriegsdienst melden, Julie war jedoch entschieden dagegen, Schnitzler, der den Krieg ablehnte, bemerkte dazu in seinem Tagebuch am 24. August 1914: »W. – und der Krieg. Er ist wie immer drollig – in seinem Gemisch von Begeisterung und Schwindelhaftigkeit. Angeblich will er durchaus mit ... aber einerseits läßt es Julie nicht – andererseits ist er untauglich, aber er hält es nicht mehr lange aus.« Tatsächlich war Wassermann in München die Frontuntauglichkeit bescheinigt worden, Julie wehrte sich daher »mit ihrer ganzen leidenschaftlichen Energie« gegen eine freiwillige Stellung ihres Mannes. Glaubt man der Darstellung von Marta Karlweis in ihrer Wassermann-Biografie, 1935 in Amsterdam erschienen, so packte Wassermann eines Nachts einen kleinen Koffer und versuchte zu fliehen – sein Plan sah vor, mit dem Rad nach Salzburg zu fahren und von dort über die Grenze zu gehen. Julie wurde jedoch wach und verhinderte diesen abenteuerlichen Plan. Dennoch: Der Krieg ging Wassermann nicht mehr aus dem Kopf, im Tagebuch notierte er unter dem 4. August 1914: »Kein anderer Gedanke hat mehr Raum im Gehirn als: Krieg. Es ist wie eine schaurige Utopie: Alle Nationen Europas zerfleischen einander.«

Auch wenn ihn der Krieg jetzt offenbar mehr beschäftigte als der Bau seines zukünftigen Zuhauses, so hatte Wassermann zuvor doch Zeit gefunden, mit seinem Architekten über diverse Details zu sprechen. In einem Brief an Julie vom 8. Juni 1914 berichtete er von so einem Treffen: »Vorgestern war ich bei Strnad, er sprach mit mir über die Inneneinrichtung, hat von der Wand jeden Zimmers Zeichnungen angefertigt, alles reizend und verführerisch und – wie ich glaube, billig. Er hat sicherlich die besten Absichten und will etwas Schönes für uns machen.« Billig – das war für das Ehepaar Wassermann durchaus ein wichtiges Thema, mit Spiegl von Thurnsees Geld waren sie keineswegs alle Sorgen losgeworden. Dennoch ließ man Strnad, zu dem Wassermann bald ein freundschaftliches Verhältnis pflegte, und Oskar Wlach freie Hand. Auf einige teure Details verzichtete man allerdings, so etwa auf eine Glasunterteilung im großen L-förmigen Wohnraum, der aus drei Quadraten gebildet wurde – Wassermann entschied sich für Vorhänge. Mit der Möglichkeit zur Unterteilung des Wohnraums folgte Strnad im Übrigen exakt seinen theoretischen Überlegungen: »So wird die ganze Wohnung schließlich ein großer Raum, der für alle Gelegenheiten paßt und den man doch durch Vorhänge oder Schubtüren fallweise teilen kann«, hatte er schon 1913 in seinem Vortrag *Wohnung und Haus,* gehalten im Neuen Wiener Frauenklub, festgestellt.

Obwohl im Winter 1914/15 der Krieg plötzlich auch in Grinzing sein Gesicht zeigte – auf der freien Wiesenfläche in der Nähe des Bauplatzes wurden Baracken für Verwundete errichtet –, war das neue Haus überraschend schnell bezugsfertig: Bereits am 5. Februar 1915 konnte die Familie Wassermann – Julie war zu diesem Zeitpunkt mit dem vierten Kind hochschwanger – in ihr neues Heim ziehen. Die Freude darüber blieb nicht ganz ungetrübt, wie ein Tagebucheintrag Wassermanns vom 8. Februar ahnen lässt: »Vor drei Tagen sind wir

WIENER VILLEN

»Heitere Würde tritt an die Stelle pathetischer Repräsentation« (Otto Niedermoser): Oskar Strnads Haus für die Familie Wassermann unterschied sich grundlegend von den oft pompösen Villen der Zeit. Das Grundstück hatte Emil und Yella Hertzka gehört, die Paul-Ehrlich-Gasse war noch eher ein Feldweg.

in mein Haus im Kaasgraben übersiedelt. Als ob das Schicksal mich erinnern wollte, daß es einem jetzt nicht zu gut gehen darf, hatte ich in der ersten und zweiten Nacht rasende Zahnschmerzen und konnte nicht schlafen.

Der Gedanke, daß man in diesen Räumen sterben wird …

Und was wird das Leben bringen?

Das kurze Stückchen Leben, das einem noch beschieden ist? Wenn's viel ist, dreißig Jahre. Aber ich glaube, zum Kanoniker habe ich keine Anlage. Und doch ist noch so viel zu tun.

Das Haus ist schön, heiter, wohnlich und könnte mich glücklich machen, wäre die Zeit nicht so düster.«

Stolz präsentierte man das Haus zunächst den Freunden: Am Vormittag des 28. Februar 1915 kamen Olga und Arthur Schnitzler zusammen mit Stefanie Bachrach zu Besuch. »Innen praktisch und bizarr und theilweise sehr schön«, urteilte Schnitzler, »äußerlich vorläufig noch recht ungefällig«, sein Eindruck: »W.s sehr beglückt.« *(Tagebuch 1913–1916)* Am 30. März brachte Julie ihr viertes Kind Eva Agathe zur Welt, am 18. April waren wieder die Schnitzlers zu Gast, es galt, den Nachwuchs zu bewundern: die »neue Eva Agathe an Juliens Brust. Er wichtig, düster und mit Schlapfen.«

»Martyrium«, nicht Glück

Wassermann legte Wert darauf, sich auch den Nachbarn im Kaasgraben vorzustellen, und so machte er noch im Februar 1915 seinen Antrittsbesuch bei Egon und Emmy Wellesz, die gleich in der Nähe in der »Künstlerkolonie am Kaasgraben« in dem von Josef Hoffmann erbauten Haus Kaasgraben 36/38 wohnten. Wassermann ging allein hin, sehr zum Leidwesen von Julie, die gerne mitgekommen wäre. Was Wassermann nicht wusste: Emmy Wellesz, »als erwarte sie einen Wildling, mit dem nicht gut Kirschen essen sei«, hatte sich für dieses Treffen »Verstärkung« geholt und ihre Schulfreundin und Schwägerin Marta Stross, geborene Karlweis (1889–1965), Tochter des Südbahndirektors Carl Karlweis, eingeladen. Emmy Wellesz, Tochter des jüdischen Textilunternehmers Ludwig Stross, war die Schwester von Martas Mann Walter Stross, beide Frauen hatten gemeinsam die private Mädchenschule von Eugenie Schwarzwald besucht, Marta war inzwischen Mutter von zwei Töchtern – Bianka (1908) und Emmy (1910) – geworden.

Die Begegnung im Haus von Emmy Wellesz wurde später von Marta Karlweis, die mit dem Werk von Wassermann bereits bestens vertraut war, zum schicksalsschweren Moment stilisiert. In ihrer Biografie von 1935 schrieb sie: »Sein Geschaffenes war um ihn, und als wir ihn zum ersten Mal zwischen den schweren Falten des Vorhangs eintreten sahen, überraschte uns die Kleinheit seiner Statur. Die Welt, mit der er uns, ohne es zu wissen, vertraut gemacht hatte, war so groß, ihr Schöpfer im Vergleich zu ihr so klein. (…) Die etwas geneigte Kopfhaltung, der schüchterne Blick, die geringe Sorgfalt, die er auf Frisur und Kleidung verwendet hatte, eine schwarz verbundene, offenbar verwundete linke Hand, die an Männern ungewohnte Gepflogenheit eine Lorgnette an schwarzen Schnürchen um den Hals zu tragen, das schwache Halblicht hinter ihm, als er den Vorhang nur eben so weit auftat, daß er sich in das hell erleuchtete Gastzimmer hereinbewegen konnte, alles dies vermittelte uns

Nach außen hin demonstrierten die Wassermanns Familienglück, ihr außergewöhnliches neues Heim wurde trotz des Krieges zur Attraktion für Künstler und Architekten. Zu den kritischen Besuchern des Hauses zählte Adolf Loos, Arthur Schnitzler nannte es dagegen »Innen praktisch und bizarr und theilweise sehr schön«. Fotos aus dem Jahr 1917.

in diesem ersten entscheidenden Augenblick die Prägung, die nie ganz verschwand.«

Das Defizit an Körpergröße störte Marta Karlweis, die damals 26 Jahre alt war und eigene literarische Ambitionen hegte, nicht. Vom ersten Moment an wusste sie Wassermann mit ihrer ruhigen und überlegten Art, gleichzeitig »fieberhaft auf das Neue gespannt«, für sich einzunehmen. Er fand in ihr eine geduldige Zuhörerin, war fasziniert von ihrer Bildung, der »selbstverständlichen Vertrautheit und Bewegungsfreiheit in gewissen geistigen Bezirken«, wie sie später in ihrer Biografie Wassermanns schrieb. Wie Egon Wellesz berichtet, traf man sich von nun an zu »Vorlesungen«, bei denen Wassermann »einzelne Kapitel seiner Romane, so wie sie entstanden«, präsentierte: »Diese Vorlesungen fanden teils im Haus Wassermann, teils in der Wohnung einer Freundin meiner Frau und später auch bei uns statt, und so begann eine nahe Beziehung, die höchst anregend war und sich in eine Freundschaft wandelte, der wir beide, meine Frau und ich, viel zu verdanken haben.«

Die wachsende Intimität zwischen Wassermann und der jungen Frau Stross, die sich immer fordernder in die Familie drängte, blieb den Freunden und vor allem auch Julie nicht verborgen. Das neue Haus wurde zum Schauplatz heftiger Konflikte, ja, das Jahr nach dem Umzug wurde, wie Wassermann seinem Freund Schnitzler gestand, zum »Martyrium«. Marta war für die Familie Schnitzler keine Unbekannte, so hatte man sich etwa im Sommerurlaub 1912 auf Brioni und der istrischen Insel Cronghera getroffen.

Tagebuch dazu: »Unreinliche Geschichten«. *(Tagebuch 1913–1916, 6. August 1916)*

Schon am nächsten Tag, dem 7. August 1916, hatte Schnitzler Gelegenheit, sein Versprechen einzulösen. Er riet »Jacob dringend zu Rücksichtnahme und richtigerm Benehmen«, Wassermann verteidigte sich in Gegenwart von Marta damit, dass er Julie ohnehin schon »Zugeständnisse« gemacht hätte. Die Ehekrise der Wassermanns blieb auch weiterhin das Thema dieses Sommers – beim Seewirt in Altaussee kam es am 27. August 1916 zur Aussprache zwischen Schnitzler und Marta, die ihm von ihrer »literarischen Entwicklung« erzählte, ein Manuskript von ihr mit dem Titel »Demeter« kursierte unter den Sommergästen. Schnitzlers nicht sehr freundliches Urteil im Tagebuch: »Begabtes, künstliches, unwahres, hartes Geschöpf«.

In ihrer Verzweiflung wandte sich auch Julie im Sommer 1916, den man gemeinsam in Altaussee verbrachte, an die Schnitzlers und bat sie um Rat. Sie hätte bisher Nachsicht geübt, aber Marta würde sie hassen. Jakob wäre rücksichtslos, hätte Marta »überall aufoctroyiert«. Dazu kämen ihre »Streberei« und »innere Kälte«. Auch die Kinder und die Dienstboten würden schon über Marta sprechen. Dann stellte Julie die vielsagendbange Frage: »Was würde mir geschehn, wenn ich sie todtschösse?« Dabei liebe sie ihren Mann wie früher, »aber was jetzt von ihr verlangt wird, kann sie nicht ertragen«. Es stimme auch nicht, dass Martas Mann Walter Stross »so völlig einverstanden« mit dieser Situation sei. Julie rang den Schnitzlers zumindest ab, dass sie mit Jakob sprechen würden. Schnitzlers Kommentar im

Die Gespräche änderten jedoch nichts an der Situation. Als Wassermann anfangs November 1916 an einer Nierenkolik litt, standen Julie und Marta Stross gemeinsam an seinem Krankenbett, auch Schnitzler gegenüber wurde diese immer selbstbewusster. Am 2. November 1916 vermerkte er im Tagebuch: »Frau Martha Str. sagt uns: ›In dem was ich jetzt schreibe werden Sie schon mehr mich selbst finden.‹ – Mit ihr hinüber ins Grinzinger Spital, – Stephi im Operationssaal aufsuchen; zu event. Morph.injection bei Jacob. –«

Im Dezember 1916 kam Julies Schwester Dora, verheiratete Michaelis, aus Berlin, um ihr Beistand zu leisten, auch sie konnte allerdings wenig ausrichten – Julie lief zusehends Gefahr, ihren Mann zu verlieren. Selbst bei der großen Silvestergesellschaft im Haus Schnitzler 1916 war das Thema

Wassermann-Ehe Gesprächsstoff. Einmal mehr notierte Schnitzler den »wahrscheinlich ungünstigen Einfluss von Seiten der durch und durch unwahren Frau Martha« auf seinen Freund.

Dennoch gelang es Marta Stross, ihre Position im Kreis um Schnitzler zu festigen – trotz mancher Rückschläge. So wurde sie zu einem »Musikalischen Thee« in der Villa der Schnitzlers am 4. Februar 1917 nicht eingeladen, sehr zum Missfallen Wassermanns, der dagegen bei seinem Freund protestierte. Unverblümt legte Schnitzler dazu im Tagebuch am 1. März 1917 seine Sicht dar: »Martha Str.« wäre nur bemüht, »als berühmtes Liebespaar mit Jacob in die Gesellschaft und in die Literaturgeschichte zu kommen«. Als sich Wasserman wieder einmal über die distanzierte Haltung zu Marta beklagte, fand Schnitzler auch ihm gegenüber deutliche Worte: »Ich erklärte, daß mir ihr Wesen in seiner steten Bewußtheit und Gespanntheit, ihr socialer Ehrgeiz nicht sympathisch sei, daß ein äußerlicher Verkehr keinen Sinn und ein innerer sich nicht erzwingen lasse. In gleichem Sinn O.« *(Tagebuch, 11. Mai 1918)* Auch die Lektüre von Martas Roman *Die Insel der Diana,* der, wie der Germanist Johann Sonnleitner meint, »nach einer radikalen Revision männlicher Imaginationen des Weiblichen« verlangt, kann Schnitzler in diesem harten Urteil nicht umstimmen: »Was für eine scheußliche Sache kann Talent sein, wenn es auf dem Boden von Snobismus, Afferei und Streberei wuchert.« *(Tagebuch, 31. Mai 1919)*

Wassermann stieß sich nicht zuletzt daran, dass seine Freunde mit Julie, die sich nach außen hin »in die Beziehung Jacob und Martha gefügt« hatte (Tagebuch, 20. Jänner

Führte aus Sicht von Marta Karlweis in seiner Grinzinger Villa ein »kerkerhaftes Leben«: Jakob Wassermann in seinem Arbeitszimmer. Er selbst sprach seinem Freund Arthur Schnitzler gegenüber von einem »Martyrium«. Foto, 1917.

Von Schnitzler im Tagebuch jahrelang heftig kritisiert: Marta Stross, geborene Karlweis. 1919 verließ Jakob Wassermann für sie seine Frau Julie, die vier Kinder und die »Behausung« in der Paul-Ehrlich-Gasse. Foto: Literaturmuseum Altaussee.

sermanns schrieb sie von einem »kerkerhaften Leben«, dem Wassermann ausgesetzt gewesen wäre, deshalb wäre in ihm der Plan gereift, »seine Existenz von Grund auf zu verändern« und die »alten Ketten« zu sprengen. Die Villa in Grinzing wäre zum Gefängnis geworden, aus dem es sich zu befreien galt – in der Interpretation Martas las sich das so: »Aber erst im Herbst 1919 war das Verlangen nach neuem Leben, nach Frieden und Geborgenheit so groß in ihm geworden, daß er beschloß, nicht mehr in die kaum erst erworbene Behausung zurückzukehren.«

Wassermann, der sich während der beiden letzten Kriegsjahre in die Arbeit an seinem Roman *Christian Wahnschaffe* vergrub, konnte die »äußeren Sorgen« dennoch nicht loswerden, ein »unsicheres Rückengefühl« begleitete ihn. Im Tagebuch notierte er am 15. Juni 1918 bezüglich Julie und der Kinder: »Entfremdet halb und halb verpflichtet. So ist alles.« Ein paar Tage zuvor hatte er vermerkt: »Bin wund. Viele Kämpfe stehen noch bevor.«

1918), weiterhin beste Beziehungen unterhielten und Marta angeblich »an die Wand« drückten – für Schnitzler eine »lächerliche Concurrenz zwischen den beiden Ehegatten«. (*Tagebuch, 3. Mai 1918*) Julie, die indes schon befürchtete, dass Marta als neue Frau Wassermann gerne in »ihr Haus« ziehen würde, hatte sich zum Kampf entschlossen – sie werde sich nicht scheiden lassen, wie sie Schnitzler versicherte. Alles wäre auch eine Folge von »Jacobs Schwäche«. (*Tagebuch, 21. Juli 1919*)

In der Darstellung von Marta Karlweis sah dies anders aus: In ihrer Biografie Was-

Schließlich fiel die Entscheidung endgültig für Marta: Im August 1919 verließ Jakob Wassermann seine Frau, die vier Kinder und das Haus, das ihm kein Glück gebracht hatte, für immer. Er unternahm mit Marta Stross zunächst eine Reise in die Schweiz und zog dann mit ihr nach Altaussee. Julie und die Kinder blieben zurück in der Grinzinger Villa, ein Scheidungsverfahren wurde eingeleitet. Marta nahm ihre beiden Töchter mit nach Altaussee. Keinen Beifall fand Wassermanns »Flucht« aus Wien vonseiten seines Verlegers Samuel Fischer. Fischers Gattin Hedwig äußerte »moralische Vorbehalte« und machte ihm und Marta Karlweis – inzwischen auch schon S.-Fischer-Autorin –

schwere Vorwürfe. Wassermann verteidigte sich nach der Rückkehr von seiner Schweiz-Reise in einem Brief an das Verlegerehepaar: »Ich mußte in die Schweiz. Ich mußte mal freie Luft atmen. Ich wäre sonst erstickt. Es gibt schon ein seelisches Ersticken … Die Trennung von Julie ist unausweichlich, sonst ginge ich zu Grunde. Das Wie und Wo ist noch dunkel. Alles ist noch dunkel, ich selbst am meisten.« Die Verstimmung war aber bald beigelegt, Samuel Fischer konnte auf seinen Erfolgsautor nicht verzichten und gestand ihm Anfang 1921 einen traumhaften Vertrag zu: 20.000 Exemplare Erstauflage von jedem erzählerischen Werk, dazu das Autorenhonorar im Voraus.

Während Marta die Scheidung von Walter Stross laut ihrer Freundin Emmy Wellesz »völlig reibungslos« erreichte – ihr Ex-Mann vermählte sich bereits am 20. Dezember 1919 mit der mit Schnitzler gut befreundeten Elisabeth (»Lili«) von Landesberger –, sah sich Jakob Wassermann bald in einen wahren Rosenkrieg verstrickt. Julie schaltete einige Anwälte ein, die ihren Mann finanziell an den Rand des Abgrunds bringen sollten. Trotz der von ihm geleisteten Zahlungen häuften sich Schulden und Hypotheken, sodass ein Großteil der Villa, die inzwischen erweitert und umgebaut worden war, vermietet werden musste. Die gerichtliche Scheidung von Jakob Wassermann und Julie Wassermann-Speyer erfolgte erst am 10. März 1926, der Preis für die neue »Freiheit« war allerdings hoch: Beinahe zwei Drittel seines Einkommens musste Wassermann laut Scheidungsvereinbarung seiner Ex-Frau und den vier Kindern zukommen lassen.

Für Julie, die die Trennung nie verwinden konnte, blieb die Verbindung mit ihm jedoch weiter bestehen. Sie strengte weiter Prozesse gegen ihn an und versuchte sogar, die zweite Ehe gerichtlich anzufechten. Die Geschichte ihrer unglücklichen Ehe arbeitete sie in einem Schlüsselroman auf, der 1927 unter dem Titel *Das lebendige Herz* erschien. Von Diskretion gegenüber Marta Karlweis war darin keine Spur mehr, angeblich tobte Wassermann nach der Lektüre des Buches. Der »gehässige Text«, so Johann Sonnleitner in seinem Nachwort zur Neuausgabe des Karlweis-Romans *Ein österreichischer Don Juan*, zielte auf eine »systematische Herabwürdigung der Konkurrentin ab, die als berechnend, intrigant und als herzlose ›futuristische‹ Malerin geschildert« würde. Selbst für Schnitzler hatte sie damit den Bogen überspannt, ihr alter Freund aus Jugendtagen sprach von einem »lächerlichen Schlüsselroman« und sah in Julie nun eine »pathologische Person«. *(Tagebuch, 21. Mai 1925)*

Die Familie Wassermann-Karlweis hatte inzwischen ihren Lebensmittelpunkt nach Altaussee verlegt, wo Wassermann glücklicher Besitzer der »Villa Andrian« wurde.

1924 gebar Marta Karlweis den gemeinsamen Sohn Carl Ulrich (Charles), 1926 heiratete sie Jakob Wassermann.

Und was wurde aus dem Haus im Kaasgraben? 1934, im Todesjahr Wassermanns, wurde die Villa versteigert, neue Besitzer wurden die Sängerin und Burgschauspielerin Ernestine »Tini« Senders (1874–1941) und ihr Mann, der Bauunternehmer Franz Emil Hollitzer (1878–1941). Bis vor wenigen Jahren blieb die Villa im Besitz der Familie Senders-Hollitzer. Sie stand dann leer, der Verfall drohte, schließlich stellte man sie unter Denkmalschutz.

Literatur

August Beranek (Hg.), Geliebtes Herz … Briefe von Jakob Wassermann. Wien 1948

Max Eisler, Oskar Strnad. Wien 1936

Marta Karlweis, Jakob Wassermann. Bild, Kampf und Werk. Geleitwort von Thomas Mann. Amsterdam 1935

Arne Karsten, Der Untergang der Welt von gestern. Wien und die k. u. k. Monarchie 1911–1919. München 2019

Rudolf Koester, Jakob Wassermann. Berlin 1996

Iris Meder, Offene Welten – die Wiener Schule im Einfamilienhausbau 1910–1938. Dissertation Universität Stuttgart 2001

Iris Meder und Evi Fuks, Oskar Strnad 1879–1935. Salzburg – München 2007

Peter de Mendelssohn, S. Fischer und sein Verlag. Frankfurt am Main 1970

Otto Niedermoser, Oskar Strnad 1879–1935. Wien 1964

Claudia Pekari, Marta Karlweis. Eine Biographie. Dipl.-Arb. Karl-Franzens-Universität Graz 2003

Arthur Schnitzler, Tagebuch 1913–1916. Wien 1983

Arthur Schnitzler, Tagebuch 1917–1919. Wien 1985

Johann Sonnleitner, Tochter, Frau und Mutter bedeutender Männer. Die Dichterin Marta Karlweis (1889–1965). In: Marta Karlweis, Ein österreichischer Don Juan. Wien 2015, 241–265

Oskar Strnad, Neue Wege in der Wohnraum-Einrichtung. In: Otto Niedermoser, Oskar Strnad 1879–1935. Wien 1964, 51–55

Jakob Wassermann, Briefe an seine Braut und Gattin Julie. Basel 1940

Julie Wassermann-Speyer, Jakob Wassermann und sein Werk. Wien – Leipzig 1923

WIENER VILLEN

Mitten in einen Garten hineingebaut und von der Straße nicht einsehbar: Leo Falls 1909 erworbene »Villa Dollarprinzessin« in der **Lainzer Straße 127**. Der Luxus, mit dem sich der Komponist hier einst umgab, ist längst verschwunden.

Villa Dollarprinzessin
Josef Zeller 1866/67, Ludwig Ramler 1909/10

Dornröschenbau in Hietzing

Wer nicht weiß, dass es die Villa Dollarprinzessin gibt, wird sie auch nie sehen. Kaum jemand, der die Lainzer Straße entlangwandert, würde vermuten, dass sich versteckt hinter dem unspektakulären ebenerdigen Straßentrakt mit der Nummer 127 dieses verwunschene Gebäude erhebt. Ein wahrer »Lost Place« der Wiener Villenkultur und ein besonderer Erinnerungsort der österreichischen Musikgeschichte. Hier verbrachten Leo Fall und seine Frau Bertha ihre glücklichsten Jahre und hier kam es nach dem frühen Tod des Komponisten zur Tragödie. Der einprägsame Name »Villa Dollarprinzessin« stammt von Leo Fall selbst.

Der Zugang zur Villa wird uns nicht leicht gemacht. Der ehemals gepflegte Garten hat sich in eine Wildnis verwandelt. Vorbei an Föhren und Fliederbüschen und durch üppig wuchernde Brombeersträucher kämpfen wir uns näher an das Gebäude heran, unwillkürlich müssen wir an das Märchen von Dornröschen denken. Eine schlafende Prinzessin werden wir zwar nicht entdecken, dafür aber die versunkene Lebenswelt der Familie Fall.

»Draußen in Hietzing steht das Haus, das Leo Fall sich erbaut hat, um darin zu leben und zu sterben. Seine Bekannten nannten es vielleicht ›Tantiemenvilla‹«, haben wir in einem Artikel über Falls Nachlass im *Neuen Wiener Journal* (26. November 1925) gelesen – nun wollen wir das von Mythen umrankte Haus selbst sehen. Die Zeichen des Verfalls sind bereits von außen nicht zu übersehen, seit Jahren hat hier keine sorgende Hand mehr gewirkt. Fast scheint es so, als ob die letzten Bewohner des Hauses einfach gegangen wären. Die Eingangstür an der Rückseite des Gebäudes steht halb offen, die Luft, die uns entgegenschlägt, ist uns nur allzu gut bekannt: Es ist der typische Geruch der Häuser, aus denen das Leben gewichen ist. Wüst und leer liegen die Räume, die einst das behagliche Zuhause eines glücklichen Paars bildeten. Längst verschwunden sind die kostbaren Möbel und

WIENER VILLEN

↑   Ein Ort der Ruhe und Rekreation inmitten großstädtischen Getriebes: der nach Osten ansteigende große Garten.

←   Die Ostfassade der Villa Dollarprinzessin. Die Rundbogenarkaden an der rechten Seite trugen ursprünglich eine gedeckte Terrasse, die Leo Fall 1923 zu einer geschlossenen Veranda umbauen ließ.

VILLA DOLLARPRINZESSIN

↑ Intimer Rückzugsort: Am höchsten Punkt des Gartens ließ der Komponist ein kleines Salettl errichten.

↗ Seit Jahren ging wohl niemand mehr durch diese Tür – die Villa Dollarprinzessin ist zu einem Lost Place der Wiener Villenkultur geworden.

WIENER VILLEN

VILLA DOLLARPRINZESSIN

↖ Wild umwuchert vom Garten: der Dornröschenbau. Boshafte Stimmen sprachen einst von der »Tantiemenvilla« – Tatsache ist, dass Leo Fall für sein neues Refugium hart arbeitete.

← Ein gedeckter und verglaster Stiegenaufgang ermöglicht auch heute noch den bequemen Zugang zum Gebäude.

→ Aus dem zweigeschoßigen »Land- bzw. Gartenhaus« für den Lainzer Bürgermeister Josef Lipansky wurde eine repräsentative Villa. Charakteristisch für das Gebäude ist der oktogonale Turm an der Westfassade.

Holzschnitzereien, die liebevoll arrangierte Ausstattung. Leer und bedrückend auch der große Salon, in dem die verzweifelte Bertha Fall ihrem Mann freiwillig in den Tod nachfolgte. Noch ist das Haus zu retten, doch der Preis wird hoch sein. Der Schlüssel wird auch hier wie in vielen ähnlichen Fällen das »Nutzungskonzept« sein.

Eine Villa für den »Tantiemen-Krösus«
Der »Tantiemen-Krösus« Leo Fall, geboren 1873 in Olmütz (Olomouc) als ältester Sohn des Militärkapellmeisters Moritz Fall, hatte seine spätere Frau Bertha im Büro des Berliner Musikverlegers Alexander Jadassohn, der seine Schwester Rahel Raphaéle, genannt Bertha, nach dem Tod des Vaters bei sich als Sekretärin angestellt hatte, kennengelernt. Vater Salomon Jadassohn (1831–1902), heute fast vergessen, war ein bedeutender Komponist, Pianist, Musiktheoretiker und angesehener Musikpädagoge gewesen. Am 5. August 1904 hatten Leo Fall, damals noch Kapellmeister am »Intimen Theater«, und sein damals 24-jähriges »Mausilein« Bertha Jadassohn am Standesamt Berlin-Schöneberg geheiratet. Im Oktober 1906 zog das Ehepaar nach Wien um, wohnte zunächst in der Schleifmühlgasse, dann in der Wattmanngasse 7. Die Arbeit am ersten großen Erfolg Leo Falls, der Operette *Die Dollarprinzessin*, ging zu jenem Zeitpunkt ihrem Ende entgegen, der Vertrag für die zwei nächsten Operetten – *Der fidele Bauer* und *Die geschiedene Frau* – war mit dem Berliner Bühnenverlag Felix Bloch Erben bereits

»Dick und unmusikalisch sah er aus«, hieß es in einem Nachruf in der »Bühne«, doch Leo Fall, der »Tantiemen-Krösus«, war einer der erfolgreichsten Operettenkomponisten seiner Zeit. Er lebte und arbeitete für den Luxus, der ihn in seiner Villa umgab.

abgeschlossen. Auch diese beiden Stücke wurden zu außerordentlichen Erfolgen. Leo Fall, bisher gewohnt, auf bescheidenem Fuß zu leben, sah sich plötzlich als reicher Mann: »Falls Brieftasche ist zu klein. Kauft sich große. Geht fortwährend mit von Banknoten geschwellter Brust herum«, schrieb Regisseur und Librettist Victor Léon in seinen Erinnerungen.

Mit Kaufvertrag vom 27. April 1909 erwarb Leo Fall die bestehende zweigeschoßige Villa, die 1866/67 von Stadtbaumeister Josef Zeller als »Land- bzw. Gartenhaus« für den Militärbauverwalter und ehemaligen Lainzer Bürgermeister Josef Lipansky errichtet worden war, und ließ sie in der Folge nach eigenen Vorstellungen umbauen. Architekt des Umbaus war Ludwig Ramler. Ein Mansardzimmer mit Podium und Balkon wurde errichtet, gedacht war der neue Raum, so dokumentiert es der Einreichplan, als Billardzimmer, doch rasch lernte Leo Fall die Aussicht schätzen, die sich von hier auf den Lainzer Tiergarten bot, und benützte ihn als Arbeitszimmer – Klassiker der Silbernen Operettenära wie *Die Rose von Stambul* oder *Madame Pompadour* entstanden hier in der Stille dieses Refugiums.

Im Parterre wurde an der rechten Seite der Ostfassade eine gedeckte Terrasse mit Rundbogenarkaden errichtet, darüber legte man eine zweite offene Terrasse an. 1923 wurde diese zu einer geschlossenen Veranda umgestaltet. Eine Warmwasserzentralheizung, damals ein Luxus auf dem letzten Stand der Technik, sorgte für wohltemperierte Räumlichkeiten. Der vorhandene Keller, wohl die Reminiszenz an ein altes Weinhauerhaus, wurde durch einen Zubau in die Villa integriert.

Nach dem »Fidelen Bauer« Leo Falls zweiter großer Erfolg des Jahres 1907: »Die Dollarprinzessin«. Das Libretto stammte von Fritz Grünbaum und Alfred Maria Willner, die Uraufführung fand am 2. November 1907 im Theater an der Wien statt. Titelblatt zum Notenbuch mit einer Illustration von Othmar Fabro, 1907.

Ein Grandseigneur des Lebens

Hielten sich die Umbauten noch in Grenzen, so sparte Fall bei der Inneneinrichtung nicht mit Luxus und beauftragte eine Firma in Berlin, das Hohenzollern Kunstgewerbehaus, mit der Gestaltung. Die Kosten dafür beliefen sich auf stolze 48.709,80 Mark, dafür statteten die Berliner Designer das Herrenzimmer mit »Eichenholz braun, grünlich gebeizt« aus und platzierten im teilweise grau lackierten Salon »reiche Schnitzerei«, »dunkel gebeiztes Eichenholz« wurde in der Eingangshalle verarbeitet. Im Speisezimmer kamen Mahagoni und poliertes Palisanderholz zum Einsatz, versehen »mit reichen Intarsien und Einlagen«, wie die neunseitige Rechnung der Firma verrät, die sich im Nachlass erhalten hat. Für das Schlafzimmer wählte man italienisches Nussbaumholz mit schwarzen Intarsien und ebenfalls reicher Schnitzerei, die Sessel wurden mit Bezügen aus »dunkel bordeauxrotem Büffelleder« versehen. »Ohne daß er es wollte«, so schwärmte der Berichterstatter des *Neuen Wiener Journals,* habe er hier »ein Leo-Fall-Museum eingerichtet. Jeder noch so unscheinbare Gegenstand ein Objekt, das künstlerischen Geschmack und echte Kunstliebe offenbart«.

Verändert wurde auch der Gebäudetrakt unmittelbar an der Straße. Leo Fall, der schon früh stolzer Besitzer eines Automobils war, ließ eine »Automobilremise« mit angebauter Waschküche errichten, daneben entstand ein ebenerdiges Gästehaus, das später auch als Wohnung für den Chauffeur der Falls genutzt wurde. Den Wagen, einen Renault, hatte der Komponist auf Pump gekauft.

»Er war ein großer Künstler, dabei ein lieber und guter Mensch, der die Fähigkeit hatte, die Kunst für Stunden beiseite zu stellen und nur Mensch zu sein«, schrieb ein Freund am 24. September 1925 in der *Bühne.*

Während Leo Fall unermüdlich an neuen Kompositionen arbeitete, ging Bertha ihrer Lieblingsbeschäftigung nach: dem Einkaufen. Geld spielte dabei kaum eine Rolle – so erwarb sie im Dezember 1910 beim Juwelier Moritz Kraus ein Perlencollier um sagenhafte 78.350 Kronen. Die Anzahlung dafür, immerhin 20.000 Kronen, musste Bernhard Herzmansky vom Doblinger-Verlag aufbringen.

Verhalfen der »Dollarprinzessin« zum Triumph in Wien: Mizzi Günther als Alice und Louis Treumann als Fredy Wehrburg im »Ringelreigen-Duett«.

Das finanzielle Chaos regierte den Alltag des Ehepaars Fall. Das Geld aus den Tantiemen der Stücke floss reichlich, dennoch war immer wieder zu wenig da. So konnte es sein, dass bei einem Aufenthalt in Paris in der Rue de la Paix »der Tantiemenertrag eines Welterfolges in Schneidersalons und bei Juwelieren« draufging. Dazu kamen riesige Hotelrechnungen, die von Leo Fall irgendwann bezahlt wurden – das konnte auch nach Monaten oder Jahren der Fall sein. »Leo Fall nahm es mit solchen Kleinigkeiten nicht sehr genau, er bezahlte dann immer mit üppigen Trinkgeldern. Er war ein Grandseigneur des Lebens und hatte

Etwas Erholung vom turbulenten Alltag: Leo und Bertha Fall im Garten der Villa Dollarprinzessin. Foto, um 1920.

gern, wenn alles um ihn herum in seinen Jubel und seinen Leichtsinn einstimmte.« (*Die Stunde,* 14. Dezember 1934)

Was die Kauflust seiner Gattin betraf, so wollte dieser Leo Fall einen Riegel vorschieben und beantragte bei seinem Anwalt und Vermögensverwalter Dr. Adolf Altmann – dem Vater von Elsie Altmann, der zweiten Frau von Adolf Loos – im Oktober 1918 die »Verhängung der Verschwendungscuratel«, es blieb aber offenbar beim Antrag. Wie Stefan Frey in seinem Leo-Fall-Buch betont, wurde Altmann, ein »Don Quixote der soliden Buchhaltung«, dennoch zum »Retter in höchster Not«, »unermüdlich im Kampf gegen die Windmühlen der Fallschen doppelten und dreifachen Haushaltsführung, die vor allem nach der Ausgabenseite gravitierte.« Der Lebenskünstler Leo Fall steckte in einem wahren Perpetuum mobile: Um »neues Geld zu schaffen«, musste er »immer Neues produzieren«. (*Die Bühne,* Heft 46, 24. September 1925)

Nach dem Krieg konnte Leo Fall mit *Madame Pompadour,* 1922 im Berliner Theater uraufgeführt, seinen größten Erfolg überhaupt feiern. Doch als er von einer Gastspieltournee aus Südamerika zurückgekehrt war, verschlechterte sich im Frühsommer 1924 plötzlich sein Gesundheitszustand. Die schockierende Diagnose der Ärzte ließ keinen Zweifel: Krebs der Bauchspeicheldrüse. Leo Fall, der bis zuletzt an seine Genesung geglaubt hatte, starb am 17. September 1925 in seiner Villa, wohin man ihn einen Monat zuvor aus dem Cottage-Sanatorium gebracht hatte. Am Bett des Sterbenden befanden sich seine Frau Bertha, sein Bruder Richard und der behandelnde Arzt Dr. Viktor Altmann.

»Leo Fall ist gestorben und mit seinem Tod schwindet viel heitere Melodie aus der Welt«, schrieb *Die Stunde* in ihrem Nachruf. In der *Dollarprinzessin,* so *Die Stunde,* habe sich »sein Talent für schmissige, melodiöse, ins Ohr gehende Musik, die überall den originellen Musiker sichtbar macht, nie banal wirkt, in der immer ein Einfall, und immer ein anderer zu finden ist«, erstmals offenbart – die Operette, dessen Libretto von Fritz Grünbaum und Alfred Maria Willner stammte und die am 2. November 1907 im Theater an der Wien uraufgeführt wurde, ging zu Recht um die Welt.

»Verzeiht mir! Endlich daheim!«
Der Selbstmord Bertha Falls

Die Tantiemen aus den Urheberrechten von Falls Werken betrugen noch 1931 140.000 Schilling – eine beträchtliche Summe, die eigentlich genug Handlungsspielraum zur Bedienung der Schulden geben sollte, die Leo Fall hinterlassen hatte. Bertha Fall, im Testament ihres Mannes zur Universalerbin eingesetzt, sah sich jedoch aufgrund der wachsenden finanziellen Schwierigkeiten genötigt, einem zweifelhaften Vorschlag zu

Mit der Abtretung der Urheberrechte an den Werken ihres verstorbenen Mannes an eine dubiose Aktiengesellschaft manövrierte sich Bertha Fall endgültig ins Unglück.

folgen, den ein gewisser Raoul Konitz (1895–1965) ihr unterbreitete. Dem geschickten, 15 Jahre jüngeren »Witwentröster« Konitz – in der Wiener Geschäftswelt kein Unbekannter – war es gelungen, sich als »Freund« und »Beschützer« anzubiedern. Sein Projekt sah nun vor, die Urheberrechte zur optimalen Verwertung einer Aktiengesellschaft zu verkaufen, die eigens für diesen Zweck gegründet wurde und den Namen »OLE Urheberrechte Verwertungs AG« erhielt – der zynische Witz dabei: »Ole« war der Spitzname Leo Falls gewesen.

Für die Abtretung der Urheberrechte erhielt Bertha Fall von dieser 1928 gegründeten Aktiengesellschaft, die als weitere Gesell-

Selbstmord der Witwe Leo Falls.

Gestern nachts hat sich die 54jährige Private Berta Fall mit Veronal vergiftet. Berta Fall war die Witwe Leo Falls, eines der Großen aus dem Reich der Wiener Operette, von dessen Werken die „Geschiedene Frau" und die „Dollarprinzessin" wohl die bekanntesten sind. In Leipzig als Tochter eines bekannten Musikpädagogen geboren, lernte sie ihren zukünftigen Mann anläßlich seines Aufenthalts in ihrer Heimat kennen, übersiedelte mit ihm nach Wien und lebte mit ihm bis zu seinem vor etwa zehn Jahren erfolgten Tod in kinderloser, aber überaus glücklicher Ehe.

Leo Falls Operetten waren fast durchwegs Welterfolge. Speziell in der ersten Nachkriegszeit verdiente er mit den Tantiemen Riesensummen. Sehr viel Geld steckte er in die Villa, die er sich hier in der Lainzerstraße 127 kaufte und die er mit allem erdenklichen Luxus einrichtete.

Nach dem Tod des Komponisten verlief sich indessen sein großes Vermögen, seine Witwe verstand es nicht, das Geld beisammenzuhalten, und es war zuletzt kein Geheimnis, daß Berta Fall nur mehr über eine bescheidene Monatsrente verfügte. Vor etwa zwei Jahren mußte sie auch die Villa in der Lainzerstraße räumen und hat seither nur in Untermiete, zuletzt in einer Pension in St. Veit, gewohnt. Doch zog es sie immer wieder zu der Stätte ihres früheren Glücks, immer wieder kam sie in die Villa in der Lainzerstraße, die von dem neuen Besitzer noch nicht bezogen worden war.

Dienstag abends entfernte sich Frau Fall aus der Pension mit dem Bemerken, daß sie ein Konzert aufsuchen wolle. Sie kam nicht mehr heim und am Morgen machten sich ihre Bekannten auf die Suche. Einem von ihnen fielen die häufigen Besuche in der Villa in der Lainzerstraße ein und gegen elf Uhr vormittags kam er dorthin. Es war der richtige Weg.

In dem jetzt völlig kahlen Raum im ersten Stock, der einst der Salon gewesen war, lag die Leiche der unglücklichen Frau, daneben eine Phiole, aus der 29 Veronaltabletten fehlten, und ein Zettel mit den Worten:

„Endlich daheim! Verzeiht mir!"

Obwohl aus diesen wenigen erschütternden Worten das Motiv des Selbstmords hervorgeht, ist es doch so gut wie sicher, daß die widrigen finanziellen Verhältnisse die unglückliche Frau in den Tod getrieben haben. Ihr Schicksal erscheint um so tragischer, als gerade in diesen Tagen die größten amerikanischen Filmgesellschaften für eine Verfilmung der Fallschen Operetten zu interessieren begannen. Die Beträge, die Leo Falls Witwe für die Ueberlassung der Autorenrechte von den Amerikanern erhalten hätte, wären zweifellos mehr als ausreichend gewesen, um ihr einen sorgenlosen Lebensabend zu gewährleisten.

Die Villa in der Lainzerstraße, die Leo Fall nach seiner erfolgreichen Operette „Dollarprinzessin" benannte und in der nun seine Witwe Selbstmord begangen hat.

Neun Hinrichtungen in Rußland.

Moskau, 12. Dezember. Am 11. und 12. d. behandelte die Session des Militärkollegiums des Obersten Gerichtes der Sowjetunion in Minsk die Angelegenheiten von zwölf weißgardistischen Terroristen, die angeklagt sind, im Gebiet von Sowjetrußland Terrorakte gegen Beamte von Sowjetbehörden organisiert und ausgeführt zu haben.

Das Gericht stellte fest, daß die meisten Angeklagten mit terroristischen Weisungen über Polen nach der Sowjetunion gekommen waren und Revolver und Handgranaten bei sich trugen. Die Session des Militärkollegiums des Obersten Gerichtshofes der Sowjetunion verurteilte neun Angeklagte zum Tod durch Erschießen. Das Vermögen aller Angeklagten wird konfisziert. Das Urteil wurde bereits vollstreckt.

Im redaktionellen Teil enthaltene entgeltliche Mitteilungen sind durch ein vorangesetztes E gekennzeichnet.

Eingesendet.

Bei Gallen- und Leberleiden, Gallensteinen, und Gelbsucht regelt das natürliche „Franz-Josef"-Bitterwasser die Verdauung in geradezu reizvollkommener Weise und fördert nachhaltig den gesamten Stoffwechsel. Aerztlich bestens empfohlen.
2200

Die Gefangene in der Telephonzelle.
(Unser Titelbild).

Zuweilen dichtet das Leben nicht nur einen Roman, sondern sogar ein Hörspiel, wie es reizender nicht hätte erfunden werden können. So klingelt kürzlich beim Nachtredakteur des Daily Mail in London das Telephon und ein treuer Leser macht darauf aufmerksam, daß in einer Telephonzelle auf der Straße eine junge Dame in unfreiwilliger Gefangenschaft schmachte.

Der Redakteur macht die Nummer des Apparates ausfindig und ruft kurz entschlossen dort an. Eine weinerliche Stimme meldet sich:

„Hier Miß Hall! Bitte helfen Sie mir! Ich telephoniere gerade (leises Zögern) mit meinem Freund und verabrede mit ihm für den Abend. Da wurde offenbar die Telephonzelle um sieben Uhr nach den Dienststunden abgeschlossen. Und nun —"

„Warum rufen Sie nicht am Postamt an?"

„Ach, ich habe keinen Groschen mehr!"

Der Redakteur verspricht Hilfe, verbindet sich mit dem Hauptpostamt und schildert in ergreifenden Worten die Lage der Verlobten.

Die Antwort ist sehr unbefriedigend: vom Hauptpostamt aus kann man nicht helfend eingreifen, denn der Apparat steht in der Obhut eines Beamten der privaten Telephongesellschaft, der den Schlüssel mit nach Hause nimmt, aber man will versuchen, ihn und den Schlüssel ausfindig zu machen. Der Helfer ruft wieder bei der Gefangenen an und übermittelt die Nachricht, die noch viel Geduld erheischt. Nur ein Schluchzen antwortet. Vielleicht wartet der Angebetete nun schon ungeduldig an der verabredeten Stelle und ein Lebensfluß steht auf dem Spiel.

Vor dem Telephonhäuschen klagt nun die junge Dame, siehe eine große Zuschauermenge, deren keineswegs trauriger Mienen sie in dem Glashaus völlig hilflos ausgeliefert sei. Dreiviertel Stunden währe die Haft nun schon! Der getreue Helfer verspricht hin und wieder anzurufen, um ihr die Zeit zu verkürzen. „Tausend Dank!" haucht sie.

Es ist mittlerweile später als acht geworden. Gerade in dramatischer Augenblick führt der Helfer das dritte Gespräch. Der schluchzenden Anmeldung: „Hier Miß Hall!" folgt ein aufatmendes: „Gott sei Dank, man kommt!"

Man hört den Schlüssel knacken, dann das Hurra-Rufen der Zuschauer. Die kleine Dame stürzt ihm entgegen. Der hilfreiche Redakteur hängt lächelnd ein.

Edmund Eysler in einer Schauspielrolle.

Am zweiten Weihnachtsabend wird beim Wintberger eine Festlichkeit zu Ehren Edmund Eyslers veranstaltet, bei der dem berühmten Komponisten die Möglichkeit geboten ist, schauspielerische Qualitäten zu zeigen. In einem musikalischen Sketch, betitelt „Der Traum eines Komponisten", wird dargestellt, wie Edmund Eysler dem Meister der Wiener Operette, Johann Strauß, einen Besuch abstattet. Edmund Eysler spielt sich selbst, den Johann Strauß gibt Hugo Knepler. Die Musik stammt von Edmund Eysler. An dem Abend wirken mit: die Tanzgruppe Gerda Bauer, weiters Anny Coty, Renée v. Brouneck, Else Kaufmann, Fritz Imhof, Ernst Arnold, Richard Waldemar, Bert Silding u. a.

Der Selbstmord Bertha Falls in der verlassenen Villa war die Sensation des Tages und wurde in der Wiener Presse ausführlich kommentiert. Bericht in der »Illustrierten Kronen-Zeitung« vom 13. Dezember 1934.

An Frau Willinger

Liebes Herz Gretl
Wo nichts ist hat der Kaiser sein Recht verloren.
Ich habe das Spiel verloren und danke Dir von Herzen
für Deine Freundschaft und Liebe.
Aber nun ist's mir zuviel.
Helfen kann ich niemanden mehr nur mir selbst. Nimm Dich der
Sachen Leo's an, Bilder Filme etc.etc. am Speicher.
Verwalte mir alle Heiligtümer.
    Dich und Deinen Sohn küsst innigst Deine
        treue
           Berthl.
Wien am 11.Dez.1934

Die letzten Abschiedsgrüße einer völlig verzweifelten Frau. Noch immer benützte Bertha Fall das alte Briefpapier aus der Villa Dollarprinzessin. Musiksammlung der Österreichischen Nationalbibliothek.

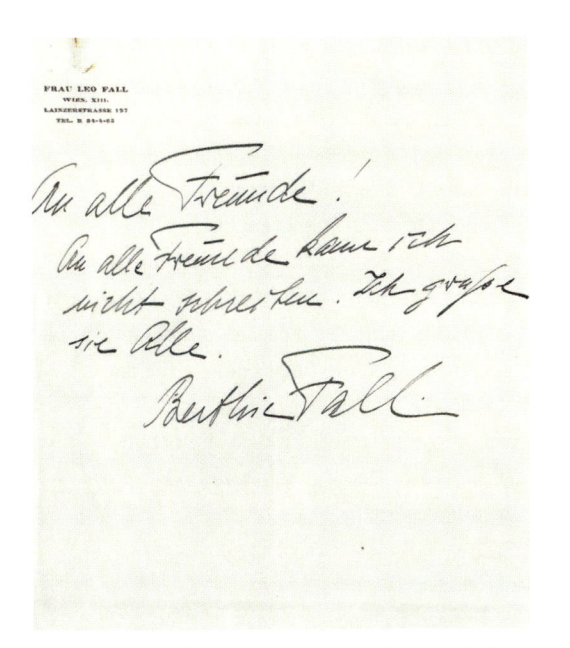

»Ich habe das Spiel verloren«: Abschiedsbrief von Bertha Fall an ihre Vermieterin. Der Nachlass von Leo Fall befindet sich heute in der Musiksammlung der Österreichischen Nationalbibliothek.

schafter zwei mit Konitz befreundete Geschäftsleute, einen Kaufmann aus Neutitschein namens Siegfried Herz und den Rechtsanwalt und Unternehmer Dr. Ernst Schneider, aufwies, ein Darlehen in der Höhe von 250.000 Schilling gewährt sowie 35 Prozent der Aktien – ein verhängnisvoller Schritt, denn bald musste Falls Witwe erkennen, dass sie von der »OLE« benachteiligt und »märchenhaft hineingelegt« worden war: Sie hatte der »OLE« mit den Urheberrechten ihr ganzes Vermögen übertragen, bekam aber im Gegenzug nur 35 Prozent zurück. Davon sollte sie nun auch die den Geschwistern Leo Falls – den sogenannten »Legataren« – zustehenden Tantiemen begleichen, was bedeutete, dass ihr tatsächlich nur noch circa 23 Prozent der Aktien verblieben.

Um die drückenden Schulden loszuwerden – allein die Hypothekenzinsen betrugen jährlich etwa 40.000 Schilling –, ließ sie ein Ausgleichsverfahren einleiten und bot den Gläubigern eine Quote von 35 Prozent an. Zum Ausgleichsverwalter wurde wiederum Raoul Konitz bestellt, der nun – der letzte Akt in diesem heimtückischen Spiel – Schritt für Schritt Bertha Fall endgültig um ihren Besitz brachte: Als Erstes musste sie ihren Schmuck verkaufen, dann verpfändete sie wertvolle Einrichtungsgegenstände an das Dorotheum und schließlich zwangsversteigerte man am 15. April 1932 die Villa – für insgesamt 184.740 Schilling übernahmen die Kumpane von Konitz, Ernst Schneider und Siegfried Herz, die Liegenschaft und alle Objekte. Die neuen Eigentümer zwangen Bertha Fall, die Villa zu verlassen, die unglückliche Frau musste zur Untermiete in eine Pension in der St.-Veit-Gasse 4 ziehen. Doch damit nicht genug: Wie das *Neue Wiener Journal* am 24. Mai 1934 berichtete, sollte es einen Haftantrag gegen Bertha Fall geben, da sie nicht zu einem Termin beim Handelsgericht erschienen war, bei dem sie von einer Gläubigerin, einer gewissen Frau Marianne Frank, zum Offenbarungseid gezwungen werden sollte. Mit dem Verweis auf eine Erkrankung seiner Mandantin konnte Bertha Falls Anwalt Dr. Alois Klee den Haftantrag abwehren.

Ein Prozess, den sie anstrengte, endete zwar günstig für sie und es bestand die Aussicht, die Rechte wieder zurückzubekommen, dennoch litt sie an der Situation. Angeblich trug man bei den gegen sie verhängten Exekutionen sogar ihre Koffer aus der Wohnung, sodass sie am Schluss nichts mehr besaß als einige Kleider, einige andere Wäschestücke und ein paar Schuhe. Lediglich eine Büste ihres verstorbenen Mannes und die vergilbten Schleifen von Lorbeerkränzen waren in der Villa zurückgeblieben.

Bertha Fall verlor sich zusehends in der Erinnerung an die glücklichen Zeiten mit Leo, die verlorene Villa wurde für sie zum Kristallisationspunkt dieser verzweifelten Sehnsucht nach dem verlorenen Glück. Immer wieder fuhr sie deshalb hinaus in die Lainzer Straße und verbrachte in der leeren Villa einige Stunden, versunken in Erinnerungen an die Zeit mit Leo. Nur hier fühlte sie sich zu Hause, und hier wollte sie »heimkehren« zu ihrem Mann – allmählich wuchs in ihr der Vorsatz zum Suizid, den sie schließlich am 11. Dezember 1934 in die Tat umsetzte.

Das *Neue Wiener Tagblatt* rekonstruierte zwei Tage später den Hergang des Dramas: »Dienstag abend hatte sie ihre Wohnung in der St. Veit Gasse, wo sie Untermieterin war, mit dem Bemerken verlassen, daß sie in die Stadt fahre, um ein Konzert aufzusuchen, dann aber am späten Abend nicht mehr zurückfahren wolle, sondern bei einer befreundeten Familie in der Stadt übernachten werde. Man war deshalb nicht besorgt, als die Frau am Morgen des gestrigen Tages noch nicht in ihre Wohnung zurückgekehrt war. Als aber auch der Vormittag verging, ohne daß eine Nachricht von Bertha Fall gekommen wäre, zog man bei verschiedenen Bekannten der Familie telephonisch Erkundigungen ein. Nirgends wusste man etwas von der Frau. Da es bekannt war, daß sie sehr häufig den Garten und die Villa in der Lainzerstraße aufsuchte, die früher ihr Eigentum gewesen waren, hielt man auch dort Nachschau und fand schließlich in einem von Möbeln ganz entleerten Salon die Gesuchte auf. Sie lag auf dem Fußboden und war, wie der Arzt der Hietzinger Rettungsgesellschaft feststellte, schon tot; der Tod war schon lange vor der Auffindung eingetreten. Die Frau hatte ihren Mantel ausgezogen, als Decke auf dem Fußboden im Zimmer hingebreitet und sich dann daraufgelegt. Hier hatte sie dreißig Tabletten Veronal genommen, deren leere Glasphiole neben der Leiche lag. Abschiedsbriefe wurden nicht gefunden, sondern nur ein Zettel, auf dem die Lebensmüde die Worte geschrieben hatte: ›Verzeiht mir! Endlich daheim!‹«

Zwei Rosenbäume auf das gemeinsame Grab

Wie sich bald herausstellen sollte, hatte Bertha Fall an diesem verhängnisvollen 11. Dezember 1934 jedoch gleich sieben Abschiedsbriefe geschrieben, die sich im Nachlass des Ehepaars Fall – heute in der Musiksammlung der Österreichischen Nationalbibliothek – erhalten haben. Fein säuberlich einsortiert in einem weißen Papierumschlag liegen sie hier vor dem nachgeborenen Benützer, Zeugnisse einer Verzweiflung und Hoffnungslosigkeit, die auch heute noch tief betroffen machen. Bertha Fall muss einen Großteil ihres letzten Lebenstages mit dem Verfassen dieser Briefe verbracht haben.

»Ich will und muß zu Leo!«, heißt es in einem von ihnen, und in einem anderen: »Ich lasse mich nicht mehr hinziehen und zerfleischen. Mein Leben war sehr, sehr reich und ich danke Gott dem Allmächtigen für dieses reiche Leben. Jetzt halte ich es nicht mehr aus. Kein Heim, heimatlos, entwurzelt.« Der letzte Wunsch: »Zwei Rosenbäume aus dem Garten Lainzerstraße 127 auf unser gemeinsames Grab. Gott verzeihe mir. Amen.«

In einem weiteren Abschiedsbrief spricht sie davon, dass der Entschluss zum Selbstmord schon seit Langem ihr »fester Vorsatz« gewesen sei: »Ich habe schwer gefehlt und alles, was ich wollte, alles Gute, Edle ist seit meines Leos Tode ins Gegenteil umgeschlagen. Jetzt will ich nur Ruhe und Frieden, denn ich habe jahrelang Unmenschliches gelitten. Meine Kraft ist zuende. Ich habe meine liebsten Menschen um alles gebracht. Sie mögen mir verzeihen, wie ich meinen Feinden verzeihe. Zu all den Dummheiten, welche ich gemacht habe, füge ich die letzte Dummheit dazu, indem ich gehe, Rahel Rafaela genannt Berthie Fall.«

Wie die Zeitungen in ihren Kommentaren betonten, wäre der Suizid der Komponistenwitwe nicht zuletzt deshalb besonders tragisch, weil sich eben in diesen Tagen die größten amerikanischen Filmgesellschaften für eine Verfilmung der Operetten Leo Falls zu interessieren begonnen hätten.

Die beiden jüngeren Brüder Leo Falls, Siegfried und Richard, einst häufig zu Gast in der Villa Dollarprinzessin, wurden Opfer der Nazis: Siegfried kam im April 1943 in Theresienstadt ums Leben, Richard wurde 1945, knapp vor der Befreiung durch die Rote Armee, in Auschwitz ermordet.

Literatur

Anonym, Der Lebenskünstler Leo Fall. In: Die Bühne, II. Jg., Heft 46, 24. September 1925, 46

Marie-Theres Arnbom und Christoph Wagner-Trenkwitz, »Grüß mich Gott!« Fritz Grünbaum – Eine Biographie. 1880–1941. Wien 2005

Stefan Frey, Leo Fall. Spöttischer Rebell der Operette. Unter Mitarbeit von Christine Stemprok und Wolfgang Dosch. Wien 2010

Gerhard Weissenbacher, In Hietzing gebaut. Architektur und Geschichte eines Wiener Bezirkes. Bd. II. Wien 1998

Walter Zimmerli, Leo Fall – Meister der Wiener Operette. Eine Studie. Zürich 1957

Nachlass Leo Fall in der Musiksammlung der Österreichischen Nationalbibliothek: F88 Leo Fall 406, 407 c–e

Die Villa Blum in der **Angermayergasse 1** heute: das helle, großzügig dimensionierte Stiegenhaus mit dem original erhaltenen Handlauf.

Villa Blum
Carl Witzmann 1921/22

Alles streng geheim!

Es ist ein friedliches grünes Paradies in den Ausläufern des Wienerwaldes: Der Spaziergang zur Aussichtswarte im Park der Hochschule für Agrar- und Umweltpädagogik, vorbei an alten Laub- und Nadelbäumen, lohnt sich: Von der Brüstung der aus Steinen aufgeführten Warte, die schon anno 1819 auf den Franziszeischen Katasterplänen vom »Tratzer Biegel« als gemauertes Gebäude dokumentiert ist, bietet sich ein grandioser Blick auf den Westen Wiens. Die Villa, in der die Hochschule untergebracht ist, erinnert uns an die letzten dramatischen Monate der NS-Diktatur ...

Vorbei an Ahornen, Zerreichen und Lindenbäumen wandern wir zurück zur Villa, neben der vom Gartenarchitekten Josef Oskar Wladar zu Beginn der 1930er-Jahre eine Terrasse mit Brunnen als »Gesellschaftsplatz«, als Stätte der Begegnung, gestaltet wurde. Trotz aller Um- und Ausbauten am Gelände ist die ehemalige Intention des Gartenfachmanns noch immer zu spüren: »Bei abendlicher Gesellschaft leuchtet dann über dem Brunnen das milde Licht einer Laterne auf und im Brunnenbecken liegen gut gekühlt einige schlanke Flaschen« – ja, der Frieden ist hierher zurückgekehrt, zusammen mit den Studierenden genießen wir das Gefühl der Entspannung und Entschleunigung am Rande der Großstadt.

Im Haus werden wir von Rektor Thomas Haase herzlich begrüßt. Als Fachmann für die Geschichte der Villa weist er uns auf die vorhandenen Quellen hin und führt uns bereitwillig zu den wichtigsten Räumen, wir können uns nach Lust und Laune im Gebäude umsehen.

Mittlerweile hat das Haus als Sitz einer Hochschule den Charakter einer klassischen Villa verloren, doch kehren wir zurück zu den Anfängen: Das Kriegsjahr 1918, das Jahr des Untergangs der Habsburgermonarchie, war angebrochen. Der Großindustrielle Dr. Isidor Schlesinger hatte beschlossen, sein Anwesen am Trazerberg in Ober-St.-Veit, das er erst 1915 um 220.000 Kronen vom Schafwollfabrikanten und Realitätenbesitzer Carl Schulda gekauft hatte, wieder zu veräußern. Ein Käufer für den stattlichen Besitz war rasch gefunden: Mit Kaufvertrag vom 12. Februar 1918 erwarb das Ehepaar Leopold und Meta

WIENER VILLEN

VILLA BLUM

↑ Die repräsentative dreigeschoßige Villa von Leopold und Meta Blum wuchs durch moderne Anbauten zu einem imposanten Gebäudekomplex heran.

WIENER VILLEN

↗ Blick auf das Gärtnerwohnhaus und einen Schuppen. Ursprünglich befand sich hier auch noch ein Gewächshaus, das heute verschwunden ist. Die ersten zwei Jahre lebte Familie Blum im Gärtnerhaus, das ebenfalls von Carl Witzmann projektiert wurde.

↑ Die Aussichtswarte im Park der Villa Blum, Angermayergasse 1, in der heute die Hochschule für Agrar- und Umweltpädagogik untergebracht ist.

← Ehemals der »Modellraum« der Ingenieure von Ernst Heinkel, heute ein Hörsaal der Hochschule. Architekt der Um- und Einbauten von 1943 war Hans Payer (1885–1945). Die Entwurfsbüros und ein Archiv wurden im Souterrain eingerichtet, weitere Arbeitszimmer befanden sich im ersten Stock.

Blum das Grundstück und die Villa Schlesingers. Leopold Blum war Präsident der Österreichischen Linoleum-, Wachstuch- und Kunstlederfabriken Aktiengesellschaft und geschäftsführender Verwaltungsrat der Linoleum Aktiengesellschaft Blum-Haas, die ihren Sitz in der nahen Eitelbergergasse 18 hatte. Das Geschäft mit Linoleum und Kunstleder lief trotz des schwierigen wirtschaftlichen Umfeldes gut, 1922 konnte die Österreichische Linoleum AG in Traiskirchen eine neue Produktionsstätte errichten, ein weiterer Standort befand sich in der Feldgasse 14 in Brunn am Gebirge. 1933 beschäftigte das Unternehmen, das auch heute noch in der Kunstlederbranche erfolgreich tätig ist, 400 bis 500 Arbeiter.

Begleitet wurde der wirtschaftlich erfolgreiche Weg der Familie Blum von sozialem Engagement: Meta Blum war im »Wiener Frauenverein zum Schutze armer verlassener Kinder« als Mitglied des Vorstands und ab 1918 als Vizepräsidentin tätig, Gatte Leopold agierte in der »Herrenkommission« dieses Frauenvereins und trat 1917 der Loge »Eintracht« der international tätigen jüdischen Organisation B'nai B'rith bei, die sich Toleranz, Humanität und Wohlfahrt auf die Fahnen geschrieben hatte.

1921 war es dann so weit: Leopold Blum ließ Schlesingers Anwesen abreißen, der Architekt Carl Witzmann, der bereits 1916 für Schlesinger ein Gärtnerwohnhaus, einen Schuppen und ein Gewächshaus geplant hatte und mit dem Standort vertraut war, wurde mit der Planung einer neuen Villa beauftragt. Witzmann, der an der Kunstgewerbeschule in der Architekturklasse von Josef Hoffmann studiert hatte und seinem Lehrer auch später eng verbunden blieb, hatte bereits 1912 die Pläne für die repräsentative Villa in der Eitelbergergasse 18 für die Blums gezeichnet. Nun entwarf er einen dreigeschoßigen Bau, dessen nach Süden gelegene Hauptfassade in der Gestaltung der Fensterzonen deutliche Anklänge an das Biedermeier aufwies – ein Markenzeichen Carl Witzmanns, der es verstand, einen »Alt-Wiener-Stil« mit modernen Elementen zu verbinden. Die beiden ersten Jahre wohnte die Familie Blum mit ihren adoptierten Kindern – Lucy und Rudolf, später wurde auch noch das Ziehkind Lola in den Familienverband aufgenommen – im zeitgleich neu adaptierten Gärtnerhaus, dann übersiedelte man in die neue Villa.

Lucy Blum, verheiratete Mertens. Sie war ab 1932 die Eigentümerin der gesamten Liegenschaft Angermayergasse 1. Von ihrem Exil in der Dominikanischen Republik aus gelang es ihr 1949, die Rückstellung des Besitzes zu erreichen.

Die Villa Blum wird zur Villa Heinkel

In einem Verzichts- und Schenkungsvertrag vom 26. April 1932 übertrugen Leopold und Meta Blum die gesamte Liegenschaft Angermayergasse 1 an ihre Tochter Lucy Blum. Das Ehepaar hatte Lucy, die nun in Paris Schülerin des *Collège Féminin* war, 1917 adoptiert, der Vertrag wurde daher in Paris unterzeichnet. Lucy Blum heiratete 1936 Friedrich Mertens, den Sohn einer Wiener Kaufmannsfamilie, die Angermayergasse 1 wurde zu ihrem gemeinsamen Lebensmittelpunkt. Die Blums waren innerhalb der großbürgerlichen Welt Wiens bestens integriert, dennoch verkannte man nicht die Gefahr, die nach dem »Anschluss« drohte. Leopold und Meta Blum emigrierten 1938 in die USA und ließen sich in White Plains unweit von New York nieder, Lucy und Friedrich Mertens gingen zunächst 1938 nach Paris, mussten von dort aber ihre Flucht 1940 fortsetzen: Über Marseille gelangten sie auf einem Frachtschiff unter chinesischer Flagge glücklich in die Dominikanische Republik.

Wie gewohnt bedienten sich die Nazis am Vermögen der Geflüchteten: Der gesamte Besitz von Lucy und Friedrich Mertens wurde am 22. November 1941 von der Gestapo »aus Gründen der öffentlichen Sicherheit und Ordnung« beschlagnahmt, ein Rechtsmittel war gegen diese Aktion natürlich nicht zulässig. Aufgrund der »elften Verordnung zum Reichsbürgergesetz vom 25. November 1941« galt das Vermögen der »Jüdin Lucy Sara Mertens, geb. Blum« in der Folge dem Deutschen Reich verfallen. Schließlich fand sich auch ein Interessent: Mit Kaufvertrag vom 7. September 1942 übernahm der schwäbische Flugzeugbauer Ernst Heinkel die Gebäude und Grundstücke in der Angermayergasse, der Kaufpreis: 161.000 Reichsmark.

1943 ließ Heinkel, der zahlreiche Mitarbeiter mit nach Wien gebracht hatte, die Villa umgestalten: An der Ostseite wuchs ein dreiachsiger Anbau empor, die Räumlichkeiten im Souterrain funktionierte man zu Entwurfsbüros um und ein Archiv wurde eingerichtet. Im Erdgeschoß entstanden ein Modellraum und weitere Arbeitszimmer, auch im ersten Stock fanden noch Mitarbeiter Platz. Unter dem Gebäude wurde ein

Flugzeuge waren sein Leben: Ernst Heinkel spielt mit seinem Sohn Ernst August mit dem Modell einer Heinkel He 111. Das zweimotorige Flugzeug war der Standardbomber der deutschen Luftwaffe. Foto vom Mai 1941.

Die alten Kelleranlagen der Villa wurden zu einem Luftschutzbunker für die Beschäftigten Heinkels ausgebaut. Eine Legende ist allerdings, dass hier Flugzeugmotoren gebaut wurden.

Luftschutzraum errichtet, der heute noch über eine steile Treppe zu erreichen ist. Ab 29. Mai 1943, so die Meldeunterlagen des Wiener Stadt- und Landesarchivs, war Ernst Heinkel in der Angermayergasse 1 gemeldet. Seine Gattin Lisette und die Söhne Karl-Ernst und Ernst waren allerdings separat gemeldet, wohnten also nicht in der Villa Blum.

In der Villa Blum – ein zweites Konstruktionsbüro Heinkels befand sich in der Fichtegasse in der Innenstadt – wurde nun intensiv geforscht und gezeichnet. Ernst Heinkel war berüchtigt für seine Arbeitswut und das Tempo, das er seinen Leuten abverlangte. Eine Legende ist allerdings, dass in den Kelleranlagen der Villa Flugzeugmotoren gebaut wurden – dafür fehlten der Platz und die Infrastruktur am Trazerberg. Die Wandvertäfelung in einem der Räume, in dem einst die Zeichentische Heinkels standen, soll noch original sein. Wir sprechen bei unserem Besuch mit Direktor Thomas Haase und sind damit an der besten Quelle: Er ist ein ausgezeichneter Kenner der Geschichte des Hauses und hat persönlich zur Geschichte der Villa geforscht.

Oskar Schrenk und geheimnisvolle »unbekannte Flugkörper«
Eine Zeitzeugin berichtet: »Um das Neujahr 1944/45 fielen die Bomben auf den Schwarzenbergplatz und der ganze Boden bebte. Es war fürchterlich und ich wurde besinnungslos. Als ich wieder zu mir kam, führte mich mein Chef nach Hause und verlegte dann meinen Arbeitsplatz aus Rücksicht auf meine Gesundheit in die Heinkel-Villa. Ich arbeitete im Portiergebäude neben der Einfahrt bei Prof. Schrenk von der theoretischen Aerodynamik. Dort wurden u. a. unbemannte Flugkörper entworfen. Ich hatte an einer Rechenmaschine Tabellen auszurechnen.« Der aus Württemberg stammende Flugzeugtechniker Oskar Schrenk, geboren 1901 in Wain, Kreis Laupheim, arbeitete seit 1939 für die Ernst Heinkel Flugzeugwerke und leitete im Entwurfsbüro die Abteilung für Aerodynamik. Im Februar 1944 wurde Schrenk, ein überzeugter Nationalsozialist, zum ao. Professor an der Technischen Hochschule Wien ernannt, war daneben aber weiterhin als freier Mitarbeiter für Heinkel tätig. Wie aus seinem Personalakt im Archiv der TU hervorgeht, suchte Schrenk am 20. November 1944 um Beurlaubung an, um für Heinkel arbeiten zu können – das Ansuchen wurde am 27. November 1944 genehmigt und Schrenk übersiedelte an seinen neuen Arbeitsplatz in der Villa Blum. Wenn die Zeitzeugin nun von »unbemannten Flugkörpern« spricht, an denen Schrenk gearbeitet hätte, so könnte das zutreffen, denn das zu diesem Zeitpunkt wichtigste Projekt Heinkels, der »Volksjäger« He 162, war damals bereits in Bau. Leider gelang es uns nicht, das Rätsel um diese »unbemannten Flugkörper« zu lösen – es bleibt die Frage: Welchen Auftrag hatte Oskar Schrenk genau?

Bis zum Kriegsende wurden im Entwurfsbüro von Ernst Heinkel weitere Projekte rund um den »Strahlantrieb« verfolgt, so etwa die Entwicklung des »Strahlbombers« He 343. Die fertigen Pläne und technischen Daten zu diesem Projekt fielen bei der Befreiung Wiens im Heinkel-Werk in Wien-Schwechat den Sowjets in die Hände, die auf dieser Basis das erste sowjetische Bombenflugzeug mit Strahlantrieb bauten, die Iljuschin Il-22.

Die »Schnellstkonstruktion«: der »Volksjäger« He 162

Karl-Otto Saur, der Staatssekretär im Reichsministerium für Rüstung und Kriegsproduktion, entwickelte mit seinem Stab im Juli 1944 eine Vision: Ein möglichst einfacher, einmotoriger »Strahljäger« müsse gebaut werden, ein »Volksjäger« sozusagen, ohne großen Materialaufwand. Damit könnten dann die Hitlerjungen nach kurzer Ausbildungszeit aufsteigen und den Kampf mit den alliierten Bomberflotten aufnehmen. Das Projekt müsse als »Schnellstkonstruktion« sofort in Angriff genommen werden.

Die Ausschreibung für den »Leicht-Strahljäger« ging an die Firmen Junkers, Arado, Focke-Wulf, Blohm & Voß und auch an Ernst Heinkel in Wien – es begann ein verzweifelter Wettlauf mit der Zeit, hart an der Grenze zu »wildem, sinnlosem Aktionismus« (Holger Björkquist): Wie Heinkel in seinen Erinnerungen *Stürmisches Leben* schildert, wurden die Anforderungen am 8. September 1944 präzisiert: Geschwindigkeit 750 km/h, Triebwerk BMW 003 mit 810 kg Schub, Bewaffnung zwei Kanonen, Flugzeit in Bodennähe 20 Minuten. Obwohl Heinkel wusste, dass dieses Projekt nur noch ein »letzter Versuch des Aufbäumens gegen das sichere Schicksal sein konnte«, entschloss er sich, noch einmal zu zeigen, »was wir auf dem Gebiet des Strahlflugzeugs leisten konnten, sei es, um noch einmal angesichts aller Enttäuschungen der letzten Jahre zu zeigen, was ›Heinkel-Tempo‹ war«.

Nur zwölf Tage später, am 20. September 1944, war die erste Flugzeugattrappe fertig, am 23. September entschieden sich Saur und seine Leute für das Heinkel-Modell, das die Typenbezeichnung He 162 bekam. Bis zum 5. November arbeiteten Heinkels Ingenieure an den Konstruktionszeichnungen, parallel dazu begann der Bau eines Musterflugzeugs.

Die erste He 162 – die Tragflächen und Teile des Rumpfes waren aus Holz – war am 6. Dezember 1944 »flugklar« und wurde an diesem Tag vom Testpiloten Ing. Gotthold Peter das erste Mal geflogen. Vier Tage später, am 10. Dezember, startete am Flugplatz Schwechat eine zweite Maschine, gesteuert wieder von Gotthold Peter – ein Wagnis, das dieser mit dem Leben bezahlte: Durch einen Fehler in der Holzverleimung platzte die rechte Flächennase ab, dann löste sich das rechte Querruder, die Maschine drehte in geringer Höhe mehrere Rollen und schlug

Ein letzter verzweifelter Versuch, der Übermacht der alliierten Bomberflotten etwas entgegenzusetzen: der »Volksjäger« He 162. Oben: Ein US-Soldat bewacht eine erbeutete Maschine mit der Nummer 4 (Foto: Jan B. H. A. Vervloedt). Unten: Eine He 162 auf einem Flugplatz in den USA.

außerhalb des Flugplatzes auf, Peter hatte keine Überlebenschance. Heinkel ließ sich durch die Tragödie in Schwechat aber nicht stoppen: In sechswöchiger Arbeit wurde die He 162 weiter verbessert und zur Serienreife gebracht, im Januar 1945 sollten die ersten 50 Stück gebaut werden, das Ziel waren 1000 (!) Flugzeuge pro Monat. 50 Maschinen monatlich sollten in der Seegrotte Hinterbrühl – die unterirdische Betriebsstätte trug den Decknamen »Languste« – produziert werden.

Die schweren Luftangriffe der Alliierten auf die deutschen Verkehrsverbindungen machten eine geregelte Produktion trotz aller verzweifelten Anstrengungen bald unmöglich. Am 1. April 1945, die sowjetischen Armeen standen knapp vor dem Angriff auf Wien, wurden alle Produktionsstätten im Wiener Raum geschlossen, Maschinen und Bauteile wurden – soweit noch möglich – abtransportiert. Auch das Büro in der Villa Blum musste geschlossen werden, mit einem Sonderzug erfolgte die Evakuierung aller Heinkel-Beschäftigten zu den Jenbacher-Werken nach Tirol.

Die Zeitzeugin erinnert sich an diese letzten Tage des Dritten Reiches in Ober-St.-Veit: »Es sind nur die Österreicher dageblieben und zwei Deutsche, die vergessen wurden, weil sie im Krankenstand waren. Sie haben geheult, weil sie nicht mitgenommen wurden. Wir waren noch immer Angestellte der Heinkel-Werke und hatten die Aufgabe, alle Unterlagen zu verbrennen. Zu dritt kamen wir in der Früh, verbrannten Unterlagen und gingen am Nachmittag wieder nach Hause. In den Bunker zogen die alten Herren des Volkssturmes mit einem großen Radioapparat und notierten Codenummern. Anhand der Codenummern wussten sie den genauen Standort der Russen. Die Männer in Uniform hatten das fatale Problem, nicht zu wissen, wann sie die Uniform ausziehen und nach Hause laufen sollten. Hätten sie es zu früh getan, wären sie erwischt und erschossen worden. Das waren ja unvorstellbare Zustände. Aber wir hatten den Vormarsch der Russen – jetzt sind sie in Purkersdorf, jetzt sind sie in Hadersdorf etc. – am Plan genau verfolgt. Als Angestellte durften wir bei Alarm in den Bunker gehen. Der Bunker war an der Seite des Gebäudes, wie ein Stollen ging er in den Berg hinein. Als die Russen da waren, blieben wir natürlich zu Hause und versteckten uns.«

Die Rückstellung an Lucy Mertens
Nach dem Krieg nahm Lucy Mertens – noch von der Dominikanischen Republik aus – den Kampf um ihren verlorenen Besitz auf, den die Sowjets als »Deutsches Eigentum« beschlagnahmt hatten. Formal war die Villa noch immer Eigentum von Ernst Heinkel. 1949 wurde ihrem Rückstellungsbegehren stattgegeben: In einem Vergleich mit der Rüstungskommission vom 24. November 1949 wurde bestimmt: »Die Liegenschaft wird, so wie sie liegt und steht, an Lucy Mertens zurückgestellt.«

Es folgte eine große Geste: 1950 übergab Lucy Mertens, die inzwischen mit ihrem Mann aus der Emigration zurückgekehrt war, den gesamten Besitz in der Angermayergasse 1 in einem Tauschvertrag ihrer Mutter Meta Blum, ihr Vater Leopold war bereits 1949 in White Plains, New York, verstorben. Im Gegenzug erhielt sie jene Liegenschaften – u. a. eine Parzelle in der Schottenfeldgasse –, die Leopold Blum in seinem Testament seiner Gattin vermacht hatte.

Die Villa Blum um 1960. Foto: Hochschule für Agrar- und Umweltpädagogik.

Einige Zeit wohnte die Familie wieder gemeinsam im Haus, doch dann beschloss Meta Blum, sich von ihm zu trennen. Mit Kaufvertrag vom 17. Oktober 1952 veräußerte sie die Liegenschaft um 1,5 Millionen Schilling an die Republik Österreich. Ausdrücklich bestand die Witwe Leopold Blums dabei darauf, dass das Anwesen nur für Zwecke des öffentlichen Interesses genutzt werde. Das Bundesministerium für Land- und Forstwirtschaft ließ das Gebäude 1958/59 großzügig um- und ausbauen, bereits 1954 war das »Bundesseminar für den landwirtschaftlichen Lehr- und Förderdienst« eröffnet worden. Ein Hörsaal für 100 Personen, weitere Klassenräume, eine Bibliothek und ein Heim für rund 70 Studenten wurden geschaffen. Schließlich folgte 1978 noch der Bau eines »Klassenpavillons«, der an die alte Villa anschloss, die Pläne dafür entwarf Architekt Kurt Keiter. Das »Bundesseminar« wurde 1989 zur »Agrarpädagogischen Akademie« umgewandelt, am 1. Oktober 2007 erfolgte die Gründung der Hochschule für Agrar- und Umweltpädagogik (HAUP), zum Rektor wurde Thomas Haase bestellt.

Literatur

Eva Berger, Mein Traum war: Das gute Wohnhaus mit dem Garten. Zu einigen frühen Arbeiten des österreichischen Gartenarchitekten Josef Oskar Wladar. In: Die Gartenkunst, 3. Jg., Heft 1 (1991), 67 ff.

Holger Björkquist, Ernst Heinkel: Mensch und Unternehmer. Flugzeugbau im Nazi-Staat. In: FliegerRevue 100 (2023), 28–40

Thomas Haase, Geschichte der Villa Blum, Angermayergasse 1, Wien 13. Mit einer Einleitung von Oliver Rathkolb. Wien 2017

Ernst Heinkel, Stürmisches Leben. Herausgegeben von Jürgen Thorwald. Stuttgart – Zürich – Salzburg 1955

Fabian Hümer, Der »Volksjäger« Heinkel He 162. Forcierte Ressourcenmobilisierung im Angesicht der Niederlage. (Masterarbeit) Wien 2013

Volker Koos, Ernst Heinkel. Vom Doppeldecker zum Strahltriebwerk. Bielefeld 2007

Gerhard Weissenbacher, In Hietzing gebaut. Architektur und Geschichte eines Wiener Bezirks. Band 1. Wien 1996

Personalakt Oskar Schrenk im Archiv der Technischen Universität Wien

Zeitzeugenbericht: www.1133.at/document/view/id/466

WIENER VILLEN

Eine typische Cottage-Villa, die großbürgerliche Gediegenheit ausstrahlt. Zugleich eine Adresse, die eng mit der Geschichte des Holocausts in Wien verbunden ist: das Haus in der **Gustav-Tschermak-Gasse 14.**

Villa Alois Brunner
Franz von Neumann 1891

Die SS im »Knusperhaus«

Die Villa ist eine typische Cottage-Villa. Klinkerfassade, Giebel, Türmchen, Erker, Dachreiter, ja sogar ein Fachwerkelement und Wetterfähnchen – eine letzte Huldigung an den Historismus, großbürgerliche Gediegenheit, wohin man blickt. Ein Haus, in dem das Leben eine friedliche Spur des Glücks ziehen sollte. Das war auch so – bis dann die Nazis kamen und mit ihnen Adolf Eichmanns »bester Mann«, Alois Brunner. Der schmächtige Bauernsohn aus dem ehemaligen Westungarn erkor die beschlagnahmte und »arisierte« Villa zu seiner Privatresidenz, sie wurde zum willkommenen Gegenpol seines alltäglichen Mordgeschäfts …

Als wir erstmals vor dem Haus in der Gustav-Tschermak-Gasse 14 stehen, fällt uns unwillkürlich ein Satz von Veza Canetti aus ihrem Roman *Die Schildkröten* ein. »Ihr Haus ist zugleich ihr Tod«, heißt es da in ihrer exemplarischen Geschichte, die vom jüdischen Dichter Andreas Kain und seiner Frau Eva erzählt, die ihre Villa verlassen müssen, weil sie für den SA-Offizier Baldur (!) Pilz beschlagnahmt worden ist. Veza Canetti, die 1938 gemeinsam mit ihrem Mann Elias Canetti zum Verlassen der Wohnung in der Himmelstraße 30 gezwungen wurde, sprach aus eigener schmerzvoller Erfahrung. Und auch wenn man sich letztlich retten konnte – es blieb das quälende Bewusstsein, dass man »auf Borg« lebte und Angehörige und Freunde, die sich an ihr Zuhause und ihre Heimat klammerten, ihr Leben geben mussten.

Auch die Villa Gustav-Tschermak-Gasse 14, damals noch Dittesgasse 14, erbaut nach Plänen des Architekten Franz von Neumann, war jahrzehntelang das Heim einer jüdischen Familie und deren sicheres Lebenszentrum, solide gebaut auf Fleiß und kaufmännisches Geschick. Ursprünglich im Besitz von Maria Redlich, die die Liegenschaft 1891 erworben hatte, ging das Haus zunächst an an ihre Söhne Carl, Albert und Alexander Redlich und mit Kaufvertrag vom 4. Januar 1916 an Berta Katharina Weiss (auch: *Bertha*) Weiss, geborene Löwenstein (1864–1942), Gattin des Geschäftsmannes Julius Weiss (1859–

1935), über. Julius Weiss war Gesellschafter der renommierten Wiener Firma Temmer & Weiss, die ihr Geld im Kommissionswarenhandel verdiente und eine Filiale in Prag führte.

Nachdem die ältere Tochter Lilli schon 1913 im Alter von 24 Jahren gestorben war, setzte das Ehepaar Weiss seine ganzen Hoffnungen auf Tochter Marianne, geboren 1894, im Jahr der Firmengründung von Temmer & Weiss. Alles ließ sich gut an: Am 5. August 1918 heiratete Marianne den 1883 geborenen Techniker Robert Jonas, Sohn des Fabrikanten Benjamin Jonas, der aus der nordungarischen Stadt Balassagyarmat nach Wien gezogen war. Flora, die Mutter von Robert Jonas, stammte aus der Familie Spitzer. Der Schwiegersohn war ein vielversprechender junger Mann: Nach dem Besuch der Niederen und Höheren Fachschule am k. k. Technischen Gewerbemuseum in Wien und dem Erwerb des Titels »Ingenieur« hatte Robert Jonas im Studienjahr 1905/06 als außerordentlicher Hörer noch zwei Lehrveranstaltungen an der Technischen Hochschule belegt, dann war er in die Dienste der Österreichischen Brown Boveri Werke getreten. Ein Jahr nach der Hochzeit wurde Tochter Lili Marietta (1919–2012) geboren, 1923 folgte der Sohn Peter Julius (1923–1982). Beide Kinder ließen die Eltern evangelisch taufen, Robert Jonas war bereits 1906 zum evangelischen Glauben konvertiert. Da in der Villa genug Platz war, wohnte man gemeinsam mit Mariannes Eltern.

Robert Jonas machte aufgrund seiner exzellenten Fähigkeiten als Techniker bei Brown Boveri rasch Karriere. In Fachkreisen galt er bald als »unbestrittene Autorität« und 1926 löste er den früheren Generaldirektor Hans Sääf-Norden in dieser Funktion ab. Wie *Die Börse* (28. April 1927) in ihrem Kommentar zum Geschäftsbericht 1926, der einen Bruttogewinn von 4,1 Millionen Schilling auswies, vermutete, hatten die Brown Boveri Werke zu diesem Zeitpunkt ihren »Vorkriegsstandard« bereits übertroffen, die »starke Entwicklungsfähigkeit der Elektrizitätsindustrie« gebe Hoffnung für einen weiteren Aufwärtstrend. Eine Dividende von 1,2 Schilling je Aktie konnte ausgeschüttet werden. Ihren Sitz hatte die »Österreichische Brown Boveri Werke A. G.«, eine Tochter des Schweizer Mutterunternehmens Brown, Boveri & Cie. (BBC), in Favoriten, Gudrunstraße 187.

Zu ihrem 70. Geburtstag traf Berta Weiss eine wichtige Entscheidung: Mit einem notariellen Schenkungsvertrag vom 28. November 1934 ließ sie die Liegenschaft an Tochter Marianne Jonas übertragen, am 7. Oktober 1935, inzwischen war am 17. Februar 1935 ihr Mann Julius Weiss gestorben, wurde die Schenkung im Grundbuch vermerkt. Der Familie Jonas waren jedoch nur noch wenige Jahre in ihrem Haus vergönnt. Nach dem »Anschluss« musste Robert Jonas den Chefsessel bei den Brown Boveri Werken, die von der deutschen BBC-Tochter übernommen wurden, räumen. Zusammen mit Marianne und den beiden Kindern Lili Marietta und Peter Julius gelang ihm im Herbst 1938 die Flucht in die Schweiz, »Oma« Berta Weiss musste jedoch in Wien zurückbleiben – es war ein Abschied für immer …

Eine Villa für Anni und Alois Brunner

Im Juli 1939 begann im Zimmer 10 im Büro von Abteilungsleiter Alois Brunner in der »Zentralstelle für jüdische Auswanderung«

VILLA BRUNNER

im Palais Rothschild in der Prinz-Eugen-Straße eine neue Stenotypistin ihre Arbeit. Die blonde junge Frau, die ein Zeitzeuge als »klein und rundlich« beschrieb, hieß Anna Röder und hatte nach dem Besuch einer zweijährigen Handelsschule in der Gebietsführung der Hitlerjugend Wien, Abteilung Presse und Propaganda, und danach in der Abteilung Kultur und Rundfunk gearbeitet. Anna, genannt »Anni«, geboren am 9. September 1921, war das einzige Kind des Anstreichers Karl Röder und seiner Frau Anna. Eine Bürokollegin, die ihren Namen nicht genannt wissen wollte, wird später vor dem Landesgericht Wien erzählen, dass Anni anfangs »eher schüchtern« gewesen sei, das habe sich jedoch geändert, als »dann die Gnadensonne der Gunst Brunner I« auf sie fiel. Da sei sie »sehr hochmütig« geworden und habe auf ihre Kolleginnen »herunter« gesehen: »Sie war sehr unbeliebt, tratschte gerne. Überhaupt wenig sympathisch«. Auch SS-Mann Josef Weiszl, Gehilfe und »Bluthund« Brunners, 1949 in Frankreich zu lebenslanger Haft verurteilt, weiß nach dem Krieg vor Gericht wenig Gutes über die spätere Frau seines Chefs zu sagen: Sie habe »starke, dunkle Augenbrauen« gehabt und »immer den Eindruck gemacht, als wenn sie schmierig wäre«.

Für den damals 27-jährigen SS-Obersturmführer Alois Brunner aus dem heute burgenländischen Rohrbrunn, ehemals Verkäufer und Dekorateur, nun Herr über Leben und Tod, war sie jedoch genau die richtige Gefährtin. Als er im Jänner 1941 als Nachfolger von Adolf Eichmann Leiter der »Zentralstelle« wurde, holte er Anni als Sekretärin in sein Vorzimmer. Er schätzte ihre Nähe so sehr, dass er sogar die Tür zu seinem

Für Adolf Eichmanns »besten Mann« Alois Brunner (oben) ist sie genau die richtige Gefährtin: Anna (»Anni«) Röder arbeitet in der »Zentralstelle« bei en »Judentransporten« mit.

Arbeitszimmer aushängen ließ. Anni konnte auf diese Weise alle Gespräche mithören. Wie ihre Bürokollegin angab, war Anni absolut zuverlässig, ja, sie »arbeitete auch bei den Judentransporten mit«. Über den »Arbeitsalltag« in der »Zentralstelle« berichtete ein Augenzeuge, der Wiener Kaufmann Max Feldmar: »Als Schwerkriegsbeschädigter legte ich (…) meine Tasche samt Hut auf den Tisch, der für die Schreiberin bestimmt war. Wir sollten weisungsgemäß zwei Schritte von dem Tisch entfernt stehen bleiben, damit unsere Ausdünstung die tätig werdenden Nazi nicht belästige. Das Fräulein, welches an diesem Tisch amtierte, fegte meine Sachen einfach auf den Boden. Weil ich dazu eine Bemerkung machte, musste ich von 8 bis 16 Uhr, mit dem Gesicht zur Wand gewandt, stehen bleiben, trotzdem ich mich als Kriegsbeschädigter legitimierte und einige Male zusammenbrach.« *(DÖW 9359)*

Anni und Alois verstanden sich offenbar bestens und dachten alsbald an Hochzeit. Man begann mit den Vorbereitungen: So fuhr Anni im Sommer 1941 nach Prag, um hier billig »Judengut« einzukaufen, das »anlässlich von Judenaktionen« zur Verfügung stand – das neue Heim sollte entsprechend schön ausgestattet werden. Angeblich war die Kassa für Einkäufe gut gefüllt: Wie Anni später behauptete, hätten ihr die Eltern 20.000 Reichsmark als Startkapital in die Ehe zur Verfügung gestellt.

Eine repräsentative Wohnung hatte sich inzwischen schon gefunden: Am 28. Jänner 1941 ließ Alois Brunner, der beste Beziehungen zu Wiens Gestapo-Chef Franz Josef Huber unterhielt, die Villa der Familie Jonas mit einer Verfügung der Gestapo beschlagnahmen und »arisieren«. In ihrer

Die Villa in den 1890er Jahren, errichtet für die angesehene Familie Redlich. Berta Weiss bezahlte im Januar 1916 für die Liegenschaft 165.000 Kronen. Maria (Marie) Redlich war am 28. September 1915 gestorben, ihre Söhne Carl, Albert und Alexander Redlich entschlossen sich zum Verkauf des geneinsamen Erbes.

Vermögensaufstellung für die »Verwaltungsstelle jüdischen Umzugsgutes der geheimen Staatspolizei« hatten Robert »Israel« und Marianne »Sara« Jonas den Wert des Hauses mit 36.670 Reichsmark angegeben. Mit der Betreuung der Villa hatte Marianne Jonas vor ihrer Flucht die Hausverwaltung Hans Koroschetz in der Stauffergasse in Penzing betraut.

Als zukünftige Bleibe haben Brunner und seine Verlobte die schönste Wohnung in der Villa ins Auge gefasst: das Sechs-Zimmer-Appartement von Berta Weiss mit der Adresse Gustav-Tschermak-Gasse 14/3. Von so einem großzügig angelegten Zuhause hatte man bisher nur träumen können: Da gab es neben Vorzimmer, Badezimmer, Küche und Schlafzimmer ein eigenes Speisezimmer, ein Herrenzimmer und einen Salon

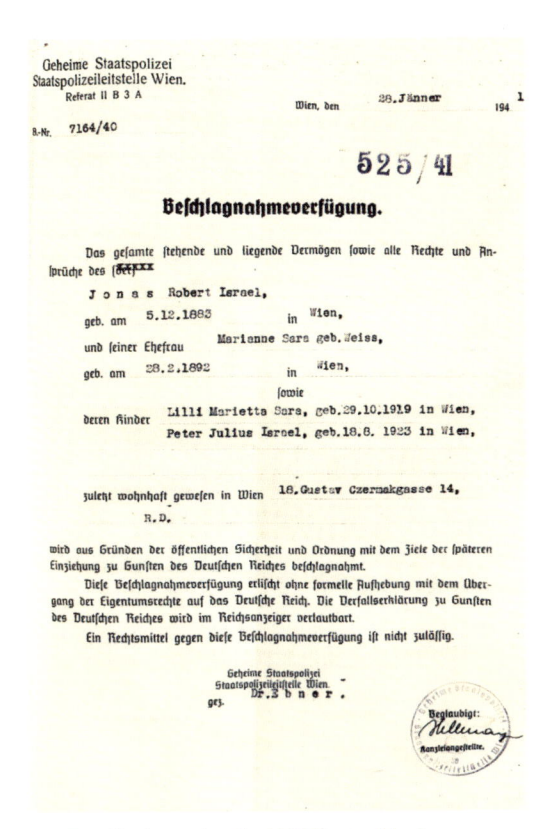

Die Familie Jonas ist der Willkür der Nazis ohnmächtig ausgeliefert: die »Beschlagnahmeverfügung« der Gestapo vom 8. Januar 1941. Unterzeichnet wurde sie vom »Judenreferenten« der »Staatspolizeileitstelle Wien" Karl Ebner, auch er ein guter Bekannter Alois Br«nners – gemeinsam betreiben sie die Plünderung jüdischen Vermögens. Ebner wird später von sich sagen: »Unter meiner Leitung des Judenreferates wurd Wien eine judenfreie Stadt.«

sowie ein Dienstbotenzimmer und ein Kabinett. Annis Einkaufsliste war deshalb lang, jetzt galt es zu beweisen, dass man wusste, wie man mit Stil wohnte. Das jüdische Großbürgertum, das man hasste, wurde zum Vorbild. Weder der »schwarze Flügel« im Salon noch das Spitzendeckerl am Kaminsims und die Gemälde an der Wand durften fehlen.

Die Deportation

Es gab nur noch ein Problem. Berta Weiss war zwar inzwischen in einer neuen Wohnung in der Eduard-Klein-Gasse 19 in Hietzing untergekommen, doch ihre alte hatte sie ihrer jüngeren Schwester Laura Mahler, geborene Löwenstein, und deren Mann Max Mahler zur Verfügung gestellt. Ende Februar 1940 war das Ehepaar Mahler, zuvor in der Kirchengasse 48/3 wohnhaft, in der Gustav-Tschermak-Gasse eingezogen. Und auch eine Verwandte ihres verstorbenen Mannes namens Berta Deutsch sowie der pensionierte Bankbeamte Leopold Popper, zuletzt wohnhaft in der Scheidlstraße 14, hatten hier eine letzte Zuflucht gefunden. Alois Brunner zögerte nicht lange: Er ließ alle Bewohner der Gustav-Tschermak-Gasse 14/3 auf die Transportliste setzen und vergaß auch Berta Weiss, die ehemalige Eigentümerin, nicht. Am 28. Oktober 1941 mussten daher das Ehepaar Mahler, Berta Deutsch, Leopold Popper und Berta Weiss am Aspangbahnhof den Zug in das Getto von Litzmannstadt besteigen. Es war der vierte »Transport« von Wiener Jüdinnen und Juden, den Brunner nach Łódź organisierte, und er umfasste genau 1000 Menschen. Für alle fünf Personen, die in der Villa gewohnt hatten, war es eine Fahrt in den Tod: Max Mahler, starb bereits einen Monat nach der Ankunft im Getto Litzmannstadt, seine Frau Laura im Januar 1942. Berta Deutsch wurde im September 1942 in einem Gaswagen im Vernichtungslager Chełmno (Kulmhof) ermordet, Leopold Popper kam im Mai 1942 ums Leben und Berta Weiss starb vermutlich bereits in der ersten Jahreshälfte 1942 im Getto Litzmannstadt. Nur 34 von den ca. 5000 Wiener Juden, die im Oktober und November 1941 nach Łódź deportiert wurden, überlebten den Holocaust.

Für Alois und Anni war damit der Weg zum »Wohnglück« in Währing frei. Nachdem man tagsüber in der Prinz-Eugen-Straße Juden und Jüdinnen in die Gettos und Todeslager geschickt hatte, konnten sie es sich nach Feierabend in ihrem neuen Domizil gemütlich machen. Rechtlich schien alles endgültig geklärt: Am 24. Januar 1942 wurde das Eigentumsrecht an der Liegenschaft »auf Grund der 11. Verordnung zum Reichsbürgergesetz vom 25. November 1941« zugunsten der Finanzverwaltung des Deutschen Reiches einverleibt. Zeitzeuge Max Feldmar meinte dazu später: »Er (Brunner, Anm.) hatte eine luxuriöse Villa, ausgestattet mit modernen Objekten, ein richtiges Museum.«

Begegnung mit dem »Liquidator«

Alois Brunner perfektionierte, wie Großnichte Claudia Brunner später schreiben wird, eine »teuflische Mischung aus Kooperation und Gewalt, Bürokratie und Effizienz, Täuschung und Erpressung«. Raffiniert verstand er es, jüdische Funktionäre und Funktionärinnen für sein mörderisches Ziel zu instrumentalisieren. Baldur von Schirachs Generalkulturreferent Walter Thomas schildert in seinen Erinnerungen *Bis der Vorhang fiel* eine beklemmende Begegnung mit dem »Liquidator« Brunner in der »Zentralstelle«: »Wie viel Verzweiflung und Gebete schienen die Luft der Korridore zu erfüllen. Kaum konnte man atmen, so legte sich das Bewußtsein, am Ort einer der furchtbarsten Menschheitstragödien zu weilen, einem auf die Brust. (...) Herr Brunner ließ mich eine Weile warten, bis er mich vorließ. Hinter dem Schreibtisch erhob sich ein mittelgroßer Mensch, an dem nichts zu bemerken war, das seine infernalische Funktion nach außen deutlich gemacht hätte. Er sprach ein breitgezogenes Wienerisch und empfing mich in einer Mischung von übertriebener Höflichkeit und Ironie.« Thomas, der gekommen ist, um für jüdische, mit »arischen« Partnern zusammenlebende Künstler und Künstlerinnen einzutreten und sie vor der Deportation zu retten, wird von Brunner mit zynischer Brutalität abgefertigt: »Wir können hier keine Ausnahmen machen. Jude ist Jude – und die sogenannten verdienten Juden sind die schlimmsten. Ich habe auch keine Entscheidung zu treffen, sondern ich führe einen Befehl aus. Und dieser Befehl heißt, daß bis zu einem bestimmten Termin kein Jude mehr in Wien sein darf. Dagegen gibt es keinen Rekurs. Selbst wenn der Reichsstatthalter ein Gesuch befürwortet, hilft das nichts. Ich unterstehe keiner örtlichen Stelle, auch Schirach nicht. Er mag verfügen, was er will – eines Tages sind Ihre Schützlinge doch weg, und keiner hat die Macht, sie zurückzuholen. Auch ich nicht.«

Anni bleibt allein zurück

Am 9. Oktober 1942 konnte Brunner stolz vermelden, dass Wien nun »judenfrei« sei. Neue Aufgaben ließen nicht lange auf sich warten: Im November 1942 beorderte Adolf Eichmann Brunner, der zum Leiter des »Juden-Referates« IV B 4 erkoren worden war, zu sich nach Berlin, Anni blieb zurück in der Währinger Villa. Allzu oft tauchte ihr vielbeschäftigter Gatte im Cottage nicht mehr auf, trieb ihn doch die unermüdliche Jagd auf Juden durch das von den Nazis besetzte Europa.

Am 28. November 1945 kehrte die inzwischen hochschwangere Anni Brunner zurück

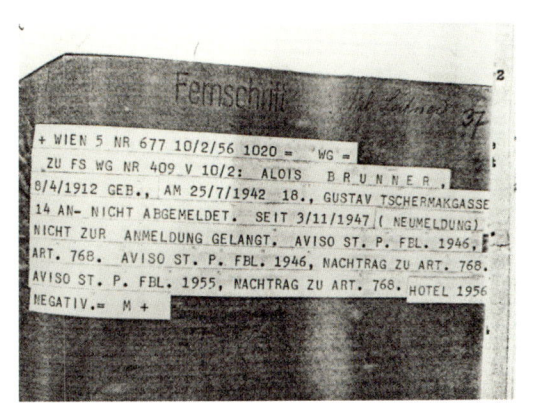

»Hotel 1956 negativ«: Die Wiener Polizeibehörden tappen bei ihrer Suche nach Alois Brunner völlig im Dunklen. »Fernschriftliche« Auskunft an ihre deutschen Kollegen, DÖW.

nach Wien. Ein Aufenthalt in der Villa war nun unmöglich geworden: Das Haus, das weiterhin von der Hausverwaltung Koroschetz betreut wurde, hatte neue Bewohner, die Sowjets hatten sich bei diesen bereits nach ihrem Mann erkundigt. Anni zog deshalb zu ihren Eltern in der Heinickegasse 6/8 im 15. Bezirk, wo sie bis 1954 wohnen sollte. Am 22. Dezember 1945 gebar sie Tochter Irene, gemeinsam feierte man Weihnachten.

Jagd nach einem Phantom

Der Vater der kleinen Irene blieb allerdings verschwunden. Während Brunners Handlanger Anton Brunner (= Brunner II) im April 1946 vom Volksgericht Wien zum Tode verurteilt und hingerichtet wurde und ein weiterer Gehilfe, der Blutordensträger Ernst Adolf Girzick, mit 15 Jahren Haft davonkam, konnte Alois Brunner seine Spuren für die Justiz verwischen. Ein erster Steckbrief der Staatsanwaltschaft Wien vom 22. Januar 1946 blieb wirkungslos, außer seinem Namen und seiner letzten Anschrift wusste man nichts, »unbekannt« waren selbst Geburtsjahr und -ort. Unter dem Namen Alois Schmaldienst verdingte er sich in München als Lkw-Fahrer für die US-Army, dann arbeitete er als Hauer bzw. Steiger in der Zeche »Essen Stadtwald« sowie als Kellner.

Eine erste konkrete Spur bot sich 1950: Damals wurde im Referat für Passangelegenheiten der Besatzungsdienststelle in der Strauchgasse 1 ein offenbar gefälschter österreichischer Reisepass lautend auf Alois Schmaldienst eingereicht. Der Zweck der Einreichung: ein Sichtvermerk für Westdeutschland. Die Nachforschungen der Bundespolizeidirektion ergaben, dass der Pass von einem gewissen Franz Kolar für einen Unbekannten gefälscht worden war, der das Dokument angeblich für einen »ungarischen Flüchtling« benötigte. Kolar hatte den Unbekannten im Café Kernstock kennengelernt und als Honorar für die Fälschung 4300 Schilling kassiert. Wie sich herausstellte, lebte der »echte« Alois Schmaldienst in Wien, der Mann, für den der Reisepass bestimmt war, tarnte sich daher, so nahm man an, mit einer falschen Identität, musste aber über familiäre Details wie Geburtsort (Hackenberg bei Güssing) und Geburtsjahr (1910) Bescheid wissen. Der Verdacht, dass hier Alois Brunner im Spiel war, lag nahe.

Das Rätsel löste sich endgültig erst 1954, als sich die Stadt Essen an die österreichischen Behörden wandte und um Feststellung der Staatsbürgerschaft eines gewissen Alois Schmaldienst bat, der in Essen-Heissingen, Stauseebogen 114, gemeldet war. Man kam aber zu spät: Brunner, in Frankreich inzwischen in Abwesenheit zum Tode verurteilt, war bereits untergetaucht. Unter tatkräftiger Mithilfe von Reinhard Gehlen, dem ehemaligen Leiter der Abteilung »Fremde Heere Ost« in Deutschland, ging er nach Ägypten und wechselte dann nach Syrien – als Experte für »Judenfragen« war der Mann, der sich nun Dr. Georg Fischer nannte, bei der syrischen Regierung willkommen.

Zwei Jahre später zog Anni – zumindest nach außen hin – einen Schlussstrich unter das Kapitel Alois Brunner: Am 27. März 1958 wurde sie rechtskräftig von ihm geschieden. Zu diesem Zeitpunkt lebte Brunner bereits in Damaskus und erzählte angeblich seinem Mitbewohner, einem gewissen Witzke, dass er seiner Frau und seiner Tochter Geld schicken würde. Er hätte sie aber in Südtirol auch schon persönlich getroffen. Bei einer Einvernahme am 27. Juli 1962 verneinte Anni weiterhin beharrlich jeden Kontakt, doch das war eine Lüge: 1976 fand eine Wiener Privatdetektei, die im Auftrag von Frankreichs »Nazijägern« Beate und Serge Klarsfeld agierte, heraus, dass Tochter Irene sehr wohl über die Anschrift ihres Vaters in Damaskus verfügte. Noch genauer wusste, wie Georg M. Hafner und Esther Schapira herausfanden, der sowjetische Geheimdienst KGB Bescheid: Aus einer Notiz in der Gauck-Akte BstU 000102 vom 25. Mai 1979 ging hervor, dass Irene sogar »ab und zu« zu ihrem Vater nach Syrien gefahren war. Anni Röder starb am 28. Oktober 1992, Tochter Irene entschloss sich zu eisernem Schweigen. Über das Todesdatum Alois Brunners herrscht weiterhin Unklarheit.

Für die Familie Jonas kam zwar eine Rückkehr nach Wien nicht mehr in Betracht, dennoch bemühte man sich um eine Rückerstattung der Villa und hatte schließlich Erfolg: Aufgrund eines Bescheids der Finanzlandesdirektion für Wien, Niederösterreich und das Burgenland vom 19. März 1948 wurde die Liegenschaft an Marianne Jonas restituiert. Robert Jonas starb im März 1952 im Alter von 69 Jahren in Ascona, Locarno. Marianne Jonas lebte noch bis 1965. Für ihre Kinder Lili Marietta und Peter Julius wurde London zum neuen Lebensmittelpunkt.

Vier »Stolpersteine« erinnern vor der Villa an die Deportation und Ermordung von Laura und Max Mahler, Berta Deutsch sowie Leopold Popper. Ein fünfter Gedenkstein, jener für Berta Katharina Weiss, fehlt.

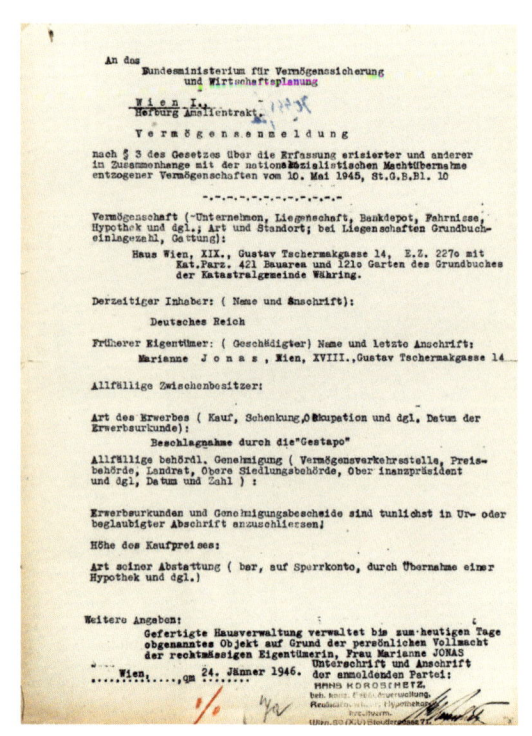

Am 24. Januar 1946 brachte die Hausverwaltung Hans Koroschetz mit Vollmacht von Marianne Jonas beim Bundesministerium für Vermögenssicherung und Wirtschaftsplanung die »Vermögensanmeldung« ein — erst zwei Jahre später wurde die Villa restituiert.

Literatur

Gabriele Anderl, Dirk Rupnow, Die Zentralstelle für jüdische Auswanderung als Beraubungsinstitution. Wien – München 2004 (= Veröffentlichungen der Österreichischen Historikerkommission. Vermögensentzug während der NS-Zeit sowie Rückstellungen und Entschädigungen seit 1945 in Österreich 20/1)

Heidi Brunnbauer, Im Cottage von Währing/Döbling. Interessante Häuser – interessante Menschen. Wien 2003

Claudia Brunner, Uwe von Seltmann, Schweigen die Täter, reden die Enkel. Mit einem Nachwort von Wolfgang Benz. Frankfurt am Main 2004

Didier Epelbaum, Aloïs Brunner. La Haine irréductible. Paris 1990

Georg M. Hafner, Esther Schapira, Die Akte Alois Brunner. Warum einer der größten Naziverbrecher noch immer auf freiem Fuß ist. Reinbek bei Hamburg 2002

Walter Thomas, Bis der Vorhang fiel. Nach Aufzeichnungen aus den Jahren 1940 bis 1945. Dortmund 1947

Thomas Mang, »Gestapo-Leitstelle Wien – Mein Name ist Huber«. Wer trug die lokale Verantwortung für den Mord an den Juden Wiens? Schriftenreihe des DÖW zu Widerstand, NS-Verfolgung und Nachkriegsaspekten. Münster 2003

Hans Safrian, Eichmann und seine Gehilfen. Frankfurt am Main 1997

Verzeichniß der Cottage-Villen-Besitzer 1894–95. Herausgegeben von Carl Müller. Wien 1894

Dokumentationsarchiv des österreichischen Widerstandes:
DÖW 9359
DÖW 19061/1–4
DÖW 21.115 (Anklageschrift gegen Dieter Wisliceny, Volksgerichtshof Bratislava, 16. September 1947)

Wiener Stadt- und Landesarchiv:
Gauakt Alois Brunner
VEAV, 18. Bezirk, Zl. 197 (Vermögensentziehungs-Anmeldungsverordnung Marianne Jonas)

Österreichisches Staatsarchiv/Archiv der Republik:
Abgeltungsfonds 7226/2, Robert Jonas

WIENER VILLEN

Die Villa Beer, gelegen in der **Wenzgasse 12** in Hietzing, wurde von der jüdischen Familie Beer nur knapp ein Jahr lang bewohnt.

Villa Beer
Josef Frank und Oskar Wlach, 1929–31

Wegmarke der Moderne

Der Kontrast könnte größer nicht sein. Nur wenige Schritte die Wenzgasse entlang sind es von der zur Festung der Islamischen Republik Iran erhobenen Villa Blaimschein zur in hellem Weiß erstrahlenden, weltoffen der Straße zugewandten Villa Beer. Deren Erbauer Josef Frank und Oskar Wlach wollten in ihrem Kampf für die moderne Wohnung und das moderne Haus ein Gebäude schaffen, das all die Vielfältigkeit bot, die man im »rationellen Wohnbau« bislang vermisste: »Leben. Große Räume, große Fenster, viele Ecken, krumme Wände, Stufen und Niveauunterschiede, Säulen und Balken«.

Ausgangspunkt für das moderne Wohnhaus, so die These Josef Franks in seinem programmatischen Text *Das Haus als Weg und Platz,* sei das Bohemeatelier im Mansardendach. Das oft verpönte Atelier im Dachgeschoß biete dem modernen Architekten genau jene Freiheit zur Vielfalt, die auch für das neue Haus gelten müsse. Nicht nur der »trostlosen Öde des rechteckigen Zimmers« müsse man entkommen, sondern überhaupt eine neue Anordnung der Innenräume finden: »Ein gut organisiertes Haus ist wie eine Stadt anzulegen mit Straßen und Wegen, die zwangsläufig zu Plätzen führen, welche vom Verkehr ausgeschaltet sind, so daß man auf ihnen ausruhen kann«, ja, es gleiche den »schönen alten Städten, in denen sich selbst der Fremde sofort auskennt und, ohne danach zu fragen, Rathaus und Marktplatz findet.«

Der Weg, der in der Villa Beer zu den Plätzen der Ruhe führt, ist ohne Zweifel die Stiege. Sie ist das Zentrum und die Lebensader des Hauses und von Josef Frank und Oskar Wlach so geschickt angelegt, dass sämtliche Wohnräume auf Zwischenpodesten zu liegen kommen. Unaufdringlich, wie von Frank gefordert, leitet die Stiege den Besucher zum ersten Zwischenpodest, von dem aus man durch eine große Öffnung ins Wohnzimmer blickt. Weiter führt sie dann zu Arbeitszimmer und Salon und schließlich – in umgekehrter Wendung – in das nächste Geschoß mit den Schlafzimmern. Gerne bestätigt man beim Hochsteigen den Architekten, dass ihre Forderung erfüllt ist: Der Weg auf dieser Stiege ist so abwechslungsreich, dass man ihre Länge niemals als lästig empfindet.

WIENER VILLEN

↑ In der Welt der meist klassischen Hietzinger Villen ein architektonisches Juwel von internationaler Modernität: der kubische Baukörper der Villa Beer von Josef Frank und Oskar Wlach.

← Gedacht als Raum der Begegnung für eine größere Anzahl von Gästen: die lang gestreckte Wohnhalle im Erdgeschoß mit dem originalen Parkettboden.

↖ Harmonisches Raumkontinuum: Die »Lebensader« Stiege verbindet die einzelnen Zwischenpodeste.

WIENER VILLEN

VILLA BEER

↑ Das Ende des Weges: In umgekehrter Wendung führt die Stiege zu den Schlaf- und Badezimmern.

Die Familie Beer

Die Familie Beer stammte aus Bisenz (Bzenec) in Südmähren. Sigmund Beer (1850–1912) übersiedelte in den 1880er- oder 1890er-Jahren nach Wien und gründete hier gemeinsam mit seinen Söhnen Robert (1881–1946) und Julius (1884–1941) im Juli 1904 die Firma »Sigmund Beer & Söhne«, einen Kommissionswarenhandel mit Sitz in der Gumpendorfer Straße 21. Seinen Profit zog das Unternehmen aus dem Handel mit Schuhen und Schuhteilen, 1910 ließ man die Marke »Berson« registrieren, die sich rasch mit qualitätsvollen Schuhsohlen und Schuhabsätzen einen Namen machte. Als sich nach dem Zusammenbruch der Habsburgermonarchie die führenden Kautschukfabriken zu einer GmbH zusammenschlossen, war es die Firma der Brüder Beer, die dem neuen Unternehmen den Namen gab: Berson Kautschuk GmbH. Robert und Julius Beer brachten ihre Markenrechte als Gründungseinlage in die Gesellschaft ein und agierten weiter als alleinige Geschäftsführer – ein Recht, das ihnen bis 1940 verbrieft wurde. Neben einer Umsatzbeteiligung hielten sie mit jeweils zwei Prozent auch einen kleinen Anteil an der Gesellschaft, die von der Josef Reithöffer's Söhne OHG und der Semperit AG sowie der Ungarischen Gummifabrik AG mit jeweils 32 Prozent dominiert wurde.

Robert Beer und seine Frau Elisabeth (1895–1975) bezogen eine Wohnung am Schwarzenbergplatz 5/Am Heumarkt 39 und betrauten das Einrichtungsgeschäft »Haus und Garten«, das seinen Sitz in der Nähe der Oper hatte, mit der Gestaltung der Räume. »Haus und Garten« – das war die Firma von Josef Frank und Oskar Wlach.

Ein Haus als radikaler Gegenentwurf zur herrschenden Villenkultur: Die von Josef Frank und Oskar Wlach für den Schriftsteller Emil Scholl und dessen Frau Agnes 1913/14 in der Wilbrandtgasse 3 errichtete Villa gab mit der Asymmetrie der Fassade und runden Fensterelementen den späteren Weg des Architektenduos vor.

Die Beers waren mit der »Performance« von »Haus und Garten« offenbar sehr zufrieden und nun vertrauten auch Julius Beer und seine Frau Margarethe ihr großes neues Projekt Josef Frank und Oskar Wlach an: die Errichtung eines Hauses in Hietzing. Die besondere Aufgabenstellung für das ambitionierte Architektenduo: Das Haus sollte auch als Ort der Begegnung dienen und etwa die Abhaltung musikalischer Soireen mit zahlreichen Gästen ermöglichen. Margarethe Beer (1891–1981), geborene Blitz, war die Tochter des Gemeindearztes von

Klare funktionale Formen bestimmen auch die Gartenseite der Villa Beer. Die Gestaltung des Gartens war Teil des von Josef Frank und Oskar Wlach erarbeiteten Gesamtkonzepts.

Fischamend. Sie hatte das Wiener Musikkonservatorium besucht und war eine ausgezeichnete Klavierspielerin, ein Talent, das sie mit ihrer Schwester Stephanie teilte.

Im Sommer und Herbst 1929 ging es Schlag auf Schlag: Im Juli konnten Julius und Margarethe Beer das ursprünglich aus drei Parzellen bestehende Grundstück erwerben, das sie gut kannten, wohnte die Familie doch seit 1920 gleich »ums Eck« in der Kupelwiesergasse 14. Bereits im Oktober begannen die Bauarbeiten – wie Tano Bojankin in seiner Studie zur Geschichte des Hauses wohl zu Recht betont, lässt diese ungewöhnlich rasche Umsetzung des Bauvorhabens darauf schließen, dass Josef Frank und Oskar Wlach ihre Pläne zuvor schon für ein anderes Grundstück erarbeitet hatten.

Beim Bau sparte man nicht mit teuren Materialien. So kam weißer Portlandzement zum Einsatz, bekannt auch als »Ciment Extra Blanc Lafarge«, wie die *Zeitschrift der Baumeister Österreichs* schon 1930 (Ausgabe 21) zu berichten wusste. »Marmorkühl«, so schwärmte man, würden die »reinen Formen des Hauses Beer aus dem Gartengrün« leuchten.

1931 konnte die Familie Beer – sie umfasste auch die drei Kinder Helene, Hans und Elisabeth – in ihr aufsehenerregendes neues Heim einziehen, das der Architekturhistoriker Friedrich Achleitner später als das

»wohl bedeutendste Beispiel Wiener Wohnkultur der Zwischenkriegszeit« rühmen sollte. Doch gleichzeitig zogen sich dunkle Wolken über Julius Beer und seinen Geschäften zusammen: Die Kautschukindustrie befand sich in der Krise, zwischen Beer und den Hauptgesellschaftern kam es zu schweren Auseinandersetzungen, schließlich musste er von seiner Funktion als Geschäftsführer der Berson Kautschuk GmbH zurücktreten. Nach einem mehrjährigen Streit, der vor Gericht ausgefochten wurde, war er gezwungen, 1937 seine Gesellschaftsanteile an die Semperit AG abzugeben. Bruder Robert Beer agierte glücklicher – er blieb bis zum »Anschluss« in der Berson-Geschäftsführung.

Honeymoon in Hietzing
Schwere finanzielle Probleme waren die Folge dieser unerfreulichen wirtschaftlichen Entwicklung. 1932 sah sich Familie Beer gezwungen, auszuziehen und Haus und Grundstück an die Versicherungsgesellschaft, die den Bau finanziert hatte, abzutreten. Julius und Margarethe Beer konnten sich allerdings das Recht sichern, die Räumlichkeiten der Villa bis 1937 selbst zu vermieten, von den Mieteinnahmen bediente man die Rückzahlungen.

Große Namen waren nun willkommen: Da die musikbegeisterte Familie Beer mit Richard Tauber befreundet war, gelang es 1936, den Opernstar für einige Zeit als Mieter zu gewinnen. Zudem war Valerie Lazersfeld, eine Cousine von Julius und Robert Beer, mit Jakob James Kettler, dem Produzenten der ersten Richard-Tauber-Tonfilme *Das Land des Lächelns, Das Lockende Ziel* und *Die große Attraktion,* verheiratet. Das Geschäft mit den Filmen Taubers stand allerdings unter keinem guten Stern: Schon 1931 hatte die Tauber Tonfilm GmbH Berlin Insolvenz anmelden müssen, Kettler erlag im März 1932 einer schweren Krankheit, sein Vermögen war mit der Pleite der Filmfirma verloren gegangen.

1935 lernte Tauber bei Dreharbeiten zum Film *Wien, Wien nur du allein (Heart's Desire)* die britische Schauspielerin Alice Mary Ellis (1905–1982), Künstlername Diana Napier, kennen und verliebte sich in sie – gemeinsam drehte man in den Londoner Denham-Studios mit Regisseur Walter Forde den Großfilm *Das singende Land (Land Without*

Richard Tauber, Frauenliebling und der berühmteste Tenor seiner Zeit, zog im November 1936 mit Gattin Diana Napier in die Villa Beer.

Wenige Monate nach ihrer Hochzeit am 20. Juni 1936 zogen Richard Tauber und Diana Napier in der Villa Beer ein. Julius Beer unterschrieb den Meldezettel, die Mieteinnahmen gingen noch an ihn und seine Frau Margarethe.

Music) mit Musik von Oscar Straus und die romantische Tragödie *Der Bajazzo* unter der Regie von Karl Grune. Am 20. Juni 1936 heirateten Richard Tauber und Diana Napier – für beide Stars war es jeweils die zweite Ehe. Die Zeit nach der Hochzeit wollte das Paar in Österreich verbringen, schließlich fand man mit der Villa Beer ein passendes Refugium in ruhiger Lage, als Tag der Anmeldung weist der Meldezettel den 18. November 1936 aus. Unterschrieben ist dieser von »Wohnungsgeber« Julius Beer persönlich. Tauber und seine schöne junge Gattin verbrachten den Winter 1936/37 in ihrem Hietzinger Heim – Diana nützte angeblich die Zeit, um ihre Deutschkenntnisse zu verbessern, auch den Opernball 1937 ließ sie sich nicht entgehen. Pläne für ein Engagement am Theater in der Josefstadt zerschlugen sich, Verhandlungen mit Wiener und ungarischen Filmproduzenten wegen eines deutschsprachigen Tonfilms scheiterten. Dann brach man jedoch zu neuen Taten auf: Am 31. März 1937 zog das Paar aus, einen Tag später meldete es sich nach London ab. Richard Tauber und Diana Napier sollten bald wieder getrennte Wege gehen, blieben aber bis zum frühen Tod Taubers 1948 miteinander verheiratet. Bei der Festvorstellung von *Das singende Land* am 10. März 1937 im Schwedenkino hatte Richard Tauber einige Lieder aus dem Film live präsentiert, und für die Fans des Künstlerehepaars hatte es in der Redaktion der Zeitschrift *Mein Film* in der Canisiusgasse 8–10 am 20. März 1937 noch eine letzte Autogrammstunde gegeben.

»Prawitschku« macht sich unentbehrlich

Ein spektakuläres Dreigestirn der Musikbranche sollte dann gegen Ende des »Ständestaats« in der Hietzinger Villa eine Unterkunft finden: Jan Kiepura, Marta Eggerth sowie der »Privatsekretär« und ständige Begleiter des Paars, Marcel Prawy, der spätere »Opernführer«.

Marta Eggerth (1912–2013), als Tochter eines deutschen Bankdirektors in Budapest geboren, hatte die polnische Sängerlegende Jan Kiepura bei den Dreharbeiten zum Film *Mein Herz ruft nach Dir* kennengelernt. Am 31. Oktober 1936 heiratete man in Katowice, die Villa Beer wurde im Herbst 1937 zum Lebensmittelpunkt des Paars in Wien. Immer mit dabei: Marcel Prawy, der erstmals als Assistent von Regisseur Carmine Gallone bei der Produktion des Films *Opernring* (1936) in den Studios am Rosenhügel mit Marta Eggerth in Kontakt gekommen war. Kiepura, der in diesem Musikfilm mit Fritz Imhoff und Theo Lingen die Hauptrolle spielte, hatte daraufhin Prawy angeboten, sein Privatsekretär zu werden. Als Prawy danach monatelang nichts von Kiepura hörte, glaubte er schon, dass die Sache im Sande verlaufen sei. Doch am 31. Dezember 1936 rief Kiepura bei ihm überraschend an und wiederholte sein Angebot – Prawy sagte sofort zu und

Ein Weltstar in Hietzing: Der »polnische Caruso« Jan Kiepura verließ die Villa Beer Ende Januar 1938.

machte sich für das Künstlerehepaar rasch unentbehrlich. Er arrangierte die Termine für die beiden Stars, »Prawitschku«, wie er von ihnen auch gerufen wurde, war das »Mädchen für alles«, dem sie blind vertrauten – Prawy handelte die Verträge mit den Opern- und Konzertveranstaltern aus und unterschrieb sie wenn nötig auch selbst. Kiepura war sein unantastbares Idol, zu Marta Eggerth war das Verhältnis etwas differenzierter. Die ständige Nähe des Sekretärs ging ihr mitunter auf die Nerven, verfolgte

Mit Marta Eggert im Sonnenschein

EIN WIENER OSTERBESUCH DER KÜNSTLERIN

„Im Sonnenschein" heißt bekanntlich der neue Kiepura-Film, der eben jetzt im Rosenhügel-Atelier gedreht wird, aber Marta Eggerth ist nicht, wie der Titel dieser Zeilen vermuten lassen könnte, Partnerin ihres Gatten (hoffentlich kommt es wieder einmal auch zu dieser Zusammenarbeit), sondern der Sonnenschein, der hier gemeint ist, ist sozusagen vollkommen „privat", so privat, wie die Anwesenheit der Künstlerin im Rosenhügel-Atelier.

Auf dem, von besagtem Sonnenschein ausgiebig beschienenen Freigelände des Rosenhügel-Ateliers sitzen Marta Eggerth und Jan Kiepura, dessen braune Chauffeurjacke seltsam mit der eleganten Kleidung seiner Gefährtin kontrastiert. Marta Eggerth ist gerade auf „einen Sprung" nach Wien gekommen, um die Osterfeiertage gemeinsam mit ihrem Mann zu verbringen. Auf einen recht „bürgerlichen" Sprung, mit der Bahn nämlich, denn zum Fliegen kann sie sich noch immer nicht entschließen. „Fliegen werde ich erst, wenn ich ein Engerl geworden bin, aber bestimmt nicht früher!" gesteht sie.

Die Aufnahmen zu ihrem Film „Schloß in Flandern", den Bolvary in Berlin inszeniert und in dem Paul Hartmann ihr Partner ist, sind natürlich noch lange nicht beendet. Frühestens anfangs Mai wird dieser Film, in dem Marta Eggerth nach längerer Zeit wieder eine durchaus ernste Rolle spielt, beendet sein, und dann geht es gleich nach Budapest zu den Aufnahmen des Lehár-Films „Wo die Lerche singt".

„Ich freue mich natürlich auf diesen Film ganz besonders!" sagt Frau Eggerth. „Erstens, weil er in Budapest gedreht wird und ich natürlich immer gern in die Heimat zurückkomme. Zweitens aber auch, weil es wieder ein Lehár-Film ist, der mir musikalisch besonders zusagt. Obwohl es ein Operettenfilm ist, wird meine Rolle doch nicht durchwegs heiter sein und auch das Schauspielerische nicht vernachlässigt werden. Das ist mir ganz besonders wichtig. Nach den Budapester Aufnahmen zur „Lerche" geht es dann nach Berlin zurück, wo ich bei der Ufa eine besonders schöne und wieder erste Rolle spielen werde. Dann kommt vielleicht ... und vielleicht ist hier gleichbedeutend mit hoffentlich, ein Film in Wien. Ich will aber nichts verschreien ...

Ich bin ja so furchtbar gern hier in Wien, sei es nun privat oder zur Arbeit. Das ist wirklich keine der üblichen Phrasen, bitte, glauben Sie mir das. Ich habe im Ausland immer doppeltes Heimweh, einmal nach Budapest und einmal nach Wien. Ich war auch ganz unglücklich, weil es nicht bestimmt war, ob ich die beiden Osterfeiertage werde freibekommen können, da die drohende Möglichkeit von Außenaufnahmen bestand. Daraus ist Gott sei Dank nichts geworden, und als ich heute früh aus dem Zug hier ausgestiegen bin, war ich so selig, daß ich am liebsten zu singen und zu tanzen angefangen hätte. Wie Sie sehen, habe ich auch schönes Wetter mitgebracht. Das muß übrigens so sein, denn zu Ostern feiere ich ja meinen Geburtstag und da muß immer schönes Wetter sein ... Also, ich bin momentan restlos glücklich. Wien ist schön, und nun erst Wien im Frühling und schließlich Wien ohne Arbeit. Zwei wunderbare Ferientage. Was kann ich mir noch Schöneres wünschen?"

Übrigens hat Marta Eggerth diese kurze Ferienzeit sehr notwendig. Sie hat ja erst vor kurzem eine schwere Krankheit überstanden und sich nachher kaum richtig erholen können, da die Aufnahmen zu ihrem Film begannen. Die richtige Erholung kommt erst im Sommer, denn im Herbst steht ja ein großes Ereignis bevor; ihr Debüt an der Pariser Oper, das eben wegen ihrer Erkrankung auf den September verschoben werden mußte. Und Ende des Jahres geht es dann, gemeinsam mit Jan Kiepura, zurück nach Hollywood ...

Hollywood ... Es war natürlich ein großes, wunderbares Erlebnis, aber ... Es gibt ein aber. Erstens hat ja Marta Eggerth drüben nichts gedreht. Sie kam gerade zur Zeit der Umorganisierung der Universal, und so konnte der mit ihr projektierte Film nicht begonnen werden. Das war natürlich eine kleine Enttäuschung, aber anderseits hatte Marta Eggerth so Gelegenheit, sich das kalifornische Paradies gründlich anzusehen. „Es ist ein Cannes zur Potenz!" erzählt sie. „Das Klima hat mir außerordentlich gut getan, und ich war selig

Marta Eggerth und Jan Kiepura im Hollywooder Sonnenschein
Photo Paramount

Im Frühjahr 1936 drehte Jan Kiepura in den Rosenhügelateliers den Streifen »Im Sonnenschein« – für Gattin Marta Eggerth Gelegenheit zu einem Wien-Besuch. Im Gespräch mit der Zeitschrift »Mein Film« berichtete sie von ihrem Aufenthalt in Hollywood, 17. April 1936.

er doch Kiepura mit seinen Tiraden bis ins eheliche Doppelbett. Endgültig sollte das Verhältnis des Ehepaars Kiepura-Eggerth zu Prawy in der Emigration in den USA kippen: Im April 1943 kündigten sie ihm schließlich, Kiepura warf ihm in einem Brief vom 16. April 1943, erhalten im Nachlass Prawys, vor, durch nicht angemessene Engagements sein »artistical and financial standard niveau« zu senken und seine »Konzentration von wichtigerer Arbeit wegzulenken«. Bereits zuvor war offenbar auch, wie Otto Schwarz in seinem Buch über Marcel Prawy berichtet, das böse Wort gefallen, dass Prawy zu »50 % Trottel und 50 % Verbrecher« sei. Nicht verkneifen konnte sich Kiepura einen Hinweis auf seine finanzielle Unterstützung für Prawy 1938: »(...) *it was rather a financial sacrifice from my side to bring you out from the Hitler danger of concentration camps or worse*«.

Marta Eggerth und Jan Kiepura bei einem Besuch in Wien im Oktober 1954. Mit Marcel Prawy hatte sich das Paar, das nun in der Nähe von New York lebte, inzwischen wieder versöhnt.

Prawy ließ die Vorwürfe nach außen hin von sich abprallen und sicherte seinem »geliebten Meister« auch weiterhin seine »Liebe und Bewunderung« zu – tatsächlich stürzte ihn die Kündigung der Kiepuras in eine schwere Krise.

1937 drehten Jan Kiepura und Marta Eggerth in den nahe gelegenen Rosenhügelateliers noch gemeinsam den Großfilm *Zauber der Bohème* unter der Regie von Géza von Bolváry, im November 1937 begannen für Marta Eggerth die Dreharbeiten an dem Revuefilm *Immer wenn ich glücklich bin* mit Frits van Dongen als Partner, mit dabei auch Paul Hörbiger, Theo Lingen und Hans Moser; Regie führte Karl Lamac. Dann kamen der »Anschluss« und die Emigration in die USA. Kiepura, der am 10. Februar 1938 an der Metropolitan Opera in New York als Rodolfo in Puccinis *La Bohème* debütierte, hatte sich am 28. Jänner 1938 von der Adresse in der Wenzgasse 12 abgemeldet, einen Tag später meldete sich auch Prawy ab. Er zog von der Villa Beer in die Dürergasse 18 in Mariahilf und erlebte hier den Einmarsch der deutschen Truppen mit. Aus einer jüdischen Beamtenfamilie stammend – sein Vater Richard Frydmann von Prawy war Ministerialrat am Verwaltungsgericht gewesen –, war Prawy gefährdet, mithilfe des befreundeten Schauspielers und Nazi-Kulturfunktionärs Robert Valberg, der ihm Ausreisepapiere besorgte, konnte er aber im Oktober 1938 das neue »Großdeutschland« verlassen und wieder zu Jan Kiepura und Marta Eggerth stoßen – Meran, Capri, Megève und Rom waren die nächsten gemeinsamen Stationen, ehe es ins Exil in den USA ging. »Das Weggehen aus Wien hat furchtbar weh getan«, sagte Marta Eggerth 50 Jahre später in einem Gespräch mit dem ORF-Journalisten Gerhard Jelinek.

Die Liegenschaft in der Wenzgasse 12 wurde nach dem »Anschluss« von der Versicherung Allianz und der Gisela-Verein Versicherungs AG ersteigert, das Versteigerungsverfahren war bereits 1937 eröffnet worden. Von 1939 bis 1941 stand die Villa leer, das Mobiliar, das wiederum von »Haus und Garten« gestaltet worden war, wurde eingelagert. Dann fand sich aber doch ein Käufer: Der Textilunternehmer Harry Pöschmann (1886–1955) erwarb zusammen mit seiner Frau Herta das Anwesen samt Mobiliar. Julius und Margarethe Beer, die »Gründer«, waren inzwischen schon in die USA emigriert, Julius Beer starb 1941 in New York. Den Kindern Helene und Hans (auch: Henry) gelang die Flucht, Elisabeth, die jüngste Tochter, fiel den SS-Schergen Alois Brunners in die Hände: Sie wurde am 27. Mai 1942 von Wien nach Minsk deportiert und am 1. Juni 1942 in Maly Trostinec ermordet. Josef Frank hatte es angesichts der antidemokratischen und antimodernen Entwicklung in Österreich schon 1933 vorgezogen, das Land zu verlassen und nach Schweden, der Heimat seiner Frau Anna Sebenius, zu emigrieren. In Österreich ist Josef Frank heute beinahe vergessen, als Designer genießt er in Schweden Kultstatus.

Operation »Smokey Joe's«

Nach Kriegsende wurde die Villa Beer von der britischen Besatzungsmacht für sich beansprucht: 1946 zog in der ehemaligen Villa des Kautschukfabrikanten Julius Beer eine Sonderabteilung des Militärgeheimdienstes ein: Das Haus wurde Sitz der 20. FSS Field Security Section.

Offiziell fahndeten die Briten zunächst nach NS-Kriegsverbrechern, doch der Kalte Krieg ließ bald andere Aufgaben in den Vordergrund rücken. Wien war zu einem »betriebsamen Spionageplatz« geworden, ein Bericht des US-Geheimdiensts aus dem Jahr 1949 listete »insgesamt 17 nachrichtendienstliche Gruppen auf« (Thomas Riegler), und der britische Guardian schrieb: »Man schätzt, dass in Wien etwa 20 Spionagedienste operieren.« Für die Mitarbeiter der Dienste – allein die CIA beschäftigte zu Beginn der 1950er-Jahre in der österreichischen Hauptstadt zwischen 50 und 60 Vollzeitkräfte (Siegfried Beer) – war die Arbeit nicht ungefährlich: So trug Wien bei den CIA-Leuten den vielsagenden Beinamen *The Shooting Gallery*.

An dieser »unsichtbaren Front« war nun auch die Villa Beer zu einem wichtigen Stützpunkt geworden. Der Militärgeheimdienst der Briten agierte nicht ohne Erfolg: 1948 gelang es ihm, einen jugoslawischen Spionagering aufzudecken. Aufmerksame Anrainer mochten sich in jenen Tagen wohl fragen, was es mit dem Erdmaterial auf sich hatte, das aus dem dritten Bezirk antransportiert und im Garten abgelagert wurde. Nun, wer tatsächlich fragte, erhielt keine Antwort, denn die Sache war so geheim, dass selbst die Mitarbeiter der 20. FSS Field Security Section nicht Bescheid wussten. Die Lösung des Rätsels: Im Herbst 1948 hatten die Briten – angeblich von einem Mitglied der österreichischen Regierung – den Tipp bekommen, dass unter der Aspangstraße ein Telefonkabel der Sowjets verlaufen würde, welches die Gespräche mit Prag, Budapest, Bukarest und Sofia ebenso transportiere wie zahlreiche militärische Dienstgespräche.

Von höchster Stelle wurde nun angeordnet, dieses Kabel anzuzapfen. Von drei großen Kellern aus, die gegenüber dem heute nicht mehr existierenden Aspangbahnhof lagen, arbeiteten sich die Sappeure der 291. FSS Field Security Section unter dem Kommando von Capt. John Ham-Longman mit einem unterirdischen Tunnel bis zu dieser Telefonleitung der Sowjetischen Botschaft vor. Britische Abhörspezialisten, die mit entsprechendem technischem Gerät aus England nach Wien gebracht wurden, konnten so bis 1951 die gesamte Kommunikation der Sowjets abhören – jeden Morgen gingen Wachszylinder mit den Gesprächsaufzeichnungen zur Analyse nach Schönbrunn. Feldwebel Blake Baker, der eine Österreicherin heiratete, bestätigt das in seinen Erinnerungen an den Aufenthalt in Wien. Die aufwendige Operation gegen die sowjetischen Telefonlinien lief bei den Mitarbeitern unter dem Spitznamen »Smokey Joe's« – in den Kellern gab es zwar keine Ventilation, dafür aber gratis Schokolade und Zigaretten.

1952 räumten die Briten die Villa, die Familie Pöschmann, die während dieser Zeit im nahe liegenden Haus Kupelwiesergasse 2 gewohnt hatte, konnte in ihr Heim zurückkehren.

Ein neues Nutzungskonzept

Die Villa Beer blieb bis 2008 im Besitz der Familie Pöschmann und ihrer Nachkommen. Durch den Einbau von Trennwänden sowie von Küchen und Bädern wurde das Haus, das 1987 unter Denkmalschutz gestellt wurde, im Laufe der Jahre in bis zu fünf Wohneinheiten geteilt, die Substanz blieb allerdings gut erhalten. 2012 kaufte der Privatinvestor und Unternehmer Johannes Strohmayer die Villa um kolportierte 2,8 Millionen Euro, als Eigentümerin der Liegenschaft fungierte die Dr. Strohmayer Stiftung. Inzwischen wurden die Stimmen lauter, die sich für eine öffentliche Zugänglichkeit des Gebäudes einsetzten, die Stadt Wien und auch der Bund überlegten einen Ankauf – eine Gestaltung als Museum stand im Raum. Während die Diskussionen noch andauerten, drohte das leer stehende Haus allerdings zu einem *Lost Place* der Moderne in Wien zu werden. Doch 2021 kam die Wende: Die Villa Beer Foundation erwarb das Haus, ein neues Nutzungskonzept, erarbeitet unter der Federführung von Geschäftsführer Lothar Trierenberg, wird der Bedeutung des Hauses endlich gerecht: Nach einer umfassenden Generalsanierung unter der Leitung von cp-architektur, die sich auf die Expertise zahlreicher Fachleute stützt, soll das Kulturjuwel Villa Beer der Öffentlichkeit zugänglich gemacht werden und einen neuen Fixpunkt unter den Wiener Sehenswürdigkeiten bilden.

Literatur

Siegfried Beer, Der Kampf an der »Unsichtbaren Front« der Geheimdienste in Österreich. In: Magnus Pahl, Gorch Pieken, Matthias Rogg (Hg.), Achtung Spione! Geheimdienste in Deutschland 1945 bis 1956, Band 1. Dresden 2016, 301–313

Blake Baker, Erinnerungen eines Feldwebels der britischen Feldsicherheit (FSS) in Österreich. In: Alfred Ableitinger, Siegfried Beer und Eduard G. Staudinger (Hg.), Österreich unter alliierter Besatzung 1945–1955. Wien 1998

Tano Bojankin, Das Haus Beer und seine Bewohner (PDF)

Josef Frank, Das Haus als Weg und Platz. In: Der Baumeister, 29. Jg. (1931), Heft 8, 316–323

Gerhard Jelinek, Nachrichten aus dem 4. Reich. Wien 2008

Diana Napier Tauber, My Heart & I. London 1959

Christian Otterer, »Wenn Sie denken an Familie, Sie denken an uns.« Jan Kiepura, Marta Eggerth und Marcel Prawy. In: Norbert Rubey (Hg.), Marcel Prawy. Wien 2006

Thomas Riegler, Österreichs geheime Dienste. Eine neue Geschichte. Wien 2022

Otto Schwarz, Marcel Prawy. »Ich habe die Ewigkeit noch erlebt«. Ein großes Leben neu erzählt. Wien 2006

Die Operation Smokey Joe's ist im Military Intelligence Museum in Chicksands, Bedfordshire, ausführlich dokumentiert.

WIENER VILLEN

In letzter Minute vor dem Abriss gerettet: die Villa Bujatti in der **Bujattigasse 19.** Ergänzt wurde der historische Bau durch eine neue Dachterrasse, von der sich ein wunderbarer Blick ins Halterbachtal bietet.

Villa Bujatti
Johann Friedl 1880

Verwandlung am Halterbach

Bis vor Kurzem war die Villa ein Geisterhaus. Geborstene Fenster, bröckelndes Mauerwerk, umgeben von einem verwilderten Garten – nichts erinnerte mehr an den Glanz vergangener Zeiten. Eine schräge Party-Location, ein Treffpunkt für junge Künstler, die den Verfall als Kulisse suchten, und letzte Zuflucht für Obdachlose, aber kein Ort zum Wohnen. Doch dann geschah das Wunder: Es fand sich ein engagierter Bauträger, der das vergammelte Gebäude, in der Gegend auch bekannt als »Villa Johanna«, vor dem Abriss bewahrte und mit liebevoller Sorgfalt in allen Details wieder herrichtete – von den Holzkastenfenstern bis zum originalgetreu erneuerten historischen Tonnendach.

Wir sind begeistert, als wir das erste Mal vor dem Haus stehen, das seit Jahren einen Fixplatz auf den diversen Listen der *Urban Explorer* hat. Ein echter *Lost Place*! Wir hätten es nicht für möglich gehalten, in dieser Gegend so einen aufregenden Ort zu entdecken. Der erste Eindruck: totale Verwahrlosung, abbruchreif! Der Verputz der Fassade ist teilweise abgefallen und einzelne Scheiben der verglasten Terrassentür hat man bereits eingeschlagen. Eine Grusel-Villa, wie sie im Buche steht und in der offenbar schon lange niemand mehr wohnt. Doch wir sollten uns täuschen!

Durch einen glücklichen Umstand haben wir die Gelegenheit bekommen, offiziell das Grundstück betreten zu dürfen und einen Rundgang im Haus absolvieren zu können. Die Patina der Vergangenheit ist allgegenwärtig, das großzügig angelegte Stiegenhaus und die hohen Räume verströmen noch immer großbürgerlichen Charme. Ein wunderschöner Kachelofen zeigt sich ziemlich ramponiert, von seiner Keramikverkleidung fehlen schon einige Teile. In einem anderen Raum entdecken wir ein aufgestelltes Campingzelt. Seltsam, hier scheint doch noch jemand zu hausen! Die Türen sind zum Teil ausgehängt, der Parkettboden ist stellenweise herausgerissen. Wir entdecken eine Toilette mit einem hölzernen Spülkasten. Und nun wird uns klar, dass dieser *Lost*

WIENER VILLEN

↑ Letzte Impressionen aus einem »Lost Place« versunkener Wohnkultur: Neben später aufgestellten Elektrogeräten fanden sich auch ein uralter hölzerner Spülkasten (links Mitte) und ein etwas ramponierter Kachelofen.

VILLA BUJATTI

↑ Abbruchreif – das war der erste Eindruck, der sich beim Anblick der Fassade der Villa Bujatti bot. Eine Rettung des Gebäudes hielten wir für kaum mehr möglich.

↑ Die hohen Wohnräume im ersten Stock verströmten noch immer großbürgerlichen Charme, auch wenn von der originalen Ausstattung nichts mehr erhalten war.

Place nicht wirklich verlassen ist. An einer Türe hängen Würste: Der unbekannte und unsichtbare Bewohner hat sich einen kleinen Vorrat an Lebensmitteln angelegt.

Nachdem wir alle Räume besichtigt haben, steht für uns eines fest: Dieses Gebäude kann nur mit einem enorm hohen Budget wieder zum Leben erweckt werden. Abriss und Neuerrichtung wären sicher der kostengünstigere Weg. Die Überraschung ist daher groß, als wir Jahre später auf unserer Villen-Tour feststellen: Das unmöglich Scheinende ist tatsächlich wahr geworden, die Villa erstrahlt in neuem Glanz!

Das Bujatti-Reich am Halterbach

»Z'Halterbach kriegt ma an Wein«, dichtete 1850 ein gewisser Karl Wendt, und tatsächlich gab es einmal einen Wein aus Hütteldorf. Besonderen Ruf genoss er allerdings nicht. Er galt als sauer und wurde eher als billiger »Haustrunk«, versetzt mit viel Wasser oder sogar mit Honig, geschätzt. Der Halterbach war nicht immer ein beschauliches Gewässer – nach heftigen Regenfällen konnte er zum reißenden Wildbach werden, er galt vor seiner Verbauung als »Wiens wildester Bach«.

Dennoch fuhren die Menschen aus der Stadt gerne hinaus nach Hütteldorf, vor allem im Frühling, wenn die Blütenpracht an den sonnigen Wiesenhängen zum Blumenpflücken lockte. Im *Heimatbuch Hietzing* erhob daher der besorgte Volksschullehrer und Orchideenspezialist Hans Fleischmann (1864–1925) die Forderung, das Haltertal zu einem »Wiener Naturschutzpark« zu erklären und das Blumenpflücken »mit aller gesetzlichen Strenge« zu verbieten.

Wer sich weder am sauren Wein noch an seltenen Orchideen erfreuen wollte, konnte sich ja am beliebten Hütteldorfer Bier schadlos halten. Die Wirtshäuser waren demgemäß die ersten Fixpunkte in dieser Ausflugslandschaft am Rande des Wienerwaldes. Dann erkannten begüterte Städter, dass es doch reizvoll wäre, hier mit der Familie den gesamten Sommer zu verbringen. Es entstanden erste Landhäuser und Villen, auch wenn Hütteldorf nie wirklich zu einem Villenviertel wurde.

Zu jenen Familien, die das Halterbachtal für sich entdeckten, gehörte auch die Industriellendynastie Bujatti, die sich in den 1880er-Jahren ein kleines privates Reich schuf. Ab 1880 ließ Franz Bujatti, das Haupt der Familie, gleich zwei Villen erbauen: die noch erhaltene Villa auf Nummer 19, ein »prächtiges Tusculum«, das zu Ehren seiner Tochter auf »Villa Johanna« getauft wurde, und eine weitere auf Nummer 18, die nicht mehr erhalten ist. Da sich seine drei Söhne Hermann (1846–1925), Theodor (1848–1916) und Georg Franz (1849–1933), die inzwischen gemeinsam das Textilunternehmen Bujatti leiteten, und ihre Familien offenbar einander auch abseits der Geschäfte nahe sein wollten, beauftragte man 1883 den aus Böhmen stammenden Stadtbaumeister

Verschwunden: die repräsentative Bujatti-Villa auf dem Grundstück Halterbachgasse 15. Hier lebte ab dem Jahr 1900 Franz Bujattis Tochter Johanna mit ihrem Mann, dem bekannten Hof- und Gerichtsadvokaten Dr. Rupert Angerer.

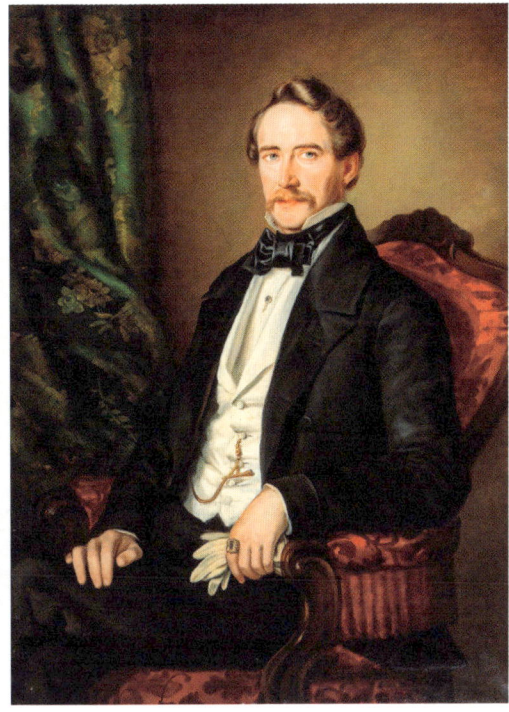

Führten ihr Unternehmen mit dem Stammsitz in der Zieglergasse 8 zu großem Erfolg: der »bürgerliche Seidenzeug-Fabrikant« Franz Bujatti und seine Gattin Jeannette (Johanna), das »Muster einer deutschen Hausfrau«. Gemälde von Johann Christian Mayer, um 1850.

Johann Friedl (1812–1886) mit der Errichtung einer dritten Villa auf dem Grundstück Halterbachgasse 15. Dieses repräsentative Haus, in dem ab dem Jahr 1900 auch Tochter Johanna, geboren 1845, mit ihrem Mann, dem aus Salzburg stammenden Hof- und Gerichtsadvokaten Dr. Rupert Angerer (1835–1908), lebte, ist ebenfalls verschwunden. Angerer, mit den Bujattis eng verbunden und Berater in allen rechtlichen Angelegenheiten, hatte 1879 die Prokura für das Unternehmen erhalten. Späterer Besitzer der Villa auf Nr. 15 war Theodor Bujattis Sohn Egon Bujatti (1883–1970), der 1911 Dora (Dorothy) Faber, eine Enkelin des Industriellen Hermann Krupp, ehelichte.

Die geballte Präsenz der Bujattis am Halterbach konnte auch die Stadt Wien nicht übersehen: 1898, ein Jahr nach dem Tod Franz Bujattis, wurde die Halterbachgasse in Bujattigasse umbenannt.

Der Aufstieg der Seidendynastie

»Denn unser Vater is a Hausherr und a Seidenfabrikant«, lautet der Refrain eines bekannten Wienerliedes, das der populäre Volkssänger Wilhelm Wiesberg (1850–1896) schuf. Seidenfabrikant musste man also sein, dann war man ein gemachter Mann – und genau das galt für Franz Bujatti.

Die Geschichte der Seidenwaren-Firma Bujatti reicht zurück ins 18. Jahrhundert.

WIENER VILLEN

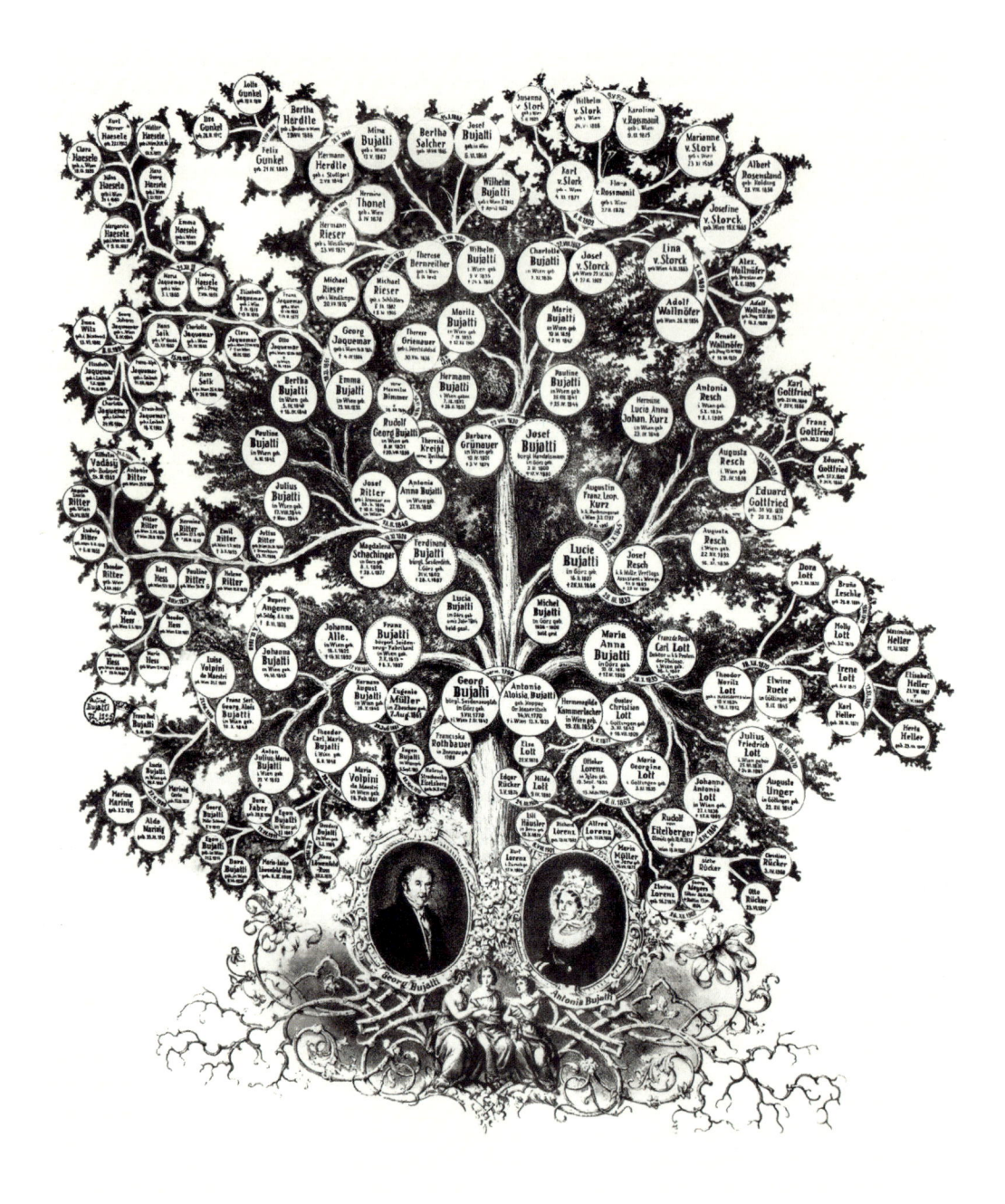

Ein Spiegelbild des Aufstiegs: der Stammbaum der Familie Bujatti. 1811 übersiedeln Georg und Antonia Bujatti nach Wien, ihre Kinder etablieren sich erfolgreich in der Gesellschaft der Kaiserstadt.

Die Familie Bujatti stammte ursprünglich aus Cormòns im Friaul und betrieb in Görz eine Seiden-Handweberei. 1811 übersiedelte Georg Bujatti, geboren 1770 in Görz, nach Wien, um hier, im »großen Modecentrum der Kaiserstadt«, sein Glück zu machen. 1813 wurde der jüngste Sohn Franz geboren, der nach dem Besuch der Realschule die Commerz-Abteilung am k. k. polytechnischen Institut und die Manufactur-Zeichenschule absolvierte, daneben aber auch private Sprachstudien betrieb. Ab 1830 wirkte er im Geschäft des Vaters in der Zieglergasse 8 »arbeitsfreudig« mit, nach Anfertigung eines »Meisterstücks« erlangte er 1835 das »Meisterrecht«. Die Stiftsherrschaft Schotten, die damals noch die Jurisdiktion über die Vorstadt Schottenfeld ausübte, verlieh ihm daraufhin das »Seidenzeugmacher-Gewerbe«. Nach dem Tod des Vaters übernahm Franz Bujatti, dessen Schwester Marie 1833 den jungen aufstrebenden Philosophen Franz Karl Lott (1807–1874) geheiratet hatte, 1842 die Firma und konnte mit seinen Erzeugnissen bald schöne Erfolge erringen. So wurde er bei der Deutschen Industrie-Ausstellung in Leipzig 1850 sowie der Weltausstellung in Paris 1855 jeweils mit einer goldenen Medaille ausgezeichnet. Auf dem Diplom brachte die Pariser Jury den lobenden Vermerk an: *création du dessin, intelligence du colorit, travail avancé.* Bujatti produzierte in diesem Jahr Seidenfabrikate im Wert von etwa 130.000 Gulden und verarbeitete dafür rund 500 Zentner Seide und 200 Zentner Baumwolle. Die Produktpalette war breit gespannt: von gemusterten Möbelstoffen aus Damast bis zu luxuriösen Foulardtüchern sowie kostbaren Atlas- und Levantinegeweben.

1845 heiratete Franz Bujatti Jeannette Allé (1822–1890), die nicht nur die Mutter seiner Kinder wurde, sondern sich offenbar auch durch besondere Geschäftstüchtigkeit auszeichnete, denn 1863 scheint sie im Wiener Handelsregister unter »Johanna Bujatti« als Prokuristin der Firma auf.

Mit dem Erfolg kam die Expansion: 1858 gründete Franz Bujatti eine Filialfabrik in Mährisch-Schönberg (Šumperk), das im Laufe des 19. Jahrhunderts zu einem Zentrum der Textilindustrie in der Habsburgermonarchie aufgestiegen war. Mit der Errichtung von 37 Arbeiterwohnungen bewies Bujatti nicht zuletzt auch Sinn für die soziale Lage seiner Belegschaft.

1874 eröffnete Bujatti im böhmischen Haskow *(Haškov)* nahe Münchengrätz *(Mnichovo Hradišt)* eine zweite Filialfabrik, die »in neu-

Drei Generationen: Nestor Franz Bujatti mit Tochter Johanna (links) und deren Adoptivtochter Juliette sowie Enkel Egon, dem Sohn von Theodor und Maria Bujatti, um 1895.

Am Höhepunkt des Ansehens und wirtschaftlichen Erfolgs: Hochzeit von Egon Bujatti mit Dora »Dorothy« Faber, einer Enkelin von Hermann Krupp, auf Schloss Sternstein bei Cilli (Celje), 17. Juli 1911.

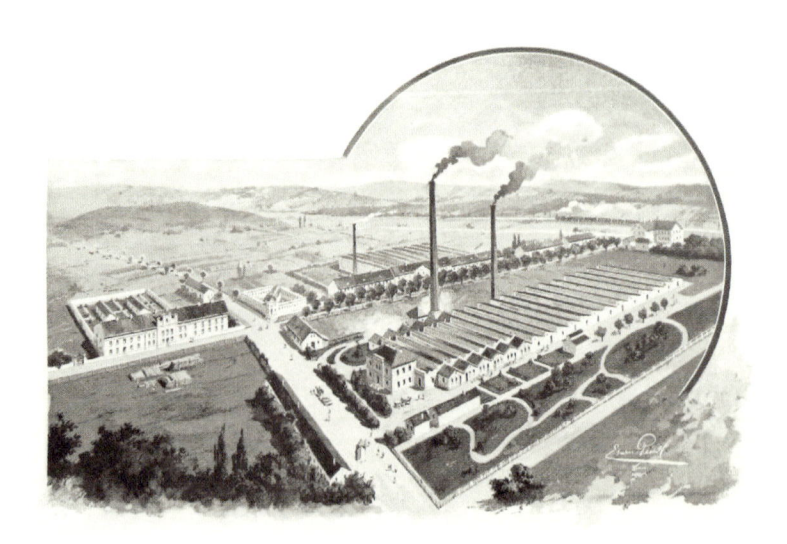

Der erste Schritt zur Expansion: die Seidenfabrik der Bujattis in Mährisch-Schönberg. Illustration aus »Die Gross-Industrie Österreichs«, Band 4, 1910.

Kostbare Seidenstoffe für ein zahlungskräftiges Publikum: Doppelseite aus einem original erhaltenen Musterbuch.

ester Einrichtung« eine Weberei, Druckerei, Färberei und Appretur umfasste. In Blauda *(Bludov)*, Frankstadt *(Nový Malín)* und Deutsch-Liebau *(Libina)* arbeiteten zusätzlich etwa 600 Handwebstühle für ihn.

Bereits ein Jahr zuvor, anlässlich der Weltausstellung 1873 in Wien, war Bujatti vom Kaiser der Titel »k. k. Hof-Seidenzeugfabrikant« verliehen worden. Eine großzügige Spende Bujattis hatte diese Auszeichnung begünstigt: Für den Salon im Kaiserpavillon stellte er die prachtvollen roten Damastbezüge zur Verfügung. Die kaiserliche Familie zeigte auch sonst großes Interesse an seiner Tätigkeit: Am 7. April 1862 besichtigte Kaiser Franz Joseph die »Etablissements« Bujattis in der Zieglergasse, wobei der interessierte Monarch laut übereinstimmender Berichterstattung der Wiener Presse die »Weberei am Jaquardstuhle einer längeren Betrachtung« würdigte. Auch die Damen des Hauses Habsburg ließen sich die Luxusstoffe Bujattis nicht entgehen: Am 9. April kam Kaiserin Carolina Augusta, am 10. April folgte Erzherzogin Sophie. Eine Gedenktafel in der Zieglergasse 8 erinnert noch heute an die Besuche der kaiserlichen Herrschaften.

Ein Jahr später wurde dem Unternehmer der Franz-Josephs-Orden verliehen – für Bujatti Anlass, am Faschingsdienstag 1863 in seiner Wiener Fabrik ein großes »Freudenfest« zu geben. Bei seiner Ansprache wies er darauf hin, dass er diese Auszeichnung für seine »industrielle Leistung« erhalten habe, an der auch seine Arbeiter ihren Anteil hätten, denn nur mit »vereinten Kräften« wäre jener Erfolg möglich gewesen. (*Wiener Zeitung*, 26. Februar 1863)

1877 übergab Franz Bujatti das Unternehmen seinen Söhnen Hermann, Theodor und Franz Georg Bujatti, die in der Folge umfassende Investitionen in die Modernisierung der Fabriken tätigten. Zu diesem Zeitpunkt beschäftigte man etwa 1200 Arbeiter, betrieb 700 mechanische Webstühle und unterhielt Vertretungen in zahlreichen Ländern – fast die Hälfte der produzierten Textilien ging in den Export. 1886 wurden die letzten Webstühle in Wien stillgelegt, es blieb nur ein Lager mit einer Verkaufsstelle. Franz Bujatti senior, der auch ein talentierter Maler und Zeichner war, widmete sich in der Folge vor allem seiner schriftstellerischen Arbeit. So übersetzte er das französische Fachbuch *L'art de la soie* von Natalis Rondot ins Deutsche und schrieb ein Buch zur Geschichte der Seidenindustrie Österreichs.

Franz Bujattis Gattin Jeannette, das »Muster einer deutschen Hausfrau«, starb 68-jährig am 14. November 1890. Das Begräbnis der »edlen Frau, trefflichen Gattin und Mutter, liebenswürdigen Freundin, guten Bürgerin und oft bewährten Wohlthäterin« auf dem

Hütteldorfer Friedhof fand unter dem »großartigen Zudrange von Leidtragenden« statt. (*Feuerwehr-Signale,* 5. Dezember 1890)

Ein Familienfest
Zum 80. Geburtstag Bujattis, dessen »unvergleichliches Wirken« in den »weitesten Kreisen die vollste, uneingeschränkte Anerkennung fand«, veranstaltete die Familie in der »geräumigen, wunderbar gelegenen« Villa in Hütteldorf am 7. August 1893 ein großes Fest, zu dem zahlreiche Freunde und Industrielle geladen waren. Tochter Johanna eröffnete beim Diner, das um 17 Uhr begann, mit »gefühlvollen, tief empfundenen Worten« den »Reigen der Toaste«, Freiherr Alois von Czedik, Mitglied des Herrenhauses und Präsident des Niederösterreichischen Gewerbevereins, würdigte die Verdienste des Jubilars und verglich ihn in »schwungvollen Worten« mit einer »Eiche des Wienerwaldes«. (*Feuerwehr-Signale,* 20. August 1893) Als Geschenk gab es vonseiten der Familie eine »treffliche Büste des körperlich und geistig frischen ›Jubelgreises‹« aus dem Atelier von Viktor Tilgner, und die Stadt Wien stellte sich mit der »doppelt großen goldenen Salvator-Medaille« für vieljährige Verdienste ein. Ein »brillantes Feuerwerk«, ausgeführt vom bekannten Pyrotechniker H. Weinberger, »schloss dieses schöne Familienfest und erst in später Stunde trennten sich die Gäste von dem trauten Familienheim«.

Franz Bujatti, der »Nestor der Wiener Seiden-Industrie«, starb 84-jährig am 6. Oktober 1897 in seiner Villa in Hütteldorf. Wie die Zeitschrift *Wiener Bilder* in ihrem Nachruf schrieb, war er »eine der ehrwürdigsten und sympathischesten Erscheinungen der österreichischen Industriellenwelt«. Mit ihm sei eine »der wenigen Gestalten entschwunden, die in Wien das unvergängliche Bild jener guten, alten Zeit repräsentirten, wo noch das Handwerk einen goldenen Boden hatte und sich unbekümmert um die Politik des Tages zu Macht und Ansehen entwickelte«. Knapp vor seinem Tod war Franz Bujatti noch mit dem Ritterkreuz des Ordens der Krone Italiens ausgezeichnet worden.

Auch nach dem Ableben des Seniorchefs gedieh die Firma vorerst weiter prächtig: 1912 wandelten die drei Brüder Bujatti das Unternehmen in eine Aktiengesellschaft um, die nun als »Seidenindustrie-Aktiengesellschaft vormals Franz Bujatti« firmierte. Geleitet wurde die mit einem Grundkapital von 2,25 Millionen Kronen ausgestattete Firma, die seit 1899 auch eine Fabrik im ungarischen Szentgotthárd betrieb, von einem Verwaltungsrat, dem neben den Bujatti-Brüdern auch der Großindustrielle Otto Pick (1874–1950) angehörte. Der Erste Weltkrieg und der Zusammenbruch der Monarchie stellten für das florierende Unternehmen jedoch eine schwere Belastung dar: Die Märkte brachen teilweise weg, Seidenstoffe wurden zu einem für viele unerschwinglichen Luxusgut.

Da sich die Fabriken nun in der Tschechoslowakei befanden, verlegte man den Firmensitz 1921 nach Prag. Hermann Bujatti, der Präsident der Seidenindustrie A. G., starb 80-jährig im November 1925, Bruder Theodor, Vorsitzender der Ungarischen Seidenindustrie-A. G. vormals Gebrüder Bujatti in Szentgotthárd, war bereits im März 1916 einer Krankheit erlegen. Der jüngste der Brüder, Franz Georg, starb am 8. Dezember 1933. Im Zuge der Weltwirtschaftskrise 1929 musste die Produktion gedrosselt werden,

Theodor Bujatti, Vorsitzender der Ungarischen Seidenindustrie-A. G. in Szentgotthárd, und seine Gattin Maria, geborene Volpini de Maestri.

Kämpfte für die Berufstätigkeit der Frauen: Franz Bujattis Nichte »Hofrätin« Jeanette von Eitelberger, die langjährige Präsidentin des Wiener Frauenerwerbvereins.

die Firma geriet zunehmend in Zahlungsschwierigkeiten. Die Enkel von Franz Bujatti, die nun am Ruder waren, konnten das Unternehmen nicht mehr retten – 1934 wurde es endgültig liquidiert. *(WStLA, Handelsgericht, A44-B-Registerakten, B 22, 70)*

Die kämpferische Nichte: Jeanette von Eitelberger

Bei den Familienfesten im Haltertal durften auch Franz Bujattis Schwester Marie und deren Kinder nicht fehlen. Maries Mann Franz Karl Lott war ja schon 1874 gestorben, auch ihr zweitältester Sohn Julius Lott (1836–1883), der Erbauer der Arlbergbahn, starb früh an Miliartuberkulose – die Lottgasse in Floridsdorf erinnert an diesen bedeutenden Eisenbahnpionier, dem man fälschlicherweise nachsagte, dass er aus Angst, die beiden Richtstollen des Arlbergtunnels könnten nicht exakt aufeinandertreffen, Selbstmord begangen hätte.

Theodor, der älteste Sohn Marie Lotts, brachte es zum Regierungsrat und Sekretär an der Akademie der bildenden Künste, Gustav Christian, der jüngste Sohn, wurde Gynäkologe und Professor an der Universität Wien, Tochter Marie heiratete den bekannten Historiker Ottokar Lorenz (1832–1904). Maries ältere Schwester Jeanette, geboren 1838, ehelichte 1864 den um 21 Jahre älteren Kunsthistoriker Rudolf von Eitelberger (1817–1885), der von Kaiser Franz Joseph zum ersten Direktor des neu gegründeten k. k. Österreichischen Museums für Kunst und Industrie – heute das Museum für angewandte Kunst (MAK) – bestellt worden war. Ein eindrucksvolles Denkmal in der Säulenhalle des Museums am Stubenring erinnert an ihn.

Jeanette von Eitelberger fand ihre Lebensaufgabe im Engagement für die »Hebung der Erwerbsfähigkeit des weiblichen Geschlechtes« in Wien, wie die *Neue Freie Presse* etwas gestelzt in ihrem Nachruf schrieb. 1869 wurde sie zur Vizepräsidentin des Wiener Frauenerwerbvereins gewählt, 1873 zur Präsidentin – eine Funktion, die sie bis 1897 innehatte. Tatkräftig sorgte die Nichte Franz Bujattis für einen entscheidenden Aufschwung des Vereins, der nun zur »Zentralstätte für eine höhere Ausbildung der weiblichen Jugend« wurde: Den bescheidenen Anfang machte eine Nähstube, bereits 1868 hatte man in der Walfischgasse 4 die »Handelsschule 1« eröffnet. Bis 1880 konnte der Frauenerwerbverein 22 Schulen und Kurse einrichten, schließlich gelang es Jeanette von Eitelberger, die Gründung eines sechsklassigen Mädchenlyzeums mit Öffentlichkeitsrecht durchzusetzen.

Die Zahlen, die sie am 15. November 1891 bei der 25. Jahresversammlung des Frauenerwerbvereins vorlegte, konnten sich sehen lassen: Bis 1891 hatten 12.000 Mädchen die Schulen des Vereins absolviert, 1300 junge Frauen wurden zu Buchhalterinnen ausgebildet, 3942 Schülerinnen im Mädchenlyzeum in die »höheren« Wissenschaften eingeführt. Nie werde der Verein und dessen Leitung, so Jeanette von Eitelberger in ihrer Festansprache, »das Ideal, der Frau zu nützen und sie auch nützlich zu machen«, vergessen. (*Wiener Montags-Journal,* 16. November 1891)

»Hofrätin« Jeanette von Eitelberger starb am 17. Februar 1909, ihr Begräbnis auf dem Zentralfriedhof fand unter »zahlreicher Teilnahme der Wiener Gesellschaft« statt. Mutter Marie Lott, geborene Bujatti, überlebte sie um genau einen Monat: Sie verschied im Alter von 99 Jahren am 17. März 1900.

Halloween am Halterbachtal

»Die Villa stand zwölf Jahre lang zum Verkauf«, erzählt uns der Mitarbeiter der Immobilienfirma EPI, der uns freundlicherweise durch die Penthousewohnung, die noch auf einen Käufer wartet, führt. Schon vor Beginn der Generalsanierung hatte es mit »Zwischennutzungsprojekten« letzte Versuche gegeben, dem Haus neues Leben einzuhauchen. So mietete sich der Verein »Mezzanin« hier ein, der die Villa als Atelier und Ort für Kunstkurse nutzte. Die baufällige Villa, so bewarb man die »Location«, sei ein »Ort für Zusammenkünfte, Kreativität und Unerwartetes«. Dem »Mezzanin« folgte im Oktober 2018 noch für kurze Zeit der Kulturverein »Riot«. Mit der Villa glaubte man den passenden »Platz für junge Kunst« gefunden zu haben. Man wollte eine Plattform anbieten, auf der sich junge und alte Künstler, Musiker, Maler und Fotografen, vernetzen konnten. Daneben sollten auch Ausstellungen stattfinden und die Villa als Kulisse für Fotoshootings dienen.

Seine Präsenz im Haus läutete »Riot« mit einer legendären Halloween-Party ein. Um die Anrainer am Halterbach durch den dröhnenden Hardrock von Marilyn Manson nicht zu verstören, lud man sie vorsorglich zu dieser sehr kurzfristig angesetzten Fete ein und dämmte die Fenster innen und außen sorgfältig ab. Der Andrang war gewaltig, um zehn Uhr mussten die Veranstalter einen Einlassstopp verhängen, doch dann tauchte die Polizei auf und der Gruselspaß hatte ein jähes Ende. Die Wiener Stadtverwaltung verhängte eine Geldstrafe, »Riot« dokumentierte den denkwürdigen Abend mit einem Video auf YouTube.

Eine geplante Pre-Christmas-Party fand nach dieser schmerzhaften Erfahrung nicht mehr statt, nach einigen Fotoshootings, u. a. mit der Miss Austria von 2017, kündigte »Riot« mit März 2019 den Mietvertrag. Grund dafür war nicht zuletzt die völlig unzureichende Infrastruktur: So gab es etwa keine funktionierende Wasserleitung mehr, es fehlte an Licht und ordentlichen Toiletten. Auch für den Eigentümer war jetzt wohl klar: Jetzt musste tatsächlich etwas geschehen – die Zeit war reif für die Generalsanierung.

Inzwischen ist alles anders. Auch wenn die Wohnung, in der wir stehen, noch nicht fertig ausgestattet und eingerichtet ist, beneiden wir den zukünftigen Besitzer schon jetzt: Von der Dachterrasse bietet sich ein wunderbarer 360-Grad-Rundumblick in die grüne Welt des Halterbachtals, die vielen Dachflächenfenster sorgen für strahlende Helle, das riesige, 60 Quadratmeter große Wohn-Esszimmer erreicht eine Raumhöhe bis zu 3,8 Meter.

Das Haus hat sich verwandelt, sieben Wohnungen finden hier nun Platz, neue Lebensgeschichten werden mit ihm verwoben sein. Ein ehemaliger *Lost Place* der großbürgerlichen Villenwelt Ende des 19. Jahrhunderts hat seine Vergangenheit hinter sich gelassen und sich der Zukunft geöffnet.

Literatur

Franz Bujatti. In: Biographisches Lexikon des Kaiserthums Oesterreich. Band 2. Wien 1857

Franz Bujatti sen., Die Geschichte der Seiden-Industrie Oesterreichs, deren Ursprung und Entwicklung bis in die neueste Zeit. Wien 1893

Franz Bujatti. K. u. k. Hof-Seidenwaren-Fabriken Wien – Haskow – M. Schönberg. In: Die Gross-Industrie Österreichs. Band 3. Wien 1898, 37 ff.

Hietzing. Ein Heimatbuch des 13. Wiener Gemeindebezirkes. Herausgegeben von der Arbeitsgemeinschaft für Heimatkunde in Hietzing. 1. Band: Landschaft und Siedlung. Wien 1925

Der Nestor der Wiener Seiden-Industrie. In: Wiener Bilder, II. Jahrgang, Heft Nr. 45, 7. November 1897, 6

Neue Freie Presse, 18. Februar 1909, 8

Josef Carl Reeder, Eine Eiche aus dem Wienerwalde. In: Feuerwehr-Signale, X. Jahrgang (1893), Nr. 22, 20. August 1893, 1–3

Michaela Ryšková, Pavla Dubská, Petra Mertová, Industrial Heritage. The Linen, Cotton and Silk Industries in the Šumperk and Jeseník Regions. Ostrava 2021

Wiener Stadt- und Landesarchiv: Handelsgericht, A44-B-Registerakten, B 22, 70

Video auf YouTube:
Riot und das Geheimnis der unheimlichen Strafverfügung (von »Riot«-Vereinsobmann Marco Balic)

WIENER VILLEN

Farbenprächtige Majolikabilder an der Fassade: Arik Brauer hat der Villa Angerer in der **Colloredogasse 30** auch außen seinen unverkennbaren Stempel aufgedrückt.

Villa Angerer
Carl von Borkowski 1884

Im Zeichen der Blutbuche

Die farbenprächtigen Majolikabilder an der Fassade lassen keinen Zweifel: Wir stehen vor der Villa Arik Brauers. Erbaut 1884 in »altdeutsch-manieristischen Formen«, sagt der Dehio, ein Türmchen und die Giebel zeugen noch davon, die Butzenscheiben sind verschwunden, zersprungen in einer Bombennacht des Krieges. Der erfolgreiche Künstler und Aufsteiger, der von »unter der Brücke« kam, verlieh dem großbürgerlichen Cottage-Domizil seine Signatur, an den Mauern außen und mit dem verborgenen Privatmuseum darunter. Die imposante Villa in der Colloredogasse kündet vom Zusammenstoß zweier Welten ...

Das Programm des Wiener Cottage Vereins war ursprünglich bescheiden formuliert: Nur »kleine Häuser mit Gärten, welche in England Cottages genannt werden«, würde man »für den Bedarf je einer Familie« erbauen und diese Häuschen »gegen Ratenzahlungen eigenthümlich an die Mitglieder« überlassen, las man am 30. März 1872 in der *Neuen Freien Presse*. Nun, die »kleinen Häuser« wurden bald größer, der Wunsch nach Repräsentation und Selbstdarstellung des vermögenden Publikums ließ die Projekte wachsen – jedes Haus musste sein individuelles »Gesicht« bekommen. Das galt auch für die geplante Villa in der Stephaniegasse 30.

Carl Angerer (1838–1916), der Bauherr, unterschrieb am 5. Mai 1884 den Kaufvertrag für die Liegenschaft und betraute Carl von Borkowski, einen ehemaligen Mitarbeiter Heinrich von Ferstels und nunmehr Baudirektor des Währinger-Döblinger Cottage Vereins, mit der Erstellung der Pläne für das neue Heim seiner Familie. Baumeister Johann Matisek errichtete nach jenen Vorgaben das viergeschoßige Haus, das an seiner Westseite einen durchgehenden Erker bis zum Dachgiebel aufweist. Im Tiefparterre wurde die Wohnung des Hausmeisters eingerichtet, Waschküche und Kellerräume ergänzten diese profane Unterwelt des Nützlichen. Das Reich der Familie Angerer begann im Hochparterre mit dem repräsentativen holzvertäfelten Empfangs- und dem großen Speisezimmer mit einer bemalten

WIENER VILLEN

VILLA ANGERER

↑ Für den Betrachter nicht immer einfach zu entschlüsseln: Geschichten, erzählt im Stil der Wiener Schule des Phantastischen Realismus. Majolikabild an der Ostseite der Villa.

WIENER VILLEN

176

VILLA ANGERER

↖ Der Garten als Ort privater Erinnerung: Gedenkstein für die Eltern Hermine und Arik Brauer, flankiert von zwei Keramikfiguren.

↑ Aus dem großbürgerlichen Villengarten wurde eine sehr persönliche Kunstwelt: Fantastisch-groteske Keramikfiguren, vielfach politischen Appell mit familiärer Erinnerung verbindend, bestimmen das Bild. Oben links: Arik Brauers Mahnmal für die Opfer der sogenannten »Reichskristallnacht« zieht eine Parallele zur Haggada, die von der Befreiung der Israeliten aus ägyptischer Sklaverei erzählt.

← Eine lebenspralle, fantastische Bilder- und Figurenwelt: Die unterirdische »Tempelhalle« bietet einen beeindruckenden Querschnitt zu Arik Brauers Kunst.

WIENER VILLEN

Kein »kleines Haus« mit Garten, sondern Monument des Aufstiegs und großbürgerlicher Wohlhabenheit: die Villa der Familie Angerer um 1886.

Balkendecke aus Tannenholz. Ein Rauchzimmer als Rückzugsort für den Herrn des Hauses und seine Freunde durfte nicht fehlen, dazu kamen Küche, Speisezimmer und »Mägdezimmer«. Gewohnt im eigentlichen Sinn wurde im ersten Stock: Gleich zwei Wohnzimmer, auch sie holzvertäfelt und mit Holzbalkendecke, ein Balkon, ein Schlafzimmer, ein »Herrenzimmer« und das Bad schufen ein gemütliches Ambiente. Zwei weitere Zimmer im Dachbodengeschoß boten Raum für Kinder und Gäste.

Wie Heidi Brunnbauer berichtet, gab es bald nach dem Einzug der Familie Angerer ein erstes Problem: Die Tür, die von einem der Wohnzimmer im ersten Stock auf den Balkon führte, musste wieder zugemauert werden, da es dem Hausherrn, der seinen Schreibtisch in der Nähe des Balkons platziert hatte, auf die Füße zog. Wer in der Folge auf den Balkon wollte, musste durch ein Fenster klettern.

Carl Angerer, der selbst ein ambitionierter Geigenspieler war, ließ in einem der Wohnzimmer einen Bösendorfer-Stutzflügel aufstellen und lud regelmäßig Freunde, aber auch Berufsmusiker zum gemeinsamen Musizieren ein. Die Holzvertäfelungen sorgten für eine hervorragende Klangwirkung – ein Jahrhundert später konnte sich davon auch Arik Brauer überzeugen, der hier mit seiner Familie und Bekannten musizierte.

Die Adresse änderte sich, der Name »Stephaniegasse« war nicht mehr opportun. Mit dem Drama von Mayerling 1889 war auch ein Schatten auf die Gattin Kronprinz Rudolfs gefallen, 1894 entschloss sich die Stadt Wien daher zur Umbenennung in »Colloredogasse«. Zum Namenspatron der noblen Cottage-Verkehrsfläche wählte man Ferdinand Graf von Colloredo-Mannsfeld (1777–1848), den Gründer der ersten Zuckerfabrik in Niederösterreich und ersten Vorsitzenden des Niederösterreichischen Gewerbevereins.

Auch der Garten muss Architektur sein

Besondere Aufmerksamkeit widmete man der Gestaltung des Gartens, der ursprünglich wesentlich umfangreicher war und bis zur Hasenauerstraße reichte. »Ein Traum, so groß und schön«, schwärmte Carl Angerers Enkelin Hildegard Orglmeister (1899–1990, auch: Orgelmeister) in ihren Aufzeichnungen. Eine Lithografie des Malers und Cottage-Bewohners Anton Hlaváček gibt einen guten Eindruck von diesem ehemaligen grünen Paradies. Wie überall im Cottage verfolgte man auch hier das Prinzip: vorne an der Straße das Haus, dahinter der Garten. Angelegt wurde die grüne Außenwelt der Villa vom bekannten Gartenarchitekten Carl Gustav Swensson (1861–1910, auch: Svensson). Das Markenzeichen des gebürtigen jungen Schweden, der an der Bepflanzung des ersten Teils des Türkenschanzparks beteiligt war und später u. a. durch seine genialen Arbeiten in Marienbad berühmt wurde: Um jederzeit den Überblick zu behalten, gab er seine Anweisungen für die Gartenarbeiter reitend.

Geschickt verband Swensson in seiner Gestaltung die einzelnen Funktionen des Gartens. So schloss sich unmittelbar hinter dem Haus ein großer Platz an, der, wie Hildegard Orglmeister berichtete, für die Kinder zum Austoben gedacht war, ja man konnte hier sogar »gut Völkerball spielen«. Eine Steinbalustrade und ein Rosenparterre bildeten die Abgrenzung zu einer kleinen

Aus den Cottage-Anlagen bei Wien.
Von Anton Hlaváček.

»Ein Traum, so groß und schön« (Hildegard Orglmeister): Die weitläufigen Gartenanlagen waren ein bestimmender Teil des Cottage-Konzepts. Aquarell von Anton Hlaváček, um 1890.

»Teichpartie« mit Brücke. Den Abschluss zur Hasenauerstraße markierte auf einem Hügel ein Salettl, umrankt von Rosen und umgeben von Fichten.

Mit dem kleinen Teich hätte auch der deutsche Architekt Hermann Muthesius seine Freude gehabt, der in seinem Buch *Landhaus und Garten* meinte: »Die Verbindung solcher Becken mit Plastik und Architektur schafft im Garten einen Punkt der Weihe, dessen Wirkung nicht so leicht zu überbieten ist.« Für Muthesius, für den jedes Haus etwas Einmaliges und »authentischer Selbstausdruck« sein sollte, war der Garten ein wichtiger Teil des architektonischen Gesamtkonzepts. Muthesius prägte die griffige Formel: »Ist das Haus Architektur, so muß auch der Garten Architektur sein.«

Die Planer und Architekten des Cottage-Viertels hatten die Bedeutung der Gärten von Anfang an im Auge, allerdings zunächst unter dem pragmatischen Aspekt, dass man den Bewohnern ausreichend frische Luft und Sonne bieten müsse. Ein Haus im Cottage, so die Argumentation, könne die Sommerfrische ersetzen. In zahlreichen Zeitungsartikeln wurde dieser Gedanke aufgegriffen, so schrieb die *Illus-*

trirte Zeitung 1875: »Vermöge glücklich gewählter Lage, guter Luft und der großen Gartencomplexe ist überdies das kostspielige Miethen einer Landwohnung für den Sommer entbehrlich gemacht«. Und die *Wiener Bauindustrie-Zeitung* meinte 1883: »Die Bewohner dieser reizvollen Anlage geniessen mithin in der nächsten Nähe der Hauptstadt die Annehmlichkeiten einer Sommerfrische und verdanken dies der günstigen Lage, in der die Ansiedlung situiert ist.«

Betreten konnte man den Garten über eine Treppe, die vom Rauchzimmer im Hochparterre direkt nach außen führte. Sorgsam ging man mit dem Regenwasser um, das in einer großen eisernen Tonne mit Windrad gesammelt wurde: Das Wasser wurde von hier in einen Behälter am Dachboden gepumpt und als Nutzwasser im Haushalt verwendet. Dazu gab es in der Küche zwei Bassenas: eine für Trink- und eine für das Nutzwasser.

Das Aus für den von Swensson gestalteten Gartentraum kam bereits vor dem Ersten Weltkrieg: Mit dem Bau der Villa Hasenauerstraße 29 ab 1909 – sie wurde 1934 vom Operettenkomponisten Emmerich Kálmán erworben – erfolgten Parzellierung und Teilung des einst so weitläufigen Geländes. Wo einst verschlungene Wege in Richtung Salettl führten, steht heute ein Zaun. Geblieben sind nur wenige Bäume. Eine Eiche, ein kleinblättriger Ahorn und eine imposante Blutbuche zeugen noch von der alten Zeit – Letztere sollte für die heutigen Besitzer der Villa zur besonderen Inspiration werden …

Der k. k. Hof-Chemigraph
Carl Angerer

Eigentlich hätte er wie sein Vater Gastwirt werden sollen. Doch Carl Angerer, der in der Schule durch seine Zeichenbegabung aufgefallen war, entschied sich für den Beruf des Buchdruckers. 1853 begann er seine Laufbahn als Lehrling in der Druckerei Ferdinand Ullmann, 1857 wechselte er in die Staatsdruckerei und ab 1859 war er im Militärgeographischen Institut als Zeichner, Lithograf und Kupferstecher tätig, daneben beschäftigte sich Angerer intensiv mit Versuchen zur Verbesserung der Ätzkunst. Nach jahrelanger Arbeit gelang es ihm, eine neue Methode zur Druckformenherstellung zu entwickeln: die chemigraphische Zinkätzung, auch »Wiener Ätzmethode« oder von Angerer selbst »Chemigraphie« genannt. In den Impressen der Zeit findet man daher nicht selten den Vermerk: Chemigraphie.

1870 gründete Carl Angerer ein Unternehmen zur Druckformenherstellung, in dem er die von ihm entwickelte Technik erfolgreich zur Anwendung brachte. Drei Jahre später nahm er seinen Schwager Alexander Göschl (1848–1900) als Partner auf, die Firma hieß seitdem »C. Angerer & Göschl«. Ein nächster bedeutender Schritt folgte 1882 mit der Entwicklung eines neuen Verfahrens zur Herstellung von Druckformen, der sogenannten Autotypie, bei der das Bild in einzelne Rasterpunkte zerlegt und in ein Rasternegativ verwandelt wird. Angerer schaffte diesen Durchbruch in der Illustrationstechnik beinahe zeitgleich mit dem Münchner Grafiker Georg Meisenbach, ein jahrelanger Patentstreit war die Folge.

Die »k. u. k. Photo-Chemigraphische Hof-Kunstanstalt C. Angerer & Göschl« präsentierte sich auf zahlreichen Ausstellungen und wurde bald über die Grenzen Österreich-Ungarns hinaus bekannt. So fertigte sie etwa die Klischees für die ersten Jahrgänge der bekannten englischen Zeitschrift *The Studio* an, die erstmals 1893 in London erschien. Carl Angerer und Alexander Göschl wurden zu »k. k. Hof-Chemigraphen« ernannt, 1910 beschäftigte man 250 Mitarbeiter, in Wien und Budapest gab es kaum eine illustrierte Zeitung, die die Druckvorlagen für ihre Abbildungen nicht aus der Anstalt von Angerer und Göschl bezog. Standort der Firma, die durchaus Weltruf genoss, war die Ottakringer Straße 33 und ab 1897 die Ottakringer Straße 49. Zu diesem Zeitpunkt umfasste sie sieben »photographische Ateliers«, ausgestattet mit 25 Kameras.

Carl Angerer, ausgezeichnet u. a. mit dem Ehrentitel »kaiserlicher Rat«, starb nach einem Schlaganfall am 14. Februar 1916. In einem ausführlichen Nachruf würdigte die *Österreichisch-Ungarische Buchdrucker-Zeitung* die Verdienste des Verstorbenen: »Sein rastloses, von besten Erfolgen begleitetes Streben und Wirken, sein unausgesetztes Studium, auch nachdem er bereits auf sehr wertvolle Errungenschaften verweisen konnte, die Ergebnisse seines unablässigen Forschens auf den von ihm mit größter Sorgfalt gepflegten Gebieten, trugen seinen Namen und den Ruf seiner Anstalt, wir dürfen es mit Recht behaupten, bis in weit entlegene Länder und schufen ihm Ehre und Ansehen.« Eine Gedenktafel im Pausensaal der Volksoper erinnert an ihn und seine Frau Leopoldine – das Ehepaar hatte die größte Spende zur Errichtung des »Kaiserjubiläums-Stadttheaters«, wie das Opernhaus damals genannt wurde, beigesteuert.

»Großpapa« Carl Angerer mit seiner Enkelin Hildegard, kurz „Hilda" genannt, im Jahre 1902. Die weiße Rüschenhaube war offenbar unverzichtbar. Hildegard heiratete später Gustav Orglmeister jun., den Sohn des letzten Wiener k. u. k. Hofbaumeisters. Foto aus Privatbesitz.

Nach Carl Angerers Tod übernahm sein Sohn und langjähriger »Mitchef« Alexander Carl Angerer (1869–1950) zusammen mit dem Gesellschafter Georg Schmidt die Firma, die nach dem Ersten Weltkrieg auch Filialen im Ausland eröffnen konnte. Gemeinsam mit dem Verlag Ed. Hölzel & Co. und der Wiener Kunstdruck-Gesellschaft erwarb man um 1920 das Patent zum Farbverfahren »Uvachrom« (Uvatypie) für die Länder Österreich, Ungarn, Jugoslawien und Rumänien.

Die letzten Lebensjahre verbrachte Alexander Angerer in seiner Villa am Wörthersee und widmete sich hier dem Segelsport. Er starb am 21. April 1950 in Pörtschach. Das Unternehmen besteht noch heute und ist auf exklusive Drucksorten und Werbemittel sowie auf die Herstellung von Luxus-Tragtaschen spezialisiert.

Kein Mitleid mit Egon Schiele

Verheiratet war Alexander Angerer mit Olga Angerer, geborene Soukup. Im Haus ging es bald lebhaft zu, denn das Paar hatte fünf Kinder, die Söhne Dietrich, Heinrich und Gregor und die Töchter Hildegard und Elfriede. Die älteste Tochter Hildegard heiratete später den Ingenieur Gustav Orglmeister jun., den Sohn des letzten k. u. k. Hofbaumeisters Gustav Orglmeister. Frau Christina Stepan-Angerer, ihre Nichte, ist im Besitz ihrer 1985 verfassten Aufzeichnungen und hat uns diese zur Verfügung gestellt. Tragisch war das Schicksal von Tochter Elfriede: Sie starb noch als Kind an verdorbener Wurst, die sie in einem Kleidungsstück gefunden hatte.

Hildegards Mutter Olga Angerer, geborene Soukup, mit einem ihrer geliebten Hündchen am Eingang zur Villa in der Colloredogasse. Foto aus Privatbesitz, um 1902.

Zu Gast in der Villa war immer wieder ein Neffe von Frau Olga, der schon etwas älter war als die Angerer-Kinder. Der junge Mann, Sohn ihrer Schwester Marie Schiele (1862–1935), Gattin des Stationsvorstands der k. k. Staatsbahnen in Tulln, kam nie ohne Zeichenblock: Egon, so hieß der 1890 in Tulln geborene Neffe, war Schüler am Landes-Real- und Obergymnasium Klosterneuburg und ein begeisterter Zeichner – immer wieder beschwerten sich verständnislose Lehrer darüber, dass er mit seiner Zeichentätigkeit den Unterricht störe. Nach dem Tod von Vater Adolf Eugen Schiele 1905 – vermutlich an den Folgen einer Syphilis-Infektion – wurde ein Onkel Egons, der Ingenieur Leopold Czihaczek (1842–1929), zu seinem Mitvormund ernannt. Der honorige Onkel, Ministerialrat und Oberinspektor der Kaiser Ferdinands-Nordbahn, wohnhaft in der Zirkusgasse 47 in der Leopoldstadt, hatte für Egon große Pläne: Er müsse ein Studium an der Technischen Hochschule beginnen. Dagegen sprachen jedoch die schwachen schulischen Leistungen des Jungen. Als sich im Frühjahr 1906 abzeichnete, dass er die Klasse abermals wiederholen werden müsse, verfiel Egons Mutter daher auf eine andere Idee. Sie wandte sich mit einer Bitte an ihre Schwester Olga: Wäre es nicht möglich, für Egon einen Platz in der chemigraphischen Firma von Onkel Alexander zu finden? Als Zeichner könne er hier sicher Nützliches leisten.

In einem Brief vom 9. Juni 1906 erhielt Marie Schiele jedoch von ihrer Schwester eine entschiedene Absage – das Urteil der Angerers war vernichtend: »(...) daß (...) ein Junge seiner Mutter (...) solche Sorgen machen kann; das erscheint meinem Mann als ein sehr schweres Vergehen (...) mit dem Schlingel hätte ich auch kein Mitleid, ein Bursch muß lernen und gut thun (...) nur brauchbare Menschen bringen's im Leben zu was.« Die Besuche des Gymnasiasten in der Villa waren damit wohl zu Ende, Missstimmung zwischen den Familien Schiele und Angerer machte sich vermutlich breit. Es bleibt die Frage, womit der 16-Jährige dieses heftige Urteil seiner Verwandten ausgelöst hatte.

Marie Schiele und Leopold Czihaczek waren gezwungen, andere Lösungen zu überlegen: Zunächst wurde der Besuch der Wiener Kunstgewerbeschule in Erwägung gezogen und mit dem Gymnasium ein »Handel« abgeschlossen: Die Direktorin erklärte sich bereit, das Schuljahr positiv zu beurteilen, allerdings müsse Egon die Schule verlassen. Die Familie stimmte dem Vorschlag zu, der 9. Juli 1906 wurde zum letzten Schultag des aufstrebenden jungen Künstlers.

Als Egon Schiele an der Kunstgewerbeschule seine Zeichnungen vorlegte, erkannte man sein außergewöhnliches Talent und riet ihm, es doch mit einem Studium an der Akademie der bildenden Künste zu versuchen. Unterstützt wurden diese Überlegungen vom Zeichenlehrer Schieles, dem Maler Ludwig Karl Strauch (1875–1959), sowie den Klosterneuburger Malern Max Kahrer, Franz Horst und Adolf Böhm. Entschieden gegen diesen Plan war zunächst der Vormund. Wie später Marie Schiele in einem Interview erzählte, versperrte ihnen Czihaczek am Eingang zur Akademie sogar den Weg. Die resolute Mutter behielt in der darauf folgenden Auseinandersetzung die Oberhand: »Du magst der Vormund meiner Kinder sein, aber du bist nicht mein Vormund und ich mache,

Hoffte vergeblich auf Unterstützung durch ihre Schwester Olga und ihren Schwager Alexander Carl Angerer: Marie Schiele, geborene Soukup, die Mutter Egon Schieles.

was ich für richtig halte!« Tatsächlich bestand Egon Schiele die Aufnahmeprüfung an der Akademie im Herbst 1906 mit Erfolg. »Egon glänzend durch«, telegrafierte daraufhin Ministerialrat Czihaczek erfreut an seine Gattin Marie. Ein Jahr später sollte ein gewisser Adolf H. aus Linz an dieser Prüfung erstmals scheitern ...

Angeblich wurde später, nachdem Egon Schiele zur Berühmtheit geworden war, in der Villa nach vergessenen Zeichnungen und Skizzen des Jungen gesucht, man fand aber nichts mehr.

Eine Villa und ein Baumhaus für Arik Brauer

»Ich glaube aber«, schrieb Arik Brauer in seinen Erinnerungen, »dass alle Lebewesen auf ihre Art die Welt nicht viel anders erleben als wir«. So war es nur konsequent, dass er die Blutbuche im Garten seines neuen Hauses, die verbindende Kraft zwischen dem Gestern und Heute, zur Erzählerin dieses Lebensabschnitts wählte. Die Blutbuche wurde für ihn und seine Frau Naomi von Anfang an zum *Genius loci,* zum lebendigen Wesen, das Energie und Kraft, Trost und Zuversicht gab. Die Beziehung der Familie Brauer zur Blutbuche war Liebe auf den ersten Blick. Naomi, geborene Dahabani, mit der er seit 1957 verheiratet war, wurde zur treibenden Kraft beim Erwerb der Villa: »Im Jahr 1973 kam eines Tages eine Grundstücksmaklerin in Begleitung einer dunkelhaarigen Dame, die das Haus gründlich untersuchte und mich mit der gebotenen Hingabe bewunderte. Es kam zum Ankauf und die dunkelhaarige Dame mit ihren dunkelhaarigen Töchtern und ihrem Mann zogen ein. Ihr Mann, der offensichtlich Künstler ist, hat Haus und Garten im Laufe der Jahre reich mit Kunstwerken bestückt. Kunst und Natur gehören ja bekanntlich zusammen.«

Der Kauf des Hauses in der Colloredogasse war für Arik Brauer ein besonderer Schritt. Aufgewachsen in einer Zimmer-Küche-Wohnung am Ludo-Hartmann-Platz in Ottakring, verfolgt als »Untermensch«, der den gelben Stern tragen musste und seinen Vater Simche im Holocaust verlor, stieg er damit eine letzte Stufe auf der sozialen Leiter hinauf – ein »Aufstieg«, der ihn offenbar immer wieder beschäftigte: »Als ich unser Grundstück im Cottageviertel zum ersten Mal betrat, hatte ich vage das Gefühl, mich bei ›reichen Leuten‹ eingeschlichen zu haben, um Äpfel zu stehlen«. Arik Brauer vergaß nie, dass vielen anderen Zeit- und Leidensgenossen jene Möglichkeit nicht beschieden war.

Der verehrten Blutbuche galt auch weiterhin große Aufmerksamkeit. In seinen Erinnerungen erzählt der Baum: »Dieser Hausherr hat offensichtlich ein etwas infantiles Wesen, denn trotz fortgeschrittenem Alter errichtete er auf mir eine kleine Baumveranda, die über eine Strickleiter zu erreichen ist. Auch seine Enkelkinder ersteigen mich gerne und unter Lebensgefahr.«

In der neu erworbenen Villa gab es viel zu tun. Das Haus musste saniert und den Erfordernissen der wachsenden Familie – der ältesten Tochter Timna folgten noch die Töchter Talja und Ruth – angepasst werden. So wurden die Räume im Dachgeschoß zu einer Wohnung für Tochter Timna ausgebaut, die 1990 ihren langjährigen Partner, den Pianisten Elias Meiri, heiratete. Die ehemalige Hausmeisterwohnung im Tiefparterre wurde durch ein Schwimmbad ersetzt und das Rauchzimmer erhielt eine Glaskuppel, um die künstlerische Arbeit durch besseren Lichteinfall zu erleichtern. Die ehemaligen Butzenscheiben im Erker und im ersten Stock, die 1944 bei einem Luftangriff geborsten waren, ersetzte Brauer durch eigene Glasmalereien.

Das Privatmuseum Arik Brauer

Das Spannendste wartet noch auf uns: Jasmin Brauer-Meiri, die Tochter Timna Brauers, empfängt uns zu einer Führung durch das unterirdische Privatmuseum ihres Großvaters. Außer uns sind zahlreiche andere Leute gekommen, gespannt folgen wir ihr über die

Treppe hinunter zum Ausstellungsraum. Die Idee zu dieser rund 200 Quadratmeter großen Tempelhalle zu Arik Brauers Kunst stammt von Großmutter Naomi, ihre Argumente für ein derartiges »Museum«, so unsere Führerin, hätten schließlich auch den Großvater überzeugt. Die bewusst »pflanzenschonende« Errichtung 2003 bedeutete, dass die Ostseite des Gartens wesentlich umgestaltet werden musste. Zwei Lichtkuppeln spenden willkommenes Tageslicht, dennoch hat die Atmosphäre etwas Mystisches.

Wir sind umgeben von einer lebensprallen, fantastischen Bilder- und Figurenwelt, tauchen unvermittelt ein in das Schaffen von Arik Brauer. In kräftigen Farben, szenenreich und vielgestaltig, erzählt es poetisch verschlüsselt und surreal überhöht von den Themen, die dem Künstler am Herzen lagen: von der Verfolgung des jüdischen Volkes, von den Gestalten des Alten Testaments, von der Zerstörung unserer Umwelt, vom Kampf um Freiheit und Emanzipation. »Die Glocken der Freiheit« heißt ein Ölgemälde aus 2014 und im Begleittext zum Bild lesen wir: »Die unterdrückten Frauen der Dritten Welt haben begonnen, die Glocken der Freiheit zu läuten.« Ja, es ist nicht zu übersehen: Gemeinsam ist diesem riesigen Werk, das hier mit ausgewählten Ölgemälden und Keramikskulpturen präsentiert wird, ein tiefer humaner Impuls. Arik Brauer, der als Junge selbst nur knapp dem Tod in der Nazidiktatur entgangen war, sah den Menschen in seiner existenziellen Nacktheit, scheute aber vor spielerischen und humorvollen Elementen nicht zurück. Jasmin Brauer-Meiri schildert die Arbeitsweise ihres Großvaters, der bis zu seinem Tod Tag für Tag an den Staffeleien stand, und zeigt, wie die Bilder zu »lesen« sind. Immer wieder, so demonstriert sie an einigen Beispielen, könne man Neues und Überraschendes entdecken.

Es folgt abschließend ein Gang durch den Garten, in dem Brauers Freude am Fantastischen, Skurrilen, Grotesken und Absurden in zahlreichen Keramiksulpturen noch einmal zu beeindruckender Form gefunden hat. Echt *freaky,* wie wir finden! Aus dem großbürgerlichen Villengarten ist eine sehr persönliche Kunstwelt geworden, die den politischen Appell mit familiärer Erinnerung verbindet: Der Garten wurde zu einem intimen Museum. 2002 ließ Arik Brauer hier als »Gravitationszentrum« das Monument der Menschenrechte aufstellen, ein von ihm gestalteter Gedenkstein erinnert an seine Eltern Simche und Hermine Brauer.

Das letzte Wort soll die mächtige Blutbuche haben, der Arik Brauer göttlich-seherische Gabe zuschrieb: »Im Herbst, wenn ich in voller Röte im Sonnenlicht erglänze, bin ich von unvergleichlicher Schönheit. Ich weiß natürlich genau, wie oft die Hausbesitzer dieses Schauspiel noch erleben werden, aber ich verrate es nicht.«

Arik Brauer, geboren 1929, starb am 24. Januar 2021. Er war nicht nur Maler, Grafiker und Bildhauer, sondern auch Sänger und Dichter. In seinem Liederzyklus *Geburn Für Die Gruabn* schrieb er über den Abschied:

Pfiat di Gott du schene Weanerstadt,
mia gengan nämlich sterben,
do loss ma alle Häuser zruck,
des Klumpert für die Erben (...)
Es war a Gaudi und a murts Theater,
jetzt is halt vorbei,
do kummt scho der Gevatter,
gemma, gemma, eins, zwei, drei.

Literatur

Carl Angerer, Die Fortschritte der photographischen Reproduktionstechnik. In: Ludwig Schrank (Hrsg.): Photographische Correspondenz. Band 22. Wien 1885, 448–455

Arik Brauer, Die Farben meines Lebens. Erinnerungen. Wien 2014

Heidi Brunnbauer, Im Cottage von Währing/Döbling … Interessante Häuser – interessante Menschen. Gösing/Wagram 2003

Fünfzig Jahre C. Angerer & Göschl. Wien 1921

Astrid Göttche, Wiener Villengärten zwischen Historismus und Moderne – Eine Untersuchung anhand ausgewählter Beispiele. (Dipl.-Arb.) Wien 2008

Astrid Göttche, »Der Inbegriff aller Wohnungspoesie«. 150 Jahre Wiener Cottage Verein. Wien Museum Magazin (PDF auf wienmuseum.at)

Hermann Muthesius (Hrsg.), Landhaus und Garten. Beispiele neuzeitlicher Landhäuser nebst Grundrissen, Innenräumen und Gärten. München 1907

Christian M. Nebehay, Egon Schiele 1890–1918. Leben, Briefe, Gedichte. Salzburg – Wien 1979

Probedrucke von Chemigraphien und Heliotypien. Wien: Photo-Chemigraphische Anstalt C. Angerer & Göschl 1883

Sechzig Jahre C. Angerer & Göschl. Wien 1932

Hildegard Orgelmeister (Orglmeister), Unveröffentlichte maschingeschriebene Aufzeichnungen vom 9. November 1985 (freundlicherweise zur Verfügung gestellt von Frau Christina Stepan-Angerer)

WIENER VILLEN

Ein Obelisk signalisiert unmissverständlich die Verwandlung: Das ehemalige Wiener Heim des Reichsstatthalters Baldur von Schirach auf der **Hohen Warte 52** wurde zur Botschaft der Arabischen Republik Ägypten.

Villa Schirach
Arnold Spritzer 1928 (Umbau)

Herrn von Schirachs Wiener Heim

Ein mächtiger Obelisk ragt heute vor der Villa empor, das Wahrzeichen der Botschaft der Arabischen Republik Ägypten. 1998 wurde er aus dem Land am Nil nach Wien gebracht und hier aufgestellt, unmissverständlich die Präsenz seiner Heimat verkündend. Nichts mehr erinnert daran, dass über dem prachtvollen Gebäude einst die Hakenkreuzfahne wehte und sich hier das geheime Herz des nationalsozialistischen Wien befand: die Dienstwohnung von Gauleiter und Reichsstatthalter Baldur von Schirach, der zusammen mit seiner Frau Henriette ein offenes Haus führte – die Villa wurde zum viel besuchten Treffpunkt der NS-Elite. Ja, selbst der »Führer« kam ...

Überwachungskameras überall, dunkle Limousinen, Herren mit Sonnenbrillen, geschäftiges diplomatisches Treiben – das ist der Alltag der Botschaft heute. Wir werden mit großer Herzlichkeit empfangen und dürfen uns die Repräsentationsräume in der Beletage im Hochparterre ansehen: Es sind die Räume, die auch Schirach für seine Empfänge nützte. Die dunkle Vertäfelung, so vermuten wir, könnte noch aus der Zeit der Nazi-Herrschaft stammen, ansonsten sind alle Spuren verschwunden. Im Haus nebenan, Hohe Warte Nr. 54, arbeitet die Konsularabteilung auf Hochtouren: Reisepässe, Visa, *business as usual*.

Errichtet wurde die Villa in den 1860er-Jahren für den Realitätenbesitzer Carl Kihs. Da fuhr noch keine Tramway auf die Hohe Warte und die Straße war noch ein Sandweg. Die Besitzer der Liegenschaft, die direkt an die berühmten Gärten des Nathaniel von Rothschild angrenzte und die stolze Fläche von fast 11.000 Quadratmetern umfasste, wechselten. 1905 zogen der Transportgroßunternehmer August Schenker-Angerer und seine Frau Gerty sowie die beiden Söhne Gottfried und August in die Villa ein. Firmenmitbegründer Gottfried Schenker (1842–1901), der »Innovator« des österreichischen und internationalen Speditionswesens (Herbert Matis/Dieter Stiefel), hatte bereits 1887 die Liegenschaft Hohe Warte 25

WIENER VILLEN

↑ Die Repräsentationsräume in der Beletage wurden von der Ägyptischen Botschaft sorgfältig restauriert. Die dunkle Holzvertäfelung erinnert noch an die noble Welt des Großbürgertums.

← Die Villa wurde baulich mehrmals verändert, etwas untypisch ist der seitlich versetzte Haupteingang mit Dreiecksgiebel und vier toskanischen Säulen. Henriette von Schirach wollte der »mächtige Steinkasten« anfangs gar nicht gefallen.

VILLA SCHIRACH

↑ Der Empfangsraum in der Beletage: Die Fahne Ägyptens und Kunstwerke aus dem Land am Nil begrüßen die Besucher.

WIENER VILLEN

DIE BÜHNE
WOCHENSCHRIFT FÜR THEATER, KUNST FILM, MODE, GESELLSCHAFT, SPORT

Im redaktionellen Teil enthaltene entgeltliche Mitteilungen sind durch + kenntlich

5. Jahrgang. Heft Nr. 213 • WIEN, DEN 6. DEZEMBER 1928 • Erscheint jeden Donnerstag

Photo Willinger

Margit Schenker-Angerer, die bekannte Sängerin der Wiener Staatsoper, in ihrem Heim

Kunst vereinigt mit der »Atmosphäre des Patriziertums«: die Sopranistin Margit von Rupp, verheiratet mit Gottfried Schenker, in ihrem neuen Heim auf der Hohen Warte. Titelbild zur Homestory »Wie Künstler wohnen« in der Zeitschrift »Die Bühne«, 6. Dezember 1928.

erworben und sich dort von Julius Mayreder um 1895 eine prachtvolle Villa errichten lassen, die heute nicht mehr existiert. August Schenker-Angerer (1866–1914), der Adoptivsohn Gottfried Schenkers, versteuerte 1910 laut Roman Sandgruber *(Reich sein)* 150.000 Kronen und lag damit immerhin auf Platz 495 der wohlhabendsten Wiener. Sohn Gottfried heiratete 1920 die bekannte ungarische Sopranistin Margit von Rupp (1895–1978), die in ihrem neuen Heim auf der Hohen Warte über ein besonderes Extra verfügte: eine »herrlich eingebaute« Orgel, die ihren Gesang begleitete: »Tiefer, voller, reicher, als selbst das prächtigste Klavier es vermöchte, strömen ihre Töne dahin und vermengen sich mit dem sieghaften Sopran der Künstlerin.« In einer Homestory über den Opernstar im Dezember 1928 schwärmte die Zeitschrift *Die Bühne* unter dem Titel *Wie Künstler wohnen* über die Villa – sie atme »die Stimmung vornehmer Bürgerhäuser« und habe doch »einen künstlerischen Zug«, gleichzeitig sei sie ein »Mittelpunkt des künstlerischen und gesellschaftlichen Lebens Wiens« und passe »gut in diese Stadt, die es immer verstanden hat, Kunst mit der Atmosphäre des Patriziertums zu vereinigen«. Zu diesem Lebensstil passte auch die viertürige Luxuslimousine der Familie Schenker-Angerer: ein 1928er Cadillac 341-A Town Sedan. Noch ahnten Gottfried und Margit Schenker-Angerer – 1922 war Tochter Maria, genannt Mary, zur Welt gekommen – nicht, welch abenteuerliches Leben das Schicksal für sie vorgesehen hatte: von der illegalen Naziszene bis zum KZ und zur Gestapohaft hin zum Kloster Heiligenkreuz …

Letzter Besitzer vor dem »Anschluss« war der jüdische Bauunternehmer Ing. Arnold Spritzer. Spritzer, geboren 1882 in Böhmisch Leipa (Česká Lípa) und Hauptgesellschafter der »Aktiengesellschaft für Bauwesen«, kam 1928 von Innsbruck nach Wien, sein Spezialbereich war der Beton- und Eisenbetonbau. Er ließ das »Luxusgebäude« (Oliver Rathkolb) im Inneren völlig umbauen – damals verschwand wohl auch die Orgel von Margit Schenker-Angerer – und zusätzlich Garagen sowie ein Gärtner- und Glashaus errichten.

Die Nazis beschlagnahmten 1938 sein Haus, in dem nun Josef Bürckel, der »Reichskommissär für die Wiedervereinigung Österreichs mit dem Deutschen Reich«, einzog. Im Zuge dieser Beschlagnahmung wurde eine Bestandsaufnahme des Wohngebäudes vorgenommen, ihr verdanken wir aufgrund einer »Schätzung« durch den Zivilingenieur Lambert Ferdinand Hofer vom 8. Juni 1938 genaue Informationen über die Verteilung der Räume und deren Ausstattung. So befanden sich im Hochparterre neben dem Stiegenhaus und der Eingangshalle Empfangs-, Speise-, Herren- und Musikzimmer, Küche, Speisekammer, ein Büroraum sowie ein Klosett bzw. die »obere und untere Terrasse«. Die Verbindungstüren der einzelnen Repräsentationsräume waren »zweiflügelig und in Palisanderholz mit entsprechenden Metallbeschlägen ausgeführt«. Eine weitere »Halle« gab es im ersten Stock, hier waren auch die Bibliothek, das Frühstückszimmer, ein Schlafzimmer, ein Fremdenzimmer sowie zwei Badezimmer, eines davon mit »Fayencedouchetasse« ausgestattet, zwei Klosetts, ein Dienerzimmer und ein »Putzraum« untergebracht. Im zweiten Stock gab es noch einmal eine eigene Wohnung mit vier Zimmern, zwei Kabinetten, einem Badezimmer und zwei Dienerzimmern sowie zwei

Klosetts. Im ganzen Haus verteilt waren »in bestimmten Räumen Fayencewaschtische mit fließendem Kalt- und Warmwasser angebracht«, eine Zentralheizungsanlage, betrieben mit Heizöl, sorgte für die Beheizung sämtlicher Räume. Lambert Hofers Gesamturteil: »Die innere bauliche Ausstattung ist bei aller Einfachheit in der Formgebung ungemein gediegen und entspricht bester, moderner Wohnkultur.« Neben dem Wohnhaus befanden sich auf der Liegenschaft ein Pförtnerhaus, das unmittelbar an der Straße lag, das von Spritzer errichtete 31 Meter lange und 15 Meter breite Gärtner-, Garagen- und Glashaus sowie ein hölzernes Gartenhaus mit anschließender Pergola.

Die Villa und der Grund wurden von den Nazi-Beamten auf 410.000 Reichsmark geschätzt, das gesamte Nettovermögen Arnold Spritzers, dem es gelang, ins Schweizer Exil zu gehen, wurde nach Abzug der »Reichsfluchtsteuer« – sie betrug stolze 600.100 Reichsmark – mit 1,729.217 Reichsmark bewertet. Wie aus den Akten im Österreichischen Staatsarchiv hervorgeht, wurde im Juli 1938 ein Interimsschein über seine Aktien der »Aktiengesellschaft für Bauwesen« in Höhe von einer Million Schilling auf einem Sperrkonto der Länderbank hinterlegt – mit Mühe gelang es Spritzer, dieses Vermögen nach seiner Rückkehr zurückzubekommen. Wie der mit dem Fall Arnold Spritzer betraute Wiener Rechtsanwalt Dr. Hugo Rittler in seiner »Vermögensanmeldung« an den Oberfinanzpräsidenten Berlin-Brandenburg vom 27. Mai 1942 mitteilte, hätte »der Jude Spritzer« eine »Reihe von Gemälden und anderen Kunstgegenständen« – darunter eine Aquarellstudie von Egger-Lienz zu den »Mähren« – besessen, die von der Gestapo »sichergestellt« und von dem Kunstsachverständigen Emmerich Schaffran auf 9230 Reichsmark geschätzt worden seien – der Verbleib dieser Objekte ist unklar.

Der »mächtige Steinkasten« wollte Henriette von Schirach angeblich anfangs gar nicht gefallen, schließlich stimmte sie aber der Wahl ihres Mannes doch zu – am 8. Mai 1940 übernahm Bürckels Nachfolger Baldur von Schirach die Villa.

Schirachs Zuhause

Schirach residierte wie ein König: Bei den Empfängen in der Hofburg, die er gab, trugen die Diener Livreen aus der Zeit Kaiser Franz Josephs, man servierte die Brötchen auf Silbertabletts und trank Champagner aus den edlen blauen Glaskelchen der kaiserlichen Geschirrsammlung, während der Diners sangen die Wiener Sängerknaben oder es musizierten die Philharmoniker.

Als dem neuen Herrn der Stadt räumte man ihm die Möglichkeit ein, seine »Dienstwohnung« auf der Hohen Warte – so wie auch seinen »Regierungssitz« am Ballhausplatz – mit »Leihgaben« aus dem Hofmobiliendepot

Eine der kostenlosen Leihgaben aus dem Hofmobiliendepot und vermutlich das von Henriette von Schirach in ihren Erinnerungen erwähnte »Eugen-Bänkchen«: Kanapee aus Laxenburg, theresianisches Barock, das einst die Inventarnummer L 12.109 trug.

Die Liste der Leihgaben war lang – im Gegensatz zu Henriette von Schirachs Behauptung, dass sie mit den »Möbelgespenstern aus Schlössern und Palästen« nichts anfangen könne. »Gegenschein« zu den verliehenen Objekten vom 30. September 1940 aus der Registratur der Bundesmobilienverwaltung.

einzurichten. Der Münchner Architekt August Vessar wurde mit der Innenausstattung der Villa beauftragt und erhielt Vollmacht, aus den hofärarischen Beständen entsprechende Möbel auszuwählen. Beim Besuch des Depots wurde Vessar offenbar von Schirachs Gattin Henriette begleitet, die mit den »Möbelgespenstern aus Schlössern und Palästen« angeblich wenig anfangen konnte – einzig eine kleine Sitzbank für zwei Personen mit »orientalisch bestickten« Kissen aus der Hinterlassenschaft Prinz Eugens hätte sie für sich ausgewählt. Das »Eugen-Bänkchen« fand Aufstellung in der Beletage der Villa. Eine in den Akten der Bundesmobilienverwaltung (Fasc. 1047, 81/41) erhaltene »Nachweisung der seit der Rückgliederung der Ostmark an das Reich, im Bestande und in der Verwendung der künstlerisch oder historisch beachtlichen Möbel- und Einrichtungsstücke der staatlichen Schlösser einschließlich des Mobilien-Depots, eingetretenen Veränderungen« vom 30. April 1941 spricht jedoch eine ganz andere Sprache: Die Liste führt neben dem erwähnten Bänkchen (als »Kanapee« vermerkt) mit der Inventarnummer L-12109 eine Reihe von anderen Möbeln an, so ein barockes »Ruhebett« und gleich drei Spieltische, davon zwei aus Schloss Hof, weiters barocke Fauteuils, Sessel und Hocker, vier Bronzeluster, einen Kristalluster, eine vergoldete Uhr im Empire-Stil, zwei japanische Vasen und zahlreiche kostbare Perserteppiche. Wie aus einem Vermerk in den Akten der Bundesmobilienverwaltung hervorgeht, wurde für den Herrn Reichsleiter die Leihgebühr am 22. Mai 1941 auf »null« gestellt.

Teppiche und Gobelins für die Schirach-Villa kamen auch aus dem beschlagnahmten Palais Schwarzenberg sowie aus dem Besitz des Baumwoll- und Zuckerfabrikanten Oskar (auch: Oscar) Bondy (1870–1944), dem im Mai 1938 noch die Flucht über die Schweiz in die USA gelungen war. Die Kunstsammlung Bondys wurde im Juli 1938 beschlagnahmt. Das wertvollste Stück der Einrichtung verschweigt Henriette von Schirach wohlweislich – das Gemälde »Wolf und der Hirte« von Pieter Brueghel dem Jüngeren. Es stammte aus der Kunstsammlung des jüdischen Ehepaars Ernst und Gisela Pollack, das am 18. Juni 1942 nach Theresienstadt deportiert wurde und dort ums Leben kam. Die Kunstsammlung wurde 1943 im Dorotheum versteigert, den Brueghel hatte sich Schirach schon im September 1942 zum Schätzpreis von 24.000 Reichsmark gesichert.

Durch eine »Entscheidung des Führers« erhielt Schirach im Juni 1943 auch die Genehmigung zum Kauf des Bildes »Maria mit dem Kind auf dem Schoße, demselben einen Weintrauben reichend« von Lucas Cranach dem Älteren aus der beschlagnahmten Sammlung von Cornelia, Marie und Philipp Gomperz. Wieder bezahlte er nur den Schätzpreis, dieses Mal waren es 30.000 Reichsmark. Beide Gemälde wurden bereits 1944 zusammen mit anderen wertvollen Kunstwerken von der Hohen Warte nach Schloss Aspenstein in Bayern gebracht. Ihr weiteres Schicksal wurde zu einem wahren »Kunstraubkrimi« (Oliver Rathkolb). Insgesamt umfasste die Sammlung der Schirachs 132 Objekte – neben Bildern aus den jüdischen Wiener Sammlungen auch Raubkunst aus Frankreich und den Niederlanden, die von den Kunsthändlern der Nazis erworben wurden.

Ein »dreißigjähriger Hochstapler der Politik im habsburgischen Hermelin« – so charakterisierte Generalkulturreferent Walter Thomas seinen Chef Baldur von Schirach. Hier im Bild mit seinem Vorgänger Josef Bürckel (links), Foto vom 10. August 1940.

Als »falschen Prinzen« und »Feudalsozialisten« beschreibt ihn Generalkulturreferent Walter Thomas (1908–1970) in seiner Abrechnung mit der Wiener Zeit, die nach dem Krieg unter dem Titel *Bis der Vorhang fiel* erschien. Alles im Wesen dieses »dreißigjährigen Hochstaplers der Politik im habsburgischen Hermelin« sei »Darstellung und Interpretation« gewesen, das Credo Schirachs zynischer Opportunismus: »Es ist besser, daß Unrecht geschieht, als daß der Wille des Führers mißachtet wird!« Walter Thomas, der ein genauer Beobachter des jungen Reichsstatthalters ist, erkennt:

»Denn in der Tat, Schirach haderte mit seinem ›Gott‹. Den er um so lauter anbetete, je mehr er mit ihm haderte. Aber aus dieser Auflehnung ohne Kraft, ohne Willen zur Tat, erwuchs kein Brutus.« Einzig die Abende in kleinem Kreise in seiner Wohnung auf der Hohen Warte hätten dieses Dilemma vergessen lassen, hier hätte man über französische Malerei ebenso sprechen können wie über moderne Lyrik: »An den Wänden hingen Originale französischer Impressionisten, auf dem Schreibtisch seines Arbeitszimmers hockte der ›Penseur‹ von Rodin, man begegnete Dichtern, Musikern, Malern, Bildhauern, Schauspielern. Nirgends wurde es so deutlich wie bei diesen Anlässen, daß Schirach sich darum bemühte, in der Rolle des schöngeistigen Mäzens die künstlerische Prominenz um sich zu sammeln.« Eine besondere Rolle kam dabei laut Walter Thomas Wilhelm Furtwängler zu. Die Besprechungen zwischen Schirach und dem angesehenen Dirigenten fanden meist »hinter streng verschlossenen Türen« in der Villa statt und trugen »das Kennzeichen hochdiplomatischer Atmosphäre«.

Hitler und die Nibelungen auf der Hohen Warte

Prominente Gäste geben sich auf der Hohen Warte die Klinke in die Hand. Schirach lädt sie alle zu sich nach Hause ein: den japanischen Botschafter Ōshima Hiroshi, der seiner Frau Henriette zeigt, wie man Fisch roh anrichtet und einen Salat aus Farnspitzen zubereitet, Mussolinis Außenminister Graf Ciano, den russischen General und Stalin-Gegner Wlassow, Rumäniens »Staatsführer« Ion Antonescu und Mohammed Amin al-Husseini, den Palästinenserführer und Großmufti von Jerusalem. Wie Henriette von Schirach anmerkt, kam der fanatische Judenhasser al-Husseini offenbar mehrmals, und zwar »sommers in einem weißen Turban und winters in einem schwarzen Persianerkäppchen«.

Schließlich lassen es sich die Schirachs nicht nehmen, ihren Trauzeugen von 1932, den »Führer« höchstpersönlich, einzuladen – Hitler sagt zu und kommt gleich zwei Mal auf die Hohe Warte: am 28. Februar 1941 und am 25. März 1941. Anlass für seinen Wien-Aufenthalt ist in beiden Fällen das Ringen um die Erweiterung des »Dreimächtepakts«, dem nun auch Bulgarien und Jugoslawien beitreten. Vor dem Abendessen am 25. März mit Hitler, der von den Wienern wie immer mit »grenzenlosem Jubel« *(Neues Wiener Tagblatt)* empfangen worden ist, zeigt ihm Henriette von Schirach den »riesigen Garten« rund um die Villa, angelegt vom Gartenarchitekten Karl Foerster, und ihre beiden Schafe Mirko und Imra. Diese beeindrucken den »Führer« kaum, schon eher tut dies ein seltener Ginkgobaum, den Hitler korrekt als »Elefantenohrbaum« identifiziert. Und Hitler wäre nicht Hitler, wenn er nicht sofort auch eine eigene »Theorie« entwickeln würde – die Nibelungen, so meint er zu Henriette, hätten bei ihrem Zug ins Ungarnland wohl hier auf der Hohen Warte ihr Lager aufgeschlagen und nicht unten am Fluss. Der Gedanke veranlasst ihn, die Donau sehen zu wollen, und auch damit kann Henriette dienen: »Neben dem Haus steht ein Turm, der zur Wetterbeobachtung diente. Den obersten Raum hatten wir eingerichtet, holzgetäfelte Wände, rote Sessel, hier steht man direkt dem Kahlenberg gegenüber und hier stand einmal Josef Weinheber und sprach seine Gedichte und er rief, in der einen Hand das halbgeleerte Weinglas, durch das offene Fenster seine Hymne an den Kahlenberg: ›Weil du ein Wiener bist, Berg sei gegrüßt.‹

Es war ein klarer herrlicher Abend, von hier oben sieht die Donau wirklich blau aus. So sah Hitler noch einmal den Fluß, an dem er aufgewachsen ist.«

Im Haus wird »Onkel Alf« von den Schirach-Kindern herzlich begrüßt, er geht dann durch die Räume in der Beletage und begutachtet die hier versammelten Möbel, die ihm offenbar gut gefallen. Besonders eingehend studiert er das »Eugen-Bänkchen« aus dem Hofmobiliendepot – Prinz Eugen ist ja, wie Henriette bekräftigt, einer seiner großen historischen Helden. Dann zitiert sie in ihren Erinnerungen einen Satz des »Kunstkenners« Hitler: »Erst gefällt einem das Rokoko, dann der Barock, dann geht man mit seinem Geschmack immer weiter zurück zu noch einfacheren Formen, bis man endlich die klaren Formen der italienischen Frührenaissance erkennt.«

Schließlich kann es sich Hitler nicht verkneifen, auf seine ausgezeichnete Wien-Kenntnis zu verweisen, schließlich hätte er sieben Jahre hier gelebt und kenne die Dialekte von Favoriten und Ottakring und jeden bedeutenden Bau. Eine kleine Diskussion entspinnt sich: »Aber er kenne auch die Wiener, sie seien unzuverlässig, intrigant und wehleidig, und ich entgegnete ihm, daß ich selten so tapfere und kluge Männer getroffen hätte. Er sagte, ich würde meine Erfahrungen machen und sie würden bitter sein. ›Sie werden uns zujubeln, wenn wir im Licht stehen, und sie werden uns steinigen, wenn wir im Unglück sind, sie werden alles verleugnen und in ihren Trott zurückfallen.

Am 25 März 1941 kam Hitler ein letztes Mal nach Wien – die Begeisterung für den »Führer« war noch immer groß. Den Abend verbrachte Hitler in der Villa der Schirachs auf der Hohen Warte.

Sie begreifen nicht, daß sie zum Reich gehören, allein sind sie nichts.‹«

Die Gastgeber haben alles getan, um für gemütliche Stimmung zu sorgen: Henriette hat einige schöne junge Frauen eingeladen, die Hitler unterhalten sollen, unter ihnen den Burgtheater- und Filmstar Maria Holst und die »Obergauführerin« Annemarie Kaspar, Beauftragte für das BDM-Werk »Glaube und Schönheit« in der Reichsjugendführung. Der Abend wird tatsächlich zum Erfolg: »Es gab grünen Veltliner Wein, und Hitler nippte vom Wein. (…) er unterhielt sich mit den Schauspielerinnen. Sie erzählten von ihren neuen Rollen. Maria Holst kopierte die Schauspielerin Charlotte Wolter. Im Raum nebenan spielen die Musiker das Forellenquintett. Der Abendwind bewegte das Kerzenlicht. Professor Schrenzer spielte das Cello. Wir lachten und redeten und trugen unsere schönsten schulterfreien Kleider und Locken wie in afrikanischen Filmen. Für ein paar Stunden konnte sich Hitler dem Zauber Wiens nicht entziehen, er genoß den Abend.«

Gegen Mitternacht begannen sich die Gäste zu verabschieden, auch Hitler schickte sich zum Aufbruch, sein Wagen stand schon bereit, da überraschte er mit einem Vorschlag: »›Kommen Sie mit‹, sagte er zu uns, ›ich muß mir noch mal die Stadt ansehen.‹ Nun stiegen wir alle in unseren Wagen, da sich unser Fahrer Hans Sorgan besser in Wien auskannte. Das Verdeck war offen, wir fuhren im Schritttempo die Währinger Straße hinunter zur Innenstadt. Vor dem Parlament ließ Hitler halten und stieg aus. Ohne Cape und Mütze ging er die Vorderfront des gewaltigen Hauses ab. (…) Hitler suchte den Platz, von dem aus er als junger Mann das Haus gezeichnet hatte.« Länger als eine Stunde, berichtet Henriette von Schirach, fuhr man so durch die Stadt – eine Tour der Erinnerungen zum Heldenplatz, zur Kirche Maria am Gestade – dem angeblich ehemals »liebsten Motiv« des »Führers« –, zum Stephansdom und zur Karlskirche, dann brachte man Hitler zurück zu seinem Quartier, dem Hotel Imperial.

Uraufführung des »Capriccio«-Sextetts

Die Villa Schirachs wurde zur Drehscheibe des Wiener Kunstgeschehens in der NS-Zeit. So war es üblich, dass bei den privaten Empfängen des Reichsstatthalters Mitglieder der Wiener Philharmoniker musizierten, ja, Schirach konnte sich sogar zugutehalten, in seinem Haus eine Uraufführung ermöglicht zu haben: Für den 7. Mai 1942 lud er zu einem »Kleinen Abendkonzert zeitgenössischer Musik«, das mit einer besonderen Überraschung aufwartete: Zum Abschluss spielte das Schneiderhan-Quartett – Wolfgang Schneiderhan, Otto Strasser, Ernst Morawec und Richard Krotschak –, verstärkt um die Philharmoniker Otto Stieglitz und Ferdinand Stangler, das Vorspiel zur Oper »Capriccio« von Richard Strauss. Wie Wolfgang Schneiderhan auf den Noten zur 1. Violinstimme vermerkte, war Strauss selbst unter den Anwesenden dieses denkwürdigen Abends. Das Datum 7. Mai 1942 wurde später von Otto Strasser in seinen Erinnerungen, die 1974 unter dem Titel *Und dafür wird man noch bezahlt* erschienen, bestätigt, allerdings verschwieg Strasser den Ort des Geschehens. Der Entschluss, das Sextett noch vor der Uraufführung der Oper zu spielen, wäre schon ein Jahr zuvor in der Garmischer Villa von Richard Strauss gefallen.

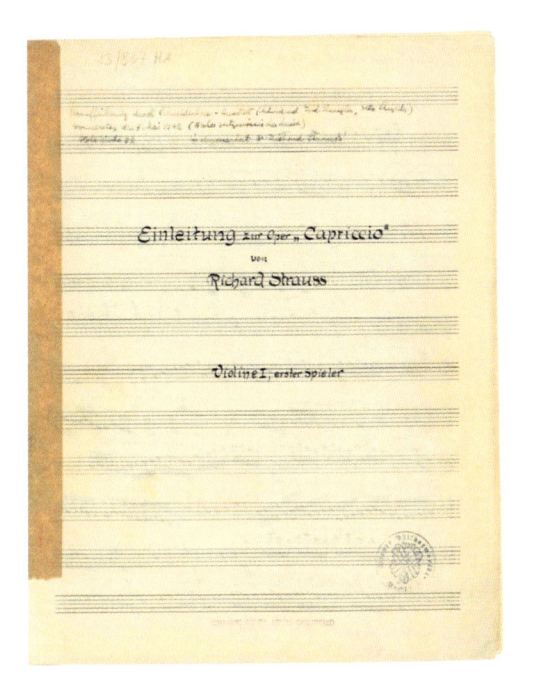

Uraufführung des »Capriccio«-Sextetts in der Villa Schirachs am 7. Mai 1942: die Noten zur 1. Violinstimme mit der handschriftlichen Notiz von Wolfgang Schneiderhan. Historisches Archiv der Wiener Philharmoniker.

Dann nannte Strasser noch Details: »Strauss hatte uns die Druckbogen zur Korrektur und zur Einzeichnung von Stricharten zugesendet, mit uns in Wien probiert, und so ist das Schneiderhan-Quartett zur musikgeschichtlich bedeutsamen Ehre gekommen, ein Strauss-Werk uraufgeführt zu haben.« Ausführlicher schildert Otto Strasser, der die Nennung von Schirachs Namen in seinen Memoiren ansonsten sorgfältig vermeidet, einen zweiten »Hausmusikabend« auf der Hohen Warte: »Eines Tages hatten wir die Mitteilung erhalten, daß eine wichtige Persönlichkeit bei Reichsstatthalter von Schirach zu Gast sei und Schuberts Quartett ›Der Tod und das Mädchen‹ zu hören wünsche. Im Haus auf der Hohen Warte, wo Schirach residierte, sahen wir uns vier oder fünf Gästen gegenüber, unter ihnen Rudolf Heß, dem ›Stellvertreter des Führers‹. Er war es, der sich das Streichquartett gewünscht hatte. Nach dem Konzert unterhielt er sich mit uns. Eingehend sprach er von den Greueln des Krieges, von der Notwendigkeit eines baldigen Friedens; und das mit uns, die er an diesem Abend zum erstenmal sah!«

Einige Impressionen zur Ausstattung der Villa verdanken wir Walter Thomas. So hing im »saalartigen« Empfangszimmer ein »prächtig gewebter Brüsseler Gobelin aus dem Beginn des achtzehnten Jahrhunderts«, eine Leihgabe der »staatlichen Sammlungen«, der »patriarchalische Schreibtisch« im Arbeitszimmer stammte angeblich noch aus der »studentischen Anfangszeit« Schirachs und der Speisesaal war mit »grünbeschlagenen hochlehnigen Lederstühlen beiderseits des langen Mitteltisches« versehen.

Heimkino mit »Vom Winde verweht«
Das große Zimmer, die »Halle«, diente auch als Filmvorführraum. Gespielt wurde so manch »geistige Schwarzhandelsware«: William Wylers Kriegsdrama »Mrs. Miniver«, Walt Disneys »Gulliver« und der russische Streifen »Maxim Gorkis Jugend« – ein »Beutestück« aus der Sowjetunion. Zum Ereignis wurde die Vorführung von »Vom Winde verweht«, zu der von den Schirachs die Wiener Prominenz eingeladen wurde. Prompt kam ein »wütendes Telegramm« aus Berlin: Der Film müsse sofort an die Reichskanzlei geschickt werden – wie Henriette von Schirach in ihren Erinnerungen vermutet, steckte dahinter wohl Eva Braun, die unbedingt Clark Gable in der Rolle des Rhett Butler sehen wollte.

Wien war Vergangenheit, ihr Mann in Gewahrsam der Alliierten: Henriette von Schirach mit ihren Kindern Angelika, Richard und Robert (von links) knapp vor ihrer Verhaftung 1945. Foto eines amerikanischen Soldaten.

Das Ende des Traums

Im Herbst 1944 gaben sich die Schirachs keinen Illusionen mehr hin, die Gefahr durch die alliierten Bomberverbände wuchs. Bei einem Luftangriff am 4. November 1944 wurde die Villa nur knapp verfehlt. »Türen und Fenster unseres Hauses waren herausgerissen, Möbel und Bücher lagen in wüstem Durcheinander« – für Henriette von Schirach war der Zeitpunkt gekommen, sich in Sicherheit zu bringen, die Kinder hatte man schon einige Zeit zuvor nach Bayern geschickt. Kurz vor Weihnachten 1944, an einem »verschneiten Dezembernachmittag«, verließ sie das Haus, in dem nun Adjutanten, Kriminalbeamte, Sekretärinnen und der Diplomat Dr. Eugen Rümelin (1880–1945) wohnten. Rümelin war bis 1939 deutscher Gesandter in Sofia gewesen und dann Leiter des Amts für Außenhandel des Generalgouvernements in Krakau, eine Funktion, aus der er sich 1943 auf eigenen Wunsch hin zurückgezogen hatte.

Zum Essen gab es noch immer genug: »Rosa kochte für alle. Sie hatte ausgezeichnete Beziehungen zu einem Wachmann, der Schweinsohren markenfrei beschaffte.«

In Erinnerungen schildert Henriette von Schirach diesen Tag des Abschieds von der Villa: »Nun saßen wir ein letztes Mal zusammen auf der chintzbezogenen langen Bank. An den Wänden des Zimmers zogen sich Bücherregale entlang, die bis zur Decke reichten. Bei jedem nachbarlichen Bombeneinschlag stürzten die Bücher zu Boden. (...) Wir tranken Tee aus den dünnen weißen Augarten-Tassen. Auf den Kannen leuchteten noch unzerstört die Chinesenköpfchen aus weißem Porzellan. Rosa hatte die kleinen flachen Anisplätzchen gebacken, die kein Fett brauchten und das ganze Haus mit Weihnachtsduft erfüllten.« Schirachs »Kammerdiener« Günter Deiss hatte das »Italienische Capriccio« besorgt und eine »ganz große mächtige Kerze«, die für Stimmung sorgte.

Noch immer, so Henriette von Schirach, verschloss man sich vor der Realität: »Ich wußte sehr wohl, daß ich nie mehr in dieses Haus zurückkehren würde, vielleicht wußten wir es alle, aber wir sprachen es nicht aus, ja, wir waren von außerordentlicher Feigheit, wohl um uns zu schonen und uns einen törichten Traum noch ein wenig zu erhalten.

Wir spielten das Stück zu Ende, dessen Rollen wir so leichtfertig und unbesonnen übernommen hatten.«

Als Henriette Baldur bat, doch »einige Sachen« mitnehmen zu dürfen, lehnte dieser angeblich entschieden ab: »Unmöglich, die Wiener würden denken, wir fliehen, es würde sie unruhig machen, außerdem wäre es ausgesprochen unanständig, unsere Sachen zu retten, bloß weil wir die Möglichkeit dazu haben.« Nur ein kleiner Koffer sei ihr zugestanden – Henriette packte dann doch ihr schönstes Abendkleid und einige andere Sachen, darunter einen »kleinen gotischen Christus«, ein, auch einen großen Strauß Orchideen nahm sie mit. Schließlich war es so weit: »Zum Abschied brachte mir der alte taube Gärtner Suchy einen Strauß für mich selbst. Der kleine blaue Volkswagen stand vor der Tür. Frühe Dämmerung und Flockenfall. Baldur versuchte sehr vergnügt und zuversichtlich auszusehen und sagte, woran er wohl selbst nicht glaubte: ›Wenn alles vorbei ist, kommst du wieder!‹ Ich fuhr die Währinger Straße hinunter. Irgendwo hielt ich an, um noch einmal zurückzuschauen, wie Lots Weib. Aber was ich sah, waren ausgebrannte Häuser und elende Straßenzüge, auf die der Schnee in großen und kleinen Flocken fiel ...«

Der »falsche Prinz« Baldur von Schirach blieb zurück in Wien. Noch bei einem Besuch in Berlin im Februar 1945 versprach er Hitler, Wien bis zum Letzten zu verteidigen. Doch die militärische Situation überforderte ihn zusehends und schließlich hatte man dem Angriff der Roten Armee in den ersten Apriltagen 1945 nur noch wenig entgegenzusetzen. Otto Skorzeny, der berüchtigte Kommandoführer der SS, hat in seinen Erinnerungen *Wir kämpften – wir verloren* ein Stimmungsbild vom letzten, »zu eleganten« Befehlsstand Schirachs im Keller der Hofburg überliefert: Der »Reichsverteidigungskommissar« hätte ein völlig falsches Bild von der Lage gehabt und mit »Gespensterdivisionen« operiert, wäre aber wild entschlossen gewesen, als Held zu sterben: »Und heute noch klingen mir die Worte nach: ›Hier werde ich kämpfen und fallen.‹«

Ein letztes Mal telefonierte Schirach mit Hitler. Er bat den »Führer«, Wien wegen der 90.000 Verwundeten zur »offenen Stadt« erklären zu lassen. Doch Hitler lehnte ab, hatte aber noch einen Wunsch: Die Sammlung antiker Waffen in der Hofburg soll auf Lkws verladen und zum Obersalzberg gebracht werden. Vor Wut, so Augenzeuge Oberst Gotthard Handrick, der Jagdfliegerkommandant Wiens, hätte Schirach das Feldtelefon gegen die Wand geworfen.

Und er richtete einen letzten Brief an seine Frau. »Während ich schreibe, donnern die Kanonen vor Wien«, berichtete er ihr und endete mit dem lateinischen Satz: *Fortuna fortes adiuvat* – »Das Glück steht den Tapferen bei«. Doch was die Tapferkeit betraf, so blieb es endgültig beim Vorsatz – Schirach zog es vor, angesichts der aussichtslosen Lage mit seiner Entourage den Befehlsstand im Keller der Hofburg zu verlassen und über die Donau zu fliehen. Seine Herrschaft in Wien war Geschichte.

Noch einmal zurück in Wien

Im Oktober 1955 – von Baldur, der in Spandau seine 20-jährige Gefängnisstrafe absaß, war sie inzwischen geschieden – kehrte Henriette von Schirach erstmals wieder nach Wien zurück. Die Stadt erschien ihr nun »lebendiger und schöner, als sie war, denn ›zu unserer Zeit« war die Lust des Lebens laut Berliner Befehl verboten«. Auf der Hohen Warte hatte sich längst alles verändert: »Die große Kastanie, in der die Kinder so bequem klettern konnten, ist fort, auch die Blutbuche ist ausgebrannt. Ich suche den Ginkgobaum mit den Elefantenohrblättern und finde ihn nicht, man hat den Garten geteilt. (...) Blütenlos reckt sich das Unkraut. (...) Ich kann durch die Scheiben sogar einen Blick ins Haus werfen. Der neue Bewohner hat seinen Tisch an der gleichen Stelle, auch seine Stühle sind grün bezogen.« Schließlich traf Henriette auf einen »Hausmeister im blauen Overall«, den sie ausfragen konnte. Was hätten denn, so ihre erste Frage, die Russen hier gemacht?

»›Alles abmontiert‹, sagte er, ›jeden Lichtschalter, jedes Fetzchen Tapete.‹

›Was haben sie denn mit den Bildern gemacht?‹

›Im Garten aufgestellt und darauf geschossen wie auf Schießscheiben.‹«

Der »Mann im Overall« wusste aber noch mehr zu berichten: »›Das ganze Haus haben sie mit kyrillischen Buchstaben bemalt, von oben bis unten, ich mußte mit einer Bürste alles wegreiben, sehen Sie‹, er zeigt auf ein paar verbliebene Zeichen, ›ich wüßte gern, was sie bedeuten.‹«

Verschwunden war auch der »große Bronzelöwe mit den Goldaugen«, eine Plastik des Bildhauers Fritz Behn, der für Schirach unter anderem eine Porträtbüste von Richard Strauss – heute im Besitz der Republik Österreich – anfertigte. Behn, erzkonservativer Kolonialist und von 1940 bis 1945 Direktor der Akademie der bildenden Künste, war mit den Schirachs gut bekannt und wurde offenbar immer wieder mit Aufträgen versorgt.

Bildungsheim »Hohe Warte«

Bei Kriegsende war die Villa des Gauleiters das Ziel von Plünderern – Einheimische waren daran ebenso beteiligt wie sowjetische Soldaten. Schließlich gelang es dem Zentralverband der österreichischen Konsumgenossenschaften, die Villa sowie die Nebengebäude und Grundstücke von den früheren Besitzern bzw. deren Erben zu erwerben. Das Haus Nummer 52–54 wurde renoviert und erweitert, einige Nebengebäude abgerissen. Zu Ehren des 80. Geburtstages von Bundespräsident Karl Renner konnte am 13. Dezember 1950 das neue Bildungsheim »Hohe Warte« feierlich eröffnet werden. Neben Renner selbst nahmen auch Vizekanzler Adolf Schärf und die sozialdemokratischen Minister Helmer und Waldbrunner an der Feier teil. Nach der Ansprache Renners, in der dieser die Meinung vertrat, dass den Konsumgenossenschaften die Zukunft gehöre, enthüllte GöC-Generaldirektor Andreas Korp in der Halle des Bildungsheims eine Gedenkplakette zum »dauernden Gedächtnis« an Karl Renner, den »großen Lehrer der genossenschaftlichen Idee«.

Tausende von Beschäftigten des »roten Riesen« absolvierten in der Folge am ehemaligen Wohnsitz des NS-Gauleiters Kurse und Seminare, der Wunsch der Gedenkplakette ging jedoch nicht in Erfüllung: Mit der Pleite von Konsum Österreich 1995 wurde auch das Bildungsheim »Hohe Warte« geschlossen, die von Karl Renner so forcierte genossenschaftliche Idee war tot.

Nach den Nazis und den Sozialdemokraten zogen auf der Hohen Warte 52–54 neue Herren ein. Die Liegenschaften wurden an die Arabische Republik Ägypten verkauft, die hier ihre Botschaft einrichtete.

Literatur

Silvia Kargl und Friedemann Pestel, Ambivalente Loyalitäten. Beziehungsnetzwerke der Wiener Philharmoniker zwischen Nationalsozialismus und Nachkriegszeit, 1938–1970 (PDF im Internet)

Herbert Matis und Dieter Stiefel, Das Haus Schenker. Die Geschichte der internationalen Spedition 1872–1931. Wien 1995

Oliver Rathkolb, Schirach. Eine Generation zwischen Goethe und Hitler. Wien – Graz 2020

Werner Rosenberger, Auf der Hohen Warte. Flair & Mythos des berühmten Wiener Villenviertels. Wien 2015

Roman Sandgruber, Reich sein. Das mondäne Wien um 1910. Wien – Graz 2022

Baldur von Schirach, Ich glaubte an Hitler. Hamburg 1967

Henriette von Schirach, Der Preis der Herrlichkeit. Erlebte Zeitgeschichte. München 2016

Otto Skorzeny, Wir kämpften – wir verloren. Naunhof 2018

Otto Strasser, Und dafür wird man noch bezahlt. Mein Leben mit den Wiener Philharmonikern. Wien – Berlin 1974

Walter Thomas, Bis der Vorhang fiel. Nach Aufzeichnungen aus den Jahren 1940 bis 1943. Dortmund 1947

Akten zu Arnold Spritzer im Österreichischen Staatsarchiv:
AT-OeStA/AdR/E-uReang/FLD 7746
AT-OeStA/AdR/E-uReang/VVSt/VA/8120

Historisches Archiv der Wiener Philharmoniker: Programm und Noten zur Uraufführung des »Capriccio«-Sextetts

Von Ernst Fuchs, dem Retter der Villa Otto Wagner I in der **Hüttelbergstraße 26,** zur Großen Mutter überhöht: Esther, die Königin der Juden, wurde zum sinnenfrohen Wahrzeichen seines Privatmuseums.

Villa Otto Wagner I
Otto Wagner 1886–1888

Ein Traum vom Süden im Wienerwald

Keine Pallas Athene wacht vor dem als Villa getarnten Tempel in der Hüttelbergstraße 26, sondern Esther, die Königin und Retterin der Juden, von Ernst Fuchs eindrucksvoll überhöht zur Großen Mutter. Auch wenn Otto Wagner, der Visionär der modernen Großstadt, beim Bau seines prachtvollen Landhauses am Rande der Metropole diesen Mythos wohl kaum im Auge hatte, so ist das aktuelle Erscheinungsbild doch stimmig. Von Beginn an war die Villa der Gegenentwurf zur nüchternen Strenge exakt ausgerichteter Häuserblöcke, ein Ort heiterer Lebensfreude und sinnenfrohen Genusses. In jedem Detail eine architektonische Hymne auf das Leben, opulent illustriert in der Sprache der Kunst.

Die Einsamkeit dieses Platzes, so überlegen wir, muss einst groß und spürbar gewesen sein. 1885, als Otto Wagner sich für ihn entschied, gab es noch keinen Autoverkehr, die Hüttelbergstraße hieß bis 1894 noch Dornbacher Straße und es war tatsächlich still im Haltertal. Mitten hinein in diese Stille und Abgeschiedenheit plante er nun den neuen Sommersitz für seine Familie und genoss dabei sichtlich Freiheit und Unabhängigkeit. Hier widersprach ihm keine Expertenkommission, hier konnte er seine kreative Individualität auf die Spitze treiben: ein Haus mit deutlichen Anklängen an antike Tempel, mediterranes Lebensgefühl im Wienerwald.

Eine gegenläufige Freitreppe führt empor zum als Loggia gestalteten Mitteltrakt mit seinen markanten ionischen Säulen, harmonisch flankiert von zwei Seitentrakten mit verglaster Fassade und dorischen Säulenelementen – das Renaissancegenie Andrea Palladio hat hier zweifellos Pate gestanden. Das weit vorkragende flache Dach, ein Markenzeichen Otto Wagners, vermittelt die Leichtigkeit und Unbeschwertheit des Südens. Das »Zitieren von palladianischer Villenarchitektur«, so schreibt der Kunsthistoriker Peter Haiko treffend, entrücke die Villa Wagner aus der »profanen Sphäre des ›Hauses‹ in die auratische Sphäre des Heiligtums«.

WIENER VILLEN

↑ »Ein Palast, wie es einen solche weitum nicht gab« (Heimito von Doderer): Von Beginn an war die Villa mit deutlichen Anklängen an antike Tempel als Ort heiterer Lebensfreude gedacht.

← Mit farbenprächtigem Tiffany-Glasmosaik belegt: der dem Brunnenhaus »Nymphäum Omega« vorgelagerte Moses-Brunnen.

VILLA OTTO WAGNER I

↑ Kunstvoll ornamentierte Halbsäulen bilden die Seitenwände des »Nymphäums Omega«.

↖ Symbol des Lebens: Bronzerelief des Sonnengottes Helios auf einer Amphore am Rande des Brunnenbeckens.

← Ein Leitmotiv im Park der Villa: der vergoldete Engel der Apokalypse. Diese Engel finden sich auch im Inneren des Brunnenhauses wieder.

WIENER VILLEN

↑ Mittelpunkt des Hauses und ehemals auch Speisezimmer: der Große Salon mit eindrucksvoller kassettierter Spiegeldecke. Hier lud die Familie Wagner immer wieder zu glanzvollen Abendgesellschaften.

↗ Eine Herbstlandschaft im Wienerwald: Die Bleiglasfenster aus buntem Opaleszent, gestaltet von Adolf Böhm, passen wunderbar zur Umgebung. Hier, im Nordflügel der Villa, befand sich das Atelier von Otto Wagner.

→ Die Faszination, die für Ernst Fuchs vom weiblichen Körper ausging, ist in seinem Privatmuseum allgegenwärtig: Skulptur einer verschleierten Frau.

VILLA OTTO WAGNER I

↑ Bodenmosaik im Adolf-Böhm-Saal: Das charakteristische Schlangenmotiv wiederholt sich in allen vier Ecken des Raums.

Luxuriöser Schlafplatz: Für die Katze des Hause (oben) gilt offenbar das Verbot zum Hinsetzen nicht.

211

Im Inneren empfängt uns die Villa, heute Heimstätte des Ernst Fuchs Privatmuseums, mit einer furiosen Flut an Bildern und Skulpturen. Überall sichtbar ist die Faszination, die für Ernst Fuchs vom weiblichen Körper ausging. Doch ebenso gegenwärtig sind Otto Wagners großartige Ideen zur Ausstattung seines Hauses, das er 1895 noch einmal umbaute: die wunderbare Tiffany-Verglasung von Adolf Böhm in seinem ehemaligen Arbeitszimmer, eine herbstliche Wienerwaldlandschaft darstellend. Die Halbsäulen und kassettierte Decke mit Emaileinlagen im Südtrakt, der ursprünglich als Wintergarten konzipiert war und dann zum »Billardzimmer« umgestaltet wurde. Die Marmorkamine und Stuckaturen von Joseph Maria Olbrich sowie das originale Badezimmer im Halbgeschoß mit Mosaiken von Koloman Moser.

Unser freundlicher Guide vom Museum weist uns noch auf eine Besonderheit hin: Die Wände sind abgehängt mit Vorhängen, die Ernst Fuchs gestaltet hat – dahinter aber verbergen sich zu unserer Überraschung noch die originalen Gemälde, die einst Otto Wagner anfertigen ließ und die für den Besucher des Museums unsichtbar bleiben. Wir finden, dass man diese Doppelbödigkeit des Museums im Interesse einer historisch korrekten Präsentation durchaus thematisieren könnte.

Während Wagner an der Villa arbeitete, wuchs die Familie weiter an: 1884 hatte er – nach der Scheidung von seiner ersten Frau Josephine Domhart – in Budapest nach »unitarischem Ritus« seine langjährige Geliebte Louise Stiffel geheiratet, die ihm drei Kinder gebar: Stefan (1884), Louise (1885) und Christine (1889). Dazu kamen die Tochter Susanna aus erster Ehe – die zweite

Jedes Detail wurde von Otto Wagner sorgfältig geplant: Entwurf für den Sockel einer chinesischen Vase an der Fassade der Villa. Lavierte Feder- bzw. Bleistiftzeichnung, 1886, Wien Museum.

Otto Wagner selbst dokumentierte die imposante Ausstattung des Musiksalons mit Landschaftsbildern, Marmorkamin und Flügel. Aquarellierte Bleistiftzeichnung von Otto Wagner, 1890, Wien Museum.

kamen prominente Persönlichkeiten wie Gustav Mahler, Alma Mahler und Gustav Klimt, Arthur Schnitzler und die Salonnière Berta Zuckerkandl.

Der »kleine Napoleon des Varietés« in Hütteldorf: Ben Tieber

Ab 1905 trug sich Otto Wagner mit dem Plan, auf dem Nachbargrundstück Hüttelbergstraße 28 eine zweite Villa zu errichten. Sie sollte nach seinem Tod seiner Frau Louise als Witwensitz dienen. Die Kinder gingen inzwischen schon eigene Wege, die »alte« Villa verlor allmählich an Bedeutung für die Familie. Wagner, der auch das Geld für den Bau der zweiten Villa gut brauchen konnte, entschloss sich daher zum Verkauf und fand nach einiger Zeit einen Käufer mit bestem Leumund: Am 11. August 1911 erwarb Ben Tieber, Direktor des 1904 eröffneten Apollo-Theaters, die Villa Otto Wagners und bewohnte sie bis zu seinem Tod am 29. Mai 1925. Der Kaufpreis für den »herrlichen Besitz« betrug 1,5 Millionen Kronen, darin enthalten waren das Mobiliar und sämtliche Kunstwerke sowie der 50.000 Quadratmeter große Park. Das *Wiener Montags-Journal* vom 14. August 1911 kommentierte die Transaktion etwas süffisant: »Nichtsdestoweniger muß der sehr praktisch denkende Direktor sehr bedeutendes Vermögen erworben haben, wenn er, der auch noch unvermählt ist, sich den Luxus eines so hochzinsenfressenden Voluptuars leistet.«

»Der Tieber« war in der Unterhaltungsszene Wiens der Mann der Stunde, ein schillernder Selfmademan: Mit 15 Jahren war er nach Amerika gegangen, um dort sein Glück zu suchen. Ende der 1890er-Jahre war er von den USA nach Johannesburg in Südafrika

Tochter Margarete war elfjährig 1880 gestorben – sowie die beiden adoptierten, aus einer vorehelichen Beziehung stammenden Söhne Otto Emmerich und Robert Koloman. Es war wohl ein bewegter Alltag, der sich nach dem Einzug der großen Familie im Haus entfaltete. Nach dem Umbau von 1895, bei dem etwa der Südtrakt, der ursprünglich als Palmenhaus gedacht war, zu einem Salon umgestaltet wurde, wohnte die Familie Wagner ganzjährig in der Villa.

Zum Mittelpunkt des Hauses wurde der Große Salon, zugleich auch das Speisezimmer. Hier lud Otto Wagner immer wieder zu glanzvollen Abendgesellschaften – es

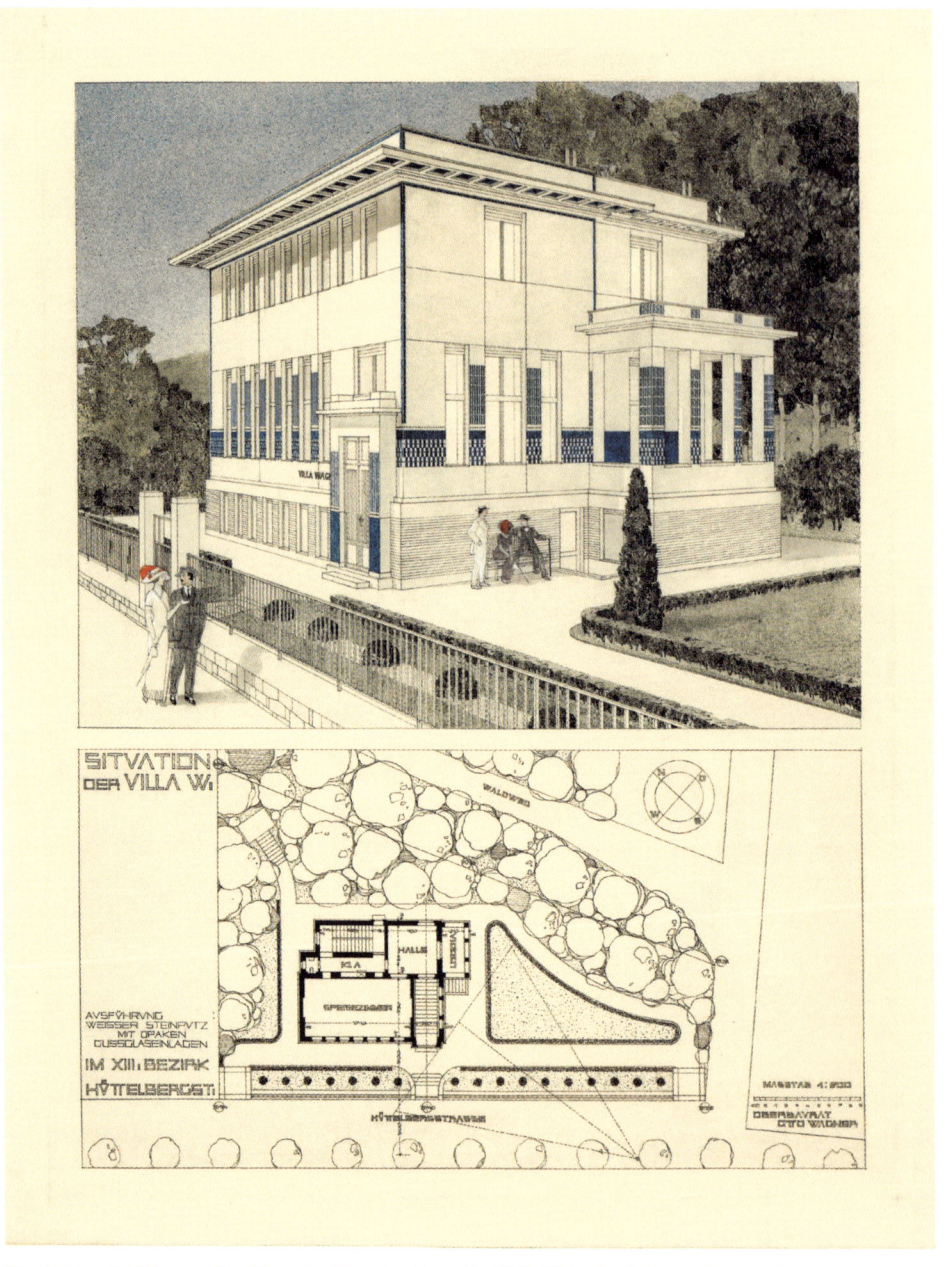

Gedacht als Witwensitz für seine Frau Louise: die 1912/13 in Stahlbetonbauweise errichtete Villa Wagner II auf dem Nachbargrundstück Hüttelbergstraße 28. Aquarellierte Handzeichnung von Otto Wagner, 1912, Wien Museum.

Investierte für den Kauf des »herrlichen Besitzes« die stolze Summe von 1,5 Millionen Kronen: Ben Tieber, der umtriebige Direktor des Apollo-Theaters. Für die Zeitgenossen wurde die Villa Otto Wagner I zur Villa Ben Tieber.

gezogen und hatte dort ein Opernhaus gegründet, für das er deutsche und englische Künstler von Rang gewinnen konnte. Mit dem hier erwirtschafteten Kapital kehrte er 1899 nach Wien zurück und übernahm die Leitung des neu erbauten Unterhaltungsetablissements »Wiener Colosseum« in der Nußdorfer Straße 4. Nach einem kurzen Intermezzo in Frankfurt am Main pachtete er das 1904 errichtete Apollo-Theater. 1905 konnte er das Apollo kaufen, das unter seiner Leitung zum führenden Varieté der Monarchie wurde.

Der umtriebige Impresario mit dem »mächtigen Cäsarenschädel«, aus dem »zwei viel zu kleine Äuglein blinzelten« (Rudolf Österreicher), hatte ein gutes Gespür für den Geschmack des Publikums und brachte zahlreiche internationale Stars nach Wien, u. a. Mata Hari, die im Januar 1907 ihre lasziven »brahmanischen Tänze« im Apollo präsentierte – ihr Auftreten wurde als »künstlerische und gesellschaftliche Sensation ersten Ranges« gefeiert. Tieber konnte aber auch die schöne Ballerina Cléo de Mérode, die »Tanzsensationen« Yvette Guilbert, Saharet und Carolina Otéro, die Tiller Girls, das Ensemble der Pariser Folies Bergère, die Chansonette Fritzi Massary oder den jungen Charlie Chaplin, der mit der New Yorker Original-Pantomimik-Gesellschaft »Bernhard« auftrat, für seine opulenten Abendprogramme verpflichten.

Der Erfolg zog aber auch Kritik nach sich und ihr Sprachrohr wurde Karl Kraus. Im November 1916 wetterte er über Tieber in der *Fackel* (Heft 437): »Es war die Zeit der großen Weltwende und der Götze Ben Tieber, der einzige, dem Macht gegeben war über den Moloch, gebot über Leben und Tod. Da trat einer vor ihn hin, der war ein Sänger des Krieges, und sprach: Rette mich. Du allein entscheidest, ob ich leben werde oder sterben […]. Ben Tieber aber sprach: Bleibe bei mir und du sollst es gut haben. Und machte ihn zum Dramaturgen.«

Als nach dem Ersten Weltkrieg das Interesse am Varieté sank und der Zuschauerrückgang auch nicht durch den verstärkten Einsatz von Operetten ausgeglichen werden konnte, wurde Tieber allmählich »theatermüde«. 1923, inzwischen gesundheitlich schon angeschlagen, verpachtete er das Apollo an eine Berliner Gesellschaft, im Mai 1925 erlag er seinem schweren Nierenleiden. In einem Nachruf schrieb das *Neue Wiener Journal* am 31. Mai 1925: »Ben Tieber war eine Kraftnatur. In materiellen Fragen kühler Geschäftsmann und stets blitzschnell erfassend, worin sein Vorteil gelegen war, blieb ihm jederzeit Kleinlichkeit fern. Eiserne Energie, rastlose Tätigkeit und die schwere Schule des Lebens in Amerika vereinten sich, um einen zielbewußten Feldherrn, einen kleinen Napoleon des Varietés aus ihm zu machen.«

Ben Tieber hinterließ zwei minderjährige Adoptivkinder, den Sohn Arnold und die Tochter Mimi, die seinen gesamten Besitz und damit auch die Villa Otto Wagners erbten. Seine Schwester Regine Engelman, die »Hauptmitarbeiterin seiner Unternehmungen«, die ihn während seines langwierigen Leidens gepflegt hatte, war von ihm testamentarisch mit dem lebenslänglichen Fruchtgenussrecht an den an die Adoptivkinder vererbten Grundstücken bedacht worden. Sie übernahm auch die Vormundschaft über die unmündigen Kinder.

Spielwiese für die Hitlerjugend

Otto Wagner wurde von den Nazis als Architekt durchaus geschätzt. Zu seinem 25. Todestag am 11. April 1943 veranstaltete man eine »Gedächtnisschau« im Städtischen Museum (heute: Wien Museum), in einer Feierstunde im Kleinen Festsaal des Rathauses rühmte ihn Vizebürgermeister Hanns Blaschke als »Bahnbrecher einer neuen Auffassung von Wesen und Zweck von Architektur«, Otto Wagner, der »letzte große Baumeister des modernen Wien«, lebe daher weiter »bis in unsere Tage«. Das hinderte die braunen Machthaber jedoch nicht, die Villa in der Hüttelbergstraße zu »arisieren« und der Hitlerjugend als Büro zur Verfügung zu stellen. Sie wurde in der Folge zu einem vielfältig genutzten Treffpunkt des Nazinachwuchses, so etwa als Meldestelle für den »Jungmädel-Untergau 507«. Wie die *Kleine Volks-Zeitung* vom 4. Februar 1941 berichtete, hatten sich hier in der Zeit vom 8. zum 15. Februar 1941 alle Mädchen mit ihren Eltern aus der Umgebung zu melden, die zwischen dem 1. Juli 1930 und dem 31. Juni 1931 geboren waren. Beliebt war die Villa auch als Sammelstelle, etwa für die Altkleider- und Spinnstoffsammlung des Jahres 1942. Wie die *Wiener Kronen-Zeitung* berichtete (14. Juni 1942), war die Spendenfreudigkeit groß, das Haus ging fast über vor »lauter wohlig weichen Binkerln«.

In den letzten Kriegstagen im April 1945 kam es in der Nähe der Villa zu schweren Kämpfen. »Reichsverteidigungskommissar« Baldur von Schirach hatte die Parole ausgegeben: »Lieber tapfer sterben als feige sein.« Doch während der Reichsleiter »volle Deckung« nahm und sich in seinem unterirdischen Befehlsstand im Keller der Hofburg an den Wein- und Kaviarvorräten delektierte, sahen sich 16- und 17-jährige Hitlerjungen den Mündungsrohren der sowjetischen T-34-Panzerkolosse gegenüber – praktisch auf sich allein gestellt, sollten die HJ-Volkssturm-Bataillone die Westumfassung Wiens durch die Rote Armee verhindern. Zum Brennpunkt des ungleichen Kampfes wurde die Knödelhütte: Zahlreiche Jugendliche, fanatisiert durch den NS-Drill, starben hier einen sinnlosen »Heldentod«.

Nach dem Ende des Zweiten Weltkrieges stand die Villa leer und wurde zunehmend zum Spekulationsobjekt. Vonseiten der Stadt Wien und des Bundes übte man sich in ausdauernder Ignoranz – es gab es keine Initiativen zur Rettung dieses einzigartigen Kulturdenkmals.

VILLA OTTO WAGNER I

Der Fotograf Franz Hubmann dokumentierte mit diesem Schnappschuss den denkwürdigen Ausflug ins Haltertal vom Oktober 1963: Heimito von Doderer, aufgenommen vom Badezimmer der damals »wüsten und leeren« Villa.

Ein prachtvoller Palast, wüst und leer
Es war der 25. Oktober 1963. In der verlassenen Villa im Haltertal regte sich Leben: Einige Männer hatten sich Zugang zum Gebäude verschafft und bestaunten es neugierig. Die drei waren keine Unbekannten: Wiens gefeierter Romancier Heimito von Doderer, begleitet vom kongenialen Satiriker Helmut Qualtinger und dem Fotografen Franz Hubmann. Doderer rang in jenen Herbsttagen um die »Vision« seines Romans *Der Grenzwald,* mit dem er Großes vorhatte: »Roman No. 7/II«, so das Kürzel für das Werk, eines »der ehrgeizigsten Projekte der Romanliteratur insgesamt« (Wolfgang Fleischer), sollte die verborgenen Mechanismen von Leben und Sterben, die verschlungenen Wege göttlicher Fügung nachzeichnen. Der Ausflug ins Haltertal diente der Recherche und war nicht der erste, seit dem Frühjahr 1963 zog es ihn immer wieder in die Hüttelbergstraße. So heißt es am 3. April 1963 im Tagebuch: »Diese merkwürdige Prunkvilla im Haltertal, sie soll einem Ben Tiber *(sic!)* gehört haben, dem einstmaligen Eigentümer des Varietés Ronacher *(sic!)* … es ist schon eine eigene Luft dort draußen (…)«, und in der Eintragung vom 26./27. Juni 1963: »Der neue Mittelpunkt taucht noch mehr herauf. Es ist die Villa BT im Haltertale.« Am 13. Oktober 1963 beklagte er sich schließlich in seinen Aufzeichnungen darüber, dass man die Villa BT demolieren wolle, man müsse sie daher »an Bord nehmen«.

Das physische Eintauchen in die Aura des Hauses war dann für Doderer wie eine Neugeburt, ein »epiphanisches Moment« (Wendelin Schmidt-Dengler): »Ich bin auf dem in mäßigen Zustande befindlichen Geh-Steige (Trottoir) vor der Villa Ben Tiber im Haltertale hinter Hütteldorf am 25. Oktober 1963 um die Mittagszeit zur Welt gekommen.« *(Commentarii am 29. Oktober 1963)* Vergessen war, dass er die Villa eineinhalb Jahre zuvor noch als »Maximum an verrückt gewordener roher Geschmacklosigkeit« bezeichnet hatte. An seine Frau Maria, genannt »Mienzi«, schrieb er enthusiastisch: »War heute in Hütteldorf in einem prachtvollen, aber wüst und leer liegenden Palast im Walde (habe mir Eingang verschafft): hier ist das Zentrum von R 7/II: Ich habe den Photographen Franz Hubmann bei mir gehabt, er hat alles aufgenommen (…) Das Gebäude wird abgerissen werden.« Vom

Fenster des Badezimmers aus fotografiert Franz Hubmann auch Doderer, es entsteht ein Bild, das die Stimmung dieses Tages bestens einfängt.

Wie Doderers Freundin Dorothea Zeemann bezeugt, kehrte er auch später, bereits schwer gezeichnet von seiner Krebserkrankung, zur Villa zurück. »An einem stillen Herbstnachmittag, an einem Sonntag«, so erzählt sie in *Jungfrau und Reptil*, sei er plötzlich »wie ein Geist« vor ihrer Tür gestanden: »Ich soll ihn ins Haltertal begleiten, aber möglichst nichts reden. Er möchte um die Wagnervilla herumgehen, die Umgebung dort in sich aufnehmen als Muster der Balkanlandschaft, die er im Roman Nummer 7 schildert.« Der Ausflug an »diesem menschenleeren Ruhetag« endete jedoch im Streit. Doderer, erfüllt von der »Dichte seiner stummen Emotion, dem »Zorn seines Versagens«, beklagte sich bitter darüber, dass er »so« nicht könne, wie es seine Frau und sein Verlag von ihm verlangen würden, nämlich »einer zu sein, der er selbst gern wäre, aber nicht ist: repräsentativ, ein Bürger«.

Bis knapp vor seinem Tod am 23. Dezember 1966 arbeitete Doderer an seinem großen Romanprojekt. *Der Grenzwald* blieb Fragment, es gelang ihm aber noch, der Villa, dem »Drehpunkt« seines Werks, in brillanter Prosa ein literarisches Denkmal zu setzen: »Auf hohen mächtigen Säulen schwebte und schattete das flache Dach, und links wie rechts warf der schwere, über seine Terrasse liegende Mittelbau fast zarte und schmächtige Seitenflügel von sich, deren Wände auf den ersten Blick nur aus buntem Glase bestanden, von schmalen Pfeilern geteilt. Gold und Grün beherrschten die in der Mitte vortretende Front und an den Wendungen der Treppen, die da herabkamen, standen hohe Vasen in leuchtendem Blau. Von rückwärts umgriff der Laubwald das Haus.«

Die Bude ist am Eingehen

»Die Bude ist am Eingehen, feucht. Was wollt's da? Außerdem gehört der Kasten nicht der Gemeinde!«, sagte Bürgermeister Felix Slavik, seit Dezember 1970 im Amt, zu den Künstlern, die ins Rathaus gekommen waren, um hier ihren Plan zur Rettung der Wagnervilla vorzustellen. Ernst Fuchs, Arnulf Rainer und Friedensreich Hundertwasser hatten ihm vorgeschlagen, das Haus zum Standort ihres 1959 gegründeten Kunstprojekts »Pintorarium« zu machen – vergeblich. Gemeinsam mit ihren Frauen hatten sie schon im Winter 1968 auf der verschneiten Balustrade der Villa gegen den Abriss demonstriert.

Die erschreckende Ignoranz des neuen Bürgermeisters ließ das »Pintorarium«-Projekt als »Sitz einer realen Antiakademie-Akademie« (Gerhard Habarta) platzen, Rainer und Hundertwasser wandten sich wieder anderen Dingen zu. Vermutlich hatten auch die Leitsätze der »Pintorarium«-Gründer, die sich vor allem gegen die »Kastrierung in den Akademien« richteten, bei Felix Slavik und seinen Mitarbeitern wenig Vertrauen ausgelöst – »Das Pintorarium ist eine Brutstätte zur Heranbildung der schöpferischen Elite«, hieß es da und: »Das Pintorarium wird aufhören zu existieren, wenn es anfängt, nicht mehr ein permanenter Stein des Anstoßes zu sein. Dies ist der erste Stein auf Euch und der soll nicht der letzte sein.« Beträchtliches Aufsehen hatte zuvor auch eine »Nacktrede« Hundertwassers zur Architektur in der Galerie Hartmann in München erregt.

Einzig Ernst Fuchs hielt hartnäckig an seiner Idee fest, die Villa Otto Wagners zur »Bühne seiner Kunst« zu machen. Schon als Kind Ende der 1930er-Jahre hätte er seiner Mutter Leopoldine versprochen: »Dieses Haus, Mama, schenk ich dir, wenn ich einmal groß bin.«

Im Café Rainer, so erzählt Fuchs in seinen Erinnerungen, die unter dem Titel *Phantastisches Leben* erschienen, hätte er mit dem aktuellen Besitzer immer wieder über den Kauf des Hauses verhandelt. Dieser, ein Kommerzialrat Cernosik, reich gewordenyx mit dem Handel von Sanitäreinrichtungen, hätte geplant gehabt, »den Hügel des Grundstücks zu parzellieren und mit Bungalowbauten nutzbar zu machen«.

Von der griechischen Insel Patmos aus wäre es dann im Sommer 1972 zum entscheidenden Telefongespräch mit Cernosik gekommen – immer wieder hätte er ins Telefon geschrien: »Ich kaufe! Ich kaufe, geben Sie mir nur die Villa!« Der völlig überraschte Cernosik hätte zugestimmt, drei Tage später hätte man den Kaufvertrag abgeschlossen.

Ein Platz mit besonderer Aura, »umgriffen« vom Wald: Für die Gestaltung des Brunnenhauses »Nymphäum Omega« und des Moses-Brunnen griff Ernst Fuchs die Farben auf, die schon Dodeer begeisterten: Grün, Gold, Blau. An der Stirnseite des Brunnenhauses prangt ein bronzenes Christophorus-Relief.

Bei der Renovierung des Gebäudes richtete sich der »kühne Gestaltungswille« des Malers vor allem auf ein Ziel: Die Villa sollte ihm als Arbeitsstätte dienen können. Da vom ursprünglichen Interieur nichts mehr erhalten war, mussten Möbel wie das gelbe Riesenbett in Muschelform im ehemaligen Billardzimmer und Tapeten, aber auch Türgriffe und andere Details von Ernst Fuchs neu gestaltet werden. Das Badezimmer im Halbstock wurde zu einem »Grottenbad« umgebaut. Täglich beobachtete er Maurer und Handwerker bei ihrer Arbeit und sparte nicht mit »Lob und Tadel, mit Rat und Tat«. Wie »von Zauberhand« erfolgte die Instandsetzung innerhalb eines Jahres, die »Neidgenossen«, so Ernst Fuchs kritisch, hätten darin einen »Schritt in höchste Höhen« gesehen, der »enorme Bewunderung, aber auch Haß und Neid« erweckt hätte, zugleich hätte er sich damit endlich »aus der Cliquenwirtschaft hinauskatapultiert«: »Nun sahen sie zähneknirschend den Phönix über ihren Köpfen in den Himmel des Ruhmes steigen.« 1988, exakt 100 Jahre nach Fertigstellung des Hauses, konnte dann der Künstler hier das Ernst Fuchs Privatmuseum eröffnen.

Die »eigene Luft« des Ortes, die wundersame Aura, die Doderer so faszinierte, ist geblieben, und Ernst Fuchs, der 2015 verstarb, ist es zu verdanken, dass die erste Villa Otto Wagners erhalten und heute öffentlich zugänglich ist – tatsächlich ein »ausgesprochener Glücksfall«, ein »Wink des bewegten und oft auch verwunschenen, unfreundlichen Schicksals« (Gregor Auenhammer).

Sinnliche Atmosphäre: Das Römische Bad mit dem Paradiesvogel-Mosaik von Koloman Moser. Ernst Fuchs schuf dazu in Ergänzung das »Römische Becken« und Sphinxe aus Bronze und Marmor, umrahmt von zwölf Aquarellen zum »Lohengrin-Zyklus«.

»Kunst muss Lebensraum für alle Menschen werden« – dieses Credo versuchte Ernst Fuchs in der Villa Otto Wagner I ein Stück weit umzusetzen. Bronzebüste des Meisters von Arno Breker, 1970.

Literatur

Gregor Auenhammer, Auf den Spuren von Otto Wagner. Spaziergänge durch Wien. Wien – Graz 2018

Heimito von Doderer, Der Grenzwald. Fragment. München 1967

Wolfgang Fleischer, Das verleugnete Leben. Die Biographie des Heimito von Doderer. Wien 1996

Gerhard Habarta, Ernst Fuchs – das Einhorn zwischen den Brüsten der Sphinx. Eine Biographie. Graz – Wien – Köln 2001

Peter Haiko, Otto Wagners Wohnungen: Orte künstlerischer Selbstverwirklichung und Objekte werbewirksamer Selbstdarstellung. In: Interieurs. Wiener Künstlerwohnungen 1830–1930. Wien 1991 (= Katalog der 138. Sonderausstellung des Historischen Museums der Stadt Wien), 68–77

Rudolf Österreicher, Ein großer Mann und seine kleinen Schwächen. In: Festschrift der Apollo Kino- und Theater-Ges.m.b.H. Herausgegeben anlässlich des 50-jährigen Bestandes des »Apollo«-Theaters und zugleich des 25-jährigen Bestehens dieses Hauses als Film-Premierentheater. Wien 1954, 18–20

Wendelin Schmidt-Dengler, Das Verbrechen, die Verbrecher und der Autor als Leser. Zu Heimito von Doderers Romanfragment Der Grenzwald. In: Kai Luehrs (Hg.), »Excentrische Einsätze«. Studien und Essays zum Werk Heimito von Doderers. Berlin – New York 1998, 247–262

Dorothea Zeemann, Einübung in Katastrophen 1913–1945. Jungfrau und Reptil 1945–1972. Frankfurt am Main 1997

© Willfried Gredler-Oxenbauer

Robert Bouchal, Höhlenforscher, Autor und Fotograf, widmet sich seit über 30 Jahren der Erforschung seiner Heimat Österreich. Die Auseinandersetzung mit geschichtsträchtigen Orten und deren wissenschaftliche Dokumentation sind sein besonderes Anliegen. Durch seine akribischen Recherchen entwickelt er sich zu einem Experten für das unterirdische Österreich und seinen Lost Places. Zahlreiche seiner erfolgreichen Publikationen finden sie auf: www.bouchal.com. Viele seiner Filme können sie auf dem eigenen You Tube- Kanal abrufen: www.youtube.com/@robertbouchal

© Marija Kanizaj

Dr. phil. Johannes Sachslehner ist Historiker und Autor zahlreicher Bücher zu historischen und kulturhistorischen Themen. Gemeinsam mit Robert Bouchal veröffentlichte er im Styria Verlag unter anderem »Lost Places in Wien & Umgebung«. Sein besonderes Interesse gilt der verborgenen und verdrängten Geschichte Wiens. In seiner aktuellen Publikation »Wiener Villen & ihre Geheimnisse« spürt er den privaten Geschichten bedeutender Wiener Familien nach.

Ein herzliches Dankeschön für tatkräftige Hilfe und großzügige Unterstützung an

Isabelle Akhavan Aghdam · Maria und Michael Bujatti · Reza Dehghani · Peter Dörenthal · Daniela El Rachidi · Seyedeh Farang Fasihi Langroudi · Astrid Göttche · Friederike Grießler · Guntard Gutmann · Thomas Haase · Maximilian Haupt-Stummer · Fouad Hetta · Gerhard Hudecek · Stefan Huger · Marie-Luise Jesch · Silvia Kargl · Arnold Klaffenböck · Dorrit Korger · Dominique Martin Rovet · William Mertens · Bob Rugo · Sieglinde und Christoph Massiczek · Birgit Mayer · Eva B. Ottilinger · Marlo Poras · Oliver Rathkolb · Maria Schuster · Christina Stepan-Angerer · Ernst Strouhal · Lothar Trierenberg · Alexandra Tryfoniuk · Gerhard Weissenbacher · Sophie Wolf · Michael und Valeria Zillner

Unser ganz besonderer Dank gilt **Susanne und Kasia,** für ihre Geduld, die nie zu Ende geht!

Für den Auftritt im www bedanken wir uns bei **Andreas Hajek.**

Bildnachweis

Wien Museum Online Sammlung: 4, 7, 9, 10, 57, 70, 136, 180, 212, 213, 214

Wien Museum: 39

Museum für angewandte Kunst (MAK): 94, 96

Bundesmobilienverwaltung (BMAW, Historische Sammlungen): 194, 195

Musiksammlung der Österreichischen Nationalbibliothek: 114, 116, 117

Historisches Archiv der Wiener Philharmoniker: 201

Stefan Huger: Coverbild, 142, 144, 146/47

Austrian Archives/brandstaetter images/picturedesk.com: 86

ÖNB-Bildarchiv/picturedesk.com: 92 (oben), 113

ullstein bild/Ullstein Bild/picturedesk.com: 98, 99, 100, 202

Bridgeman Art Library/picturedesk.com: 110

akg-images/picturedesk.com: 127 (oben)

STRINGER/AFP/picturedesk.com: 135 (oben)

United States Information Service/ÖNB-Bildarchiv/picturedesk.com: 154

Votava/brandstaetter images/picturedesk.com: 197

Franz Hubmann/brandstaetter images/picturedesk.com: 217

Bildarchiv Austria: 169 (unten)

Privatbesitz Dominique Martin Rovet, Paris: 20, 21, 22 (unten)

Privatbesitz Familie Haupt-Stummer: 5, 38, 44, 47, 48

Privatbesitz Familie Gutmann: 41

Privatbesitz Familie Massiczek: 52/53, 58, 59, 60, 62

Privatbesitz Familie Mertens: 126

Privatbesitz Familie Bujatti: 162, 164, 165, 166 (oben), 167, 169 (oben)

Privatbesitz Familie Stepan-Angerer: 178, 182, 183, 184

Privatbesitz Familie Poras: 26, 29

Wienbibliothek im Rathaus: 12, 13 (Fotos: Martin Gerlach junior, aus: Heinrich Kulka (Hg.), Adolf Loos. Das Werk des Architekten. Wien 1931)

Smithsonian Institution, Nachlass John D. Graham: 22 (oben)

Privatsammlung Wien: 72, 73

Marktgemeinde Reichenau an der Rax: 27

Dr. Karl Renner-Museum, Gloggnitz: 84

Literaturmuseum Altaussee: 101

Archiv Astrid Göttche: 43

Hochschule für Agrar- und Umweltpädagogik: 131

Wiener Stadt- und Landesarchiv (MA 8): 40, 71, 137, 140, 151

Dokumentationsarchiv des österreichischen Widerstandes: 139

Bundesarchiv Berlin: 135 (unten)

Venture Property Holding GmbH: 88

www.anno.onb.ac.at: 24, 46, 81, 82, 115, 153, 192, 199

Apollo. Wiener Künstler-Theater. Wien 1913: 215

Deutsches Literaturarchiv Marbach: 92 (unten)

Johannes Sachslehner: 30, 54, 76, 78, 79, 148

Archiv Johannes Sachslehner: 80, 112, 152

Wikimedia Commons: 56, 69, 111, 129, 150, 163, 166

Alle anderen Fotos sind Originalaufnahmen von Robert Bouchal.

Die Autoren und der Verlag bedanken sich für die freundlichen Abdruckgenehmigungen.

Liebe Leserin, lieber Leser,
haben Ihnen unsere Ausflüge in die Villen Wiens gefallen?
Dann freuen wir uns über ihre Weiterempfehlung. Möchten Sie mit
den Autoren in Kontakt treten? Wir freuen uns auf Austausch und
Anregung unter **leserstimme@styriabooks.at**

Inspirationen, Geschenkideen und gute Geschichten finden Sie
auf **www.styriabooks.at**

STYRIA
BUCHVERLAGE

© 2023 by Styria Verlag
in der Verlagsgruppe Styria GmbH & Co KG
Wien – Graz
Alle Rechte vorbehalten.
ISBN 978-3-222-13716-7
Bücher aus der Verlagsgruppe Styria gibt es
in jeder Buchhandlung und im Online-Shop
www.styriabooks.at

Buch- und Covergestaltung: Birgit Mayer /extraplan.at
Lektorat: Arnold Klaffenböck
Projektleitung: Sophie Wolf
Korrektorat: Dorrit Korger
Herstellungsleitung: Maria Schuster
Druck und Bindung: Finidr
Printed in the EU
7 6 5 4 3 2 1